U0515350

本书得到

福建省社会科学基金青年项目"新型城镇化背景下福建省PPP模式的应用与地方债治理研究"（项目编号：FJ2017C025）

福建省社会科学研究基地财务与会计研究中心

福建江夏学院企业创新生态研究团队

资助

福建省社会科学研究基地财务与会计研究中心系列丛书

Series Books of Fujian Province Philosophy Social Science
Research Base Finance and Accounting Research Center

财政分权体制下中国
新型城镇化的推进与实现

李丽琴 / 著

THE PROMOTION AND REALIZATION OF
NEW URBANIZATION UNDER
THE BACKGROUND OF FISCAL
DECENTRALIZATION SYSTEM

中国财经出版传媒集团
经济科学出版社
Economic Science Press

前言

　　城镇化是工业化和现代化的必由之路，是社会发展的必然要求。党的十九大报告提出，以城市群为主体构建大中小城市和小城镇协调发展的城镇格局，加快农业转移人口市民化，为城镇化发展指明方向。"十四五"规划中提出要继续推进以人为本的新型城镇化，促进大中小城市和小城镇化协调发展。在中央的规划指导下，我国城镇化进程加快，城市经济逐渐崛起，成为地方经济增长的发动机。但是，快速发展的城镇化带动城市人口扩张的同时也带来了城市公共服务需求的增加，公共服务供需失衡极大制约了我国新型城镇化的发展。

　　认真考察我国城镇化发展历程不难发现，我国城镇化是在政府统一指导下的自上而下的有计划的发展过程，地方政府的支持对于城镇化的推进具有重要作用。随着我国社会改革的不断深入，我国也在积极推进分权化，其中财政分权的影响最大。地方政府逐渐成为一级拥有相对独立利益的主体，能够利用更多的政策来促进城镇化的发展。特别是地方政府可以通过财政支出提高公共服务的供给质量，从而推动人口城镇化的进程。关于财政分权对城镇化影响的研究也有不少，学者的结论至今也未达成一致，有些认为财政分权导致城镇化发展不协调，有些则认为财政分权对新型城镇化具有积极效应。那么我国财政分权体制到底对新型城镇化发展的影响如何？鉴于中国政治体制有其特殊性，我国财政分权体制也经历了较长的发展历程，所以本书从财政分权体制的变迁中对比检验财政分权对新型城镇化所产生的影响。

　　为了全面系统地考察财政分权对城镇化的效应，本书沿着"前提框架—史实梳理—理论基础—实证分析—政策建议"的思路，以财政分权为视角，构建一个财政分权与公共产品供给的分析框架，分别对财政分权体制变迁和城镇公共产品供给历史脉络进行梳理，同时实证分析财政分权对城镇公共产品供给的现实影响。此外，考察我国新型城镇化建设的资金供需来源，预测资金供需规模，借鉴国外经验，构建推进新型城镇化的金融支持体系。最后，基于中国财政分权的现实国情，提出了构建推进新型城镇化发展的财政体制的政策建议。

虽然国内外的文献在财政分权及新型城镇化的研究上都有丰硕的成果，但将二者结合研究的文献较少。本书在前人研究的基础上，力求有以下创新：第一，从对中国财政分权体制的纵向梳理中探求其对城镇公共产品供给的影响；第二，公共产品的供给是新型城镇化推进的关键指标，本书结合西方财政分权理论与地方公共产品供给理论的发展，构建一个财政分权与城镇公共产品供给的分析框架，采用实证研究分析中国财政分权对城镇公共产品供给的影响，进而分析其对新型城镇化发展的影响；第三，在综合我国财政体制改革的特殊国情以及总结了国内外相关经验后，尝试构建了推进新型城镇化发展的金融支持体系以及财政体制。

尽管笔者做了很大努力，力求本书的内容和方法尽量客观和科学，但是由于多种原因的存在，本书的局限性也是明显的。第一，从财政分权这一视角下构建城镇公共产品的供给体系，选取角度较新颖，但在理论构建上可能不够成熟；第二，本书涉及较多的概念，笔者在界定时主要从便于文章论证的需要出发；第三，数据涉及面广，因此在数据的连续性上进行了必要的处理。

本书在写作过程中参阅了大量参考文献，在此，向那些未曾谋面的学者、同仁一并表示感谢。

总之，新型城镇化的推进问题是当下我国经济发展的重点之一，有许多难题需要我们去破解。本书体系上可能不甚严谨，内容上可能挂一漏万，恳请各位专家及广大读者不吝批评指正。

目 录

Contents

第1章

绪　　论

1.1　研究背景及选题意义

城镇化是工业化的必然要求，是经济社会发展的必然要求和现代化的必由之路。党的十八大报告指出，我们要全面把握机遇，沉着应对挑战，确保在 2020 年实现全面建成小康社会的宏伟目标，城镇化质量明显提高是经济持续健康发展的重要内容。我们要坚持走中国特色新型工业化、信息化、城镇化、农业现代化道路，推动信息化和工业化深度融合、工业化和城镇化良性互动、城镇化和农业现代化相互协调，促进工业化、信息化、城镇化、农业现代化同步发展。党的十八届三中全会通过的《中共中央关于全面深化改革若干重大问题的决定》进一步提出我国的城镇化应该坚持走中国特色新型城镇化道路，推进以人为核心的城镇化，推动大中小城市和小城镇协调发展、产业和城镇融合发展，促进城镇化和新农村建设协调推进。优化城市空间结构和管理格局，增强城市综合承载能力。2014 年《国家新型城镇化发展规划（2014—2020 年)》（以下简称"城镇化规划"）的出台，更是具体描述了我国城镇化建设的远景目标和主要特征，标志着城镇化建设进入了一个新阶段。党的十九大报告提出，"以城市群为主体构建大中小城市和小城镇协调发展的城镇格局，加快农业转移人口市民化"①，为中国城镇化的发展确定了方向。"十四五"规划中提出要继续推进以人为核心的新型城镇化，要"实施城市更新行动，推进城市生态修复、功能完善工程，统筹城市规划、建设、管理，合理确定城市规模、人口密度、空间结构，促进大中小城市和小城镇协调发展"②。

可见，随着中国经济迅速发展和中国城镇化程度的提高，地方经济和城市经济在中国社会经济发展中的重要性日益凸显。而随着经济全球化趋势的不断增强和中国社会改革开放的不断深入，中央政府已经从集权制的纵向一体化管理走向"集权—分权"时代，地方经济在地方财政的竞争中，获得了不同程度的发展。城市作为地方经济的典型代表，其发展对其所在区域经济或国民经济将起到带动和辐射作用，是经济增长的发动机。诺贝尔经济学奖得主、世界银行原副行长斯蒂格利茨（2001）曾预言，中国的城市化和美国的高科技将是影响21世纪人类发展的两件大事，中国的城市化将是区域经济增长的火车头。因此，中国城市的发展将对中国经济乃至全球经济产生重要影响。

在国家决策中心下移的潮流中，中国也在积极推进分权化，其中以财政分权影响最大。由计划经济向市场经济转变的过程及工业化的推进，完全打破了原有地方财政职能的生存条件。改革开放和放权让利的实施，权力和利益开始走向分层化、多元化，地方政府逐渐成为一级拥有相对独立利益的主体，能够利用更多的政策来促进城镇化的发展。改革开放以来，我国城镇化经历了起点低，速度快的发展阶段。1978~2013年，城镇常住人口从1.7亿人增加到7.3亿人，城镇化率从17.9%提升到53.7%，年均提高1.02个百分点；城市数量从193个增加到658个，建制镇数量从2173个增加到20113个。③ 根据国家统计局2021年5月11日公布的第七次人口普查结果显示，2020年我国城镇常住人口90199万人，城镇人口占总人口比重（常住人口城镇化率）为63.89%，比上一年增长2.01%，其中户籍城镇化率为45.4%。在城镇化快速推进过程中，我们应该重视其中面临的突出矛盾和问题。在农村人口大量涌入城市，我国城镇化进程快速发展的过

① 习近平. 决胜全面建成小康社会夺取新时代中国特色社会主义伟大胜利——在中国共产党第十九次全国代表大会上的报告［EB/OL］. 中国政府网，2017–10–27.
② 中国共产党第十九届中央委员会. 中共中央关于制定国民经济和社会发展第十四个五年规划和二〇三五年远景目标的建议［EB/OL］. 中国政府网，2020–11–03.
③ 国务院. 国家新型城镇化规划纲要（2014—2020）［EB/OL］. 中国政府网，2014–03–16.

程中，不断扩张的城市人口极大地扩张了对公共物品的需求规模。然而，受城乡分割的户籍制度影响，这些被统计为城镇人口的农民工及其随迁家属并不能享受教育、医疗、养老等相应的公共服务，农民工难以融入城市，市民化进程滞后，这些都极大制约了我国新型城镇化的实现。在我国全面建设小康社会的进程中，顺利推进以人为核心的新型城镇化对于促进城乡协调发展、提高人民生活水平都有着十分重要的意义。我国新型城镇化的实现离不开财政的支持，地方政府、地方财政成为影响各地城镇化发展的重要因素。因此，从财政分权的角度探讨其对国家新型城镇化的影响有其理论基础和现实基础。中国的政治体制有其特殊性，其中财政分权体制的变迁对新型城镇化所产生的影响还有待进一步的检验和探讨。本书以财政分权为视角，从历史的纵向梳理中研究财政分权体制对国家新型城镇化的影响，并加以实证的分析，为进一步推进新型城镇化提出合理性建议。这将有益于财政分权体制的进一步深化，有益于城市经济的发展及全面建成小康社会的实现。

1.2　国内外相关研究综述

分权问题由来已久，并广泛存在。纵观世界各国，不管是联邦制国家抑或是单一制国家，不论是发达国家或者是发展中国家，分权都已经成为其政治经济中普遍存在而又十分复杂的现象。任何一项制度都不是单一的，都会对其他制度产生影响。财政分权这一重要的财政制度的变迁不可避免地会对国家的发展产生影响。国内外学者都已经关注财政分权，并有了较多的成果。

1.2.1　关于财政分权的研究

1. 财政分权理论

财政分权的理论主要是解决财政分权合理性的经济学基础，或者说是地方政府存在的经济依据，而这一理论基础主要是西方盛行的财政联邦主义的研究成果。以蒂布特（Tiebout，1956）发表的《地方支出的纯理论》为标志，经马斯格雷夫（Musgrave，1959）、布坎南（Buchanan，1965）、斯蒂格勒（Stigler，1957）和奥茨（Oates，1981）等的补充和发展，财政联邦主义成为政府间财政关系研究的基本框架。蒂布特（1956）首先从公共产品入手，提出了"以脚投票"理论，探讨通过地方性公共产品的提供促进各地方政府竞争的可能性。其指出，人们愿意在地方政府周围，是由于他们想在全国寻找一个能使自己的效用最大化，即提供服务与所征收税收最优的地方政府。结果就是，地方政府要吸引选民，就必须按照选民的要求供给公共产品，从而达到帕累托最优。马斯格雷夫（1959）从考察财政的三大职能出发，分析了中央和地方政府存在的合理性和必要性，并指出财政联邦主义的核心在于各地根据居民偏好不同，配置有差别的资源，中央政府则负责分配和稳定政策。建立在偏好差异和中央政府等分供给公共产品的假定上，奥茨（1981）提出了分散化提供公共产品的比较优势，即奥茨分权定理。斯蒂格勒（1957）根据"菜单"理论探讨地方分权的经济学理由，认为地方政府比中央政府更加接近民众，也就是说比中央政府更加了解所管辖的民众的需求和效用。布坎南（1965）的俱乐部理论为许多经济学家研究地方分权的合理性提供了理论基础。近些年来，财政分权研究中引入机制设计理论、激励理论，所谓的"第二代财政分权理论"就此形成。第二代财政分权理论，即钱和温格斯特（Qian and Weigast，1996）、麦金农和内西巴（Mckinnon and Nechyba，1997）等学者主张的市场维护型的财政联邦主义，如何设计出对公共政策制定者的一套激励机制是其关注的要点。与公共选择理论一样，第二代财政分权理论反对传统财政分权理论的政府模型假设，但对公共选择理论的"邪恶政府"假设也持否定态度。在解释中国改革开放以来经济快速增长和成功转型的制度性因素上，第二代财政分权理论的相关研究得到了很好的应用。中国的分权化改革在市场化改革的政治阻力仍很强大的时候为市场机制的形成发挥了关键性作用。政府（尤其是地方政府）自身的激励以及政府与经济当事人之间的委托代理关系是新一代的财政分权理论所关注的主要问题。虽然在分析框架上新一代财政分权理论与传统财政分权理论有所差异，但二者在主体思想上是基本一致的。

2. 财政分权的定义

财政分权虽然被广泛使用，但仍没有对其内涵和外延有一个完全的界定。财政分权是中央政府向下级政府的权力转移——这是 1972 年奥茨提出的财政分权的概念。但有两个问题造成了这一概念衡量的困难：一是"权力"概念的外延以及如何衡量"权力"转移的程度；二是转移的方式给财政分权程度的量化测度造成了困难。对此，诸多学者都认同财政分权是多维的，在收入和支出权限下放的过程中，还伴随其他一些特征，如一些优惠政策的偏倚等。

对于中国的财政分权，林毅夫和刘志强（2000）认为从广义上讲，都是指中央政府将财政控制权下放给地方政府，在这点上，中国的财政分权和世界其他地方的财政分权没有差别。而周业安和章泉（2008）则认为，由于中国的地方政府没有独立税权以及地方层次上没有形成水平制衡，中国的财政分权并不是完整意义上的分权。布兰查德和舍雷夫（Blanchard and Sheleifer，2001）指出中国的财政分权仅仅是在一个等级管理体系中的权利划分，而不是在一个公共财政的框架下进行的分权。中国财政分权具有典型的财政体制分散性和政治管理体制集中性特点。

3. 财政分权度的测量

如前文所述，由于难以完全界定财政分权的定义，在财政分权度的衡量上，同样有了诸多的研究方法。国际上比较常用的财政分权指标是采用预算内数据，用地方政府支出（或收入）占全部支出（或收入）的比重、净政府转移来近似地表示财政分权程度（Phillps and Woller，1997；Davoodi and Zou，1998）。但由于财政分权是多维的，这种单纯地采用收入和支出的指标衡量财政分权可能并不能完全反映真实的情况。鉴于此，有些学者引入了综合性的指标衡量方法，构建了包括收入指标、生产指标、自主性指标和支出与收入的加权指标在内的综合性指标（Akai and Sakata，2002）。但各国的政治制度和国情各异，这些方法在反映一国的财政分权水平上存在问题，尤其是在进行国别研究中，缺乏可比性。

关于中国财政分权度指标的选取也没有统一的获得研究者公认的分权度指标。张唐和邹涛（1998）以人均省级政府支出与中央总支出的比值来衡量财政分权水平。马军（1997）以平均分成率来衡量财政分权水平，但实际影响中国省级及省级以下各级政府行为的是边际分成率。林毅夫和刘志强（2000）采用边际分成率衡量财政分权，充分考虑到了分权的激励效应，是一个创新，但其对考察1994年分税制改革后的财政分权水平失去了意义。乔宝云等（2005）以人均省级财政支出与人均总支出的比值衡量财政分权。

张晏和龚六堂（2005）设计了一套指标来衡量财政分权，包括预算内本级政府财政收入指标、预算内本级政府财政支出指标、预算内外总支出指标、扣除净转移支付的财政支出指标等。部分学者认为要将财政分权分为财政收入分权和财政支出分权（郭庆旺和贾俊雪，2010；张瑞晶和贾鸿，2019）。

1.2.2　关于财政体制改革的研究

1. 行政性分权与经济性分权

行政性分权与经济性分权是 20 世纪 80 年代中期经济学界围绕经济体制改革提出的一对概念，两者性质不同。后者是以市场经济为目标的分权（市场取向的分权），前者是以保持计划经济框架为目标的分权（吴敬琏，2004）。在计划经济下，中央和地方的分权是行政性分权。毛泽东的《论十大关系》是关于中央和地方关系的较早论述，注意到必须发挥地方政府的积极性。吴敬琏（2004）认为，在计划经济时代，放权让利只能以各级地方政府和官员为对象，只能在各级行政机关之间划分权力和利益。行政性分权的思路出发点不是稀缺资源的有效配置，而是在调动积极性和放权让利的理论框架下形成的，因此，它并不能从根本上解决财政体制带来的各种问题。或者说，作为计划体制的重要组成部分的财政体制，无法通过其内部的调整，来解决经济体制带来的问题。1979 年以前的中国财政体制，经历了"集中—较为分散—集中"的历程，但其在基本形式上并没有大的改变。

2. 财政体制改革的目标

关于财政体制改革目标的研究主要围绕建立什么样的分税分级财政体制进行，大部分的研究都是直接从中国问题入手。寇铁军（1995）认为，财政体制改革的目标模式应是中央集权下的地方分权，分税制为主，补助制为辅的分税分级财政。张馨（1996）从公共财政和国有资本财政双元财政理论出发，提出我国的财政体制应该是分税与分利相结合的财政体制，而不应该只是分税制。但是，从根本上说，税利分流是一种缺损型的改革思路（周小川和杨之刚，1992），因为，税的规范化并不能解决利润的规范化问题。朱秋霞（1998）从中国的现实国情出发，认为中国财税体制改革的中央集权目标不应该也不可能落实到量的方面，即中央组织掌握的财政收入要超过地方。中央集权的目标应该主要体现在质的方面，即财政制度规范方面的全国集中和统一。黄佩华（2003）认为，中国应当重新修订早已过时的政府间收入和支出划分，建立预算制度和国库管理制度，通过改善各级政府的预算管理提高财政资源的使用效益。姚洋和杨雷（2003）从制度供给失衡的角度分析了中国的财政分权问题，认为中国的财政分权是在一个制度供给失衡的环境中进行的，即财政分权没有法律保障、财政分权和行政垂直集权矛盾以及分权制度安排不规范。对于财政分权的目标模式，目前学界并没有统一的观点，仍需进一步的研究。其随着经济发展及政府间博弈的变化而变动，财政分权度要与经济发展相适应，内生地推动财政分权达到最优分权度（丁菊红，2014）。

3. 省以下财政体制改革问题

对于财政分权的改革，学界并没有异议，认为财政分权的改革趋势是正确的，但在对如何进行分权及分权的程度上，学者们观点不一，特别是对省以下财政体制的改革问题。杨之刚（2004）认为，1994 年的分税财政体制改革的成功之处在于，它不仅改变了中央和地方政府间的财政关系，还在制度层面对中国的多级财政体制产生了正面效应，但其中突出的两个问题是导致基层财政困难和地区间差距的扩大。阎坤（2004）认为，地方财政问题在本质上是一个制度创新问题，而不是一个技术性问题。贾康和白景明（2003）认为，中国地方财政的种种问题，归根结底是一个现代化的转轨过程中的财政体制安排问题。在整体市场经济体系正在确立的条件下，地方财政改革要为收支规模的正常扩张和收支平衡构造长期有效的条件，应重点推进实质意义的分税分级财政建设，而不是再寻求建立过渡性制度模式。在借鉴国际经验的基础上，他们认为，由于乡一级没有大宗稳定收入来源，有必要考虑修宪以减少政府的层级，还可以在省、县之间把地区一级政府虚化，最终形成中央、省、县三级财政。有的学者在财政体制上，主张通过省直管县的方式来促进县域经济的发展。与省直管县联系在一起的还有行政区划调整，朱秋霞（2005）介绍了以德国为代表的西方国家的财税体制和行政体制，指出在世界上许多国家，一般是行政层级多于财政层级，二者并不是完全对应的。

1.2.3 关于城镇化的研究

1. 关于城镇化的发展理论

1867 年西班牙城市规划师伊尔德方索·塞尔达（Ildefonso Cerda）在其著作《城市化概论》中最早使用"urbanization"一词。此后，城市化成为一个特定术语进入理论界和社会生活。关于城镇化发展动力的研究最早可以追溯到人口迁移理论，刘易斯（Lewis，1954）的二元经济结构模型认为两种城乡不同经济部门之间生产效率的差异是农村人口向城市流动的原因，生产效率较高（导致高工资）的现代部门会一直吸引低效率、低工资部门的劳动力。这样的转移会一直持续到传统（较低工资）部门不再存在隐性剩余劳动力。刘易斯的二元经济理论较好地解释了发展中国家二元经济结构的表象。随后，拉尼斯和费景汉（Ranis and Fei，1961）在刘易斯二元经济模型的基础上，将人口由传统部门向现代部门的转移分为三个阶段，形成了古典经济学的拉尼斯－费景汉二元经济模型。托达罗（Todaro，1969）的预期收入理论认为发展中国家农村人口向城市迁移可能性的大小是由城乡预期收入，即预期实际收入与就业概率的乘积所决定的。卢卡斯（1988）通过分析二战后发展中国家城乡移民情形，认为引发城乡人口迁移的关键原因不是传统观念中的收入差异，而是综合技能、知识和智力的人力资本。该理论完善了传统的劳动力转移的城乡二元模型。

改革开放以来，中国城镇化建设发生了一系列新的变化。关于中国城镇化的发展，大多数学者认为我国的城镇化发展具有特殊性，其不仅受到传统人口迁移理论的影响，还受到中国特色的政策影响。由于历史传统、经济社会、体制机制等多方面深层次的原因，我国现阶段的城镇化并不是真正意义上的城镇化，而是呈现虚城镇化或半城镇化（马凯，2012）。殷江滨和李郇（2012）认为，当前的虚城镇化只是城镇化发展进程中的阵痛，新生代农民工的市民化将是中国城镇化发展的重要趋势。2013 年中央城镇化工作会议提出，我国必须切实转变城镇化发展方式，提高城镇化发展质量，要以人为核心，推进以人为核心的城镇化，提高城镇人口素质和居民生活质量，把促进有能力在城镇稳定就业和生活的常住人口有序实现市民化作为首要任务。可见，对中国城镇化的发展已经从注重量的发展速度向注重质的发展转变，以人为核心的新型城镇化已经成为中国城镇化建设的重要内容。

2. 新型城镇化发展路径

针对传统城镇化模式的不可持续问题，我国在 2012 年提出了新型城镇化的战略路线。对于如何推进新型城镇化，学界提出了不同的观点。刘少华等（2012）指出，从长远来看，我国新型城镇化应该在体制机制创新、服务功能、人才素质等方面增强城镇的综合承载能力和发展后劲。王小刚等（2011）认为，我国新型城镇化建设应选择集中型与分散型相结合的道路，培育一批城市群，以大城市为核心，辐射周边，形成合理的城镇体系。应发挥产业在城镇发展中的重要作用，大城市要积极发展高新技术和现代服务产业，增强城市的辐射能力，带动周边中小城市发展。中小城市应发展特色产业，与大城市合理分工，形成功能互补、协调发展的城镇网络。张占仓等（2012）主张新型城镇化要着力解决城乡差异，逐步消除城乡壁垒，实现城乡统筹发展；在政策取向上，主张通过建立新型农村社区为农民群体提供公共服务。辜胜阻等（2013）主张通过培育城市群来引领城镇化新布局，并以大城市的辐射作用提高中小城市的吸引力。

3. 城镇化建设的指标构建

党的十八大将"提升城镇化质量，推动以城镇化为重点的经济结构战略性调整和城乡发展一体化建设"作为我国经济和社会发展的新动力和重要举措，党的十八届五中全会进一步提出"坚持绿色发展，构建科学合理的城市化格局"的发展任务。选取和构建客观、合理的城镇化评价指标对于进一步推进新型城镇化健康科学发展尤为重要。

目前，对城镇化发展评价的相关研究主要集中在对城镇化水平的测度，主要的方法有单一指标法和复合指标法。单一指标法的代表性学者有美国地理学家诺瑟姆（Northam，1979），他把一个国家或地区的城镇人口占总人口的比重作为衡量城镇化水平的标准。国外对于复合指标的研究，主要有以下几个比较成熟。一是联合国制定的指标体系。联合国人居署（2001）从城市发展指数和城市指标准则这两个方面来分析评价指标体系。城市发展指数主要是从城市的生产能力、基础设施以及生态等城市自身发展状况进行评价，城市指标准则主要从经济、生存环境等方面对人居环境进行评价。二是英国地理学家克拉克（Clark，1951）构建的城镇化指标体系，包括人口、职业及距离城市的远近等 16 个指标（朱晓静，2014）。三是 1960 年日本城市地理学家稻永幸男提出的由地域规模、区位、经济活动、动态和静态人口结构等 16 项指标构成的城市度指标（朱晓静，2014）。四是新西兰统计局从人口、健康、安全、自然环境、经济生活、经济发展等 11 个方面内容来评价城市化质量（丁江辉，2018）。

国内关于城镇化质量的研究集中于对质量评价指标体系的构建和对区域城镇化质量的实证分析。叶裕民（2001）构建了包括经济现代化、人的现代化和基础设施现代化三方面的城市现代化指标，从城市现代化和城乡一体化两个方面对城镇化质量予以评价，研究发现我国 9 个超大城市均未进入高度现代化行列，全国城乡一体化程度较低。国家统计局城市社会经济调查总队和福建省城市社会经济调查队课题组（2005）在叶裕民构建的指标的基础上，新增了社会发展、生态环境以及区域载体 3 个相关指标，丰富了城镇化质量的评价体系。耿海清等（2009）从城镇化内涵出发，选取 13 个指标，利用主成分分析法对 31 个省级行政区进行综合评价。方创琳和王德利（2011）从经济、社会和空间三个方面的城市化发展质量构建了 12 个具体指标对中国城市化发展质量进行评价，研究结果表明，中国的城市化处于中等水平且在缓慢上升。

新型城镇化概念提出之后，学者们开始关注新型城镇化的指标构建。吕丹等（2014）将公共服务均等化纳入评价体系，构建了包括人口、经济、生态、基本公共服务均等化以及城乡统筹在内的评价指标体系，体现了新型城镇化内涵的综合性。张引（2015）构建了包括人口、土地、产业发展、生态环境等在内的新型城镇化评价指标体系。蓝庆新和刘昭洁等（2017）将城镇化推进效率和城镇化水平同步协调发展纳入评价指标体系，从城镇化发展质量、效率以及城镇化协调三个方面构建了 34 个新型城镇化的综合评价指标体系，从效率和协调角度丰富了新型城镇化的评价指标体系。

1.2.4 关于财政与城镇化关系的研究

新型城镇化建设的一个重要内容是为城镇人口提供教育、医疗、基础设施等一系列公共产品。而政府的一项重要职能就是提供公共产品，因此，财政对城镇化的建设起到至关重要的作用，公共财政如何有效推动新型城镇化发展是近年来国内外研究的重点。

1. 新型城镇化资金缺口预测研究

新型城镇化对资金的需求较大，较多学者及机构匡算了新型城镇化的资金缺口。相伟（2013）研究表明，到 2020 年，我国城市化所产生的市政公共设施和社会保障的资金需求将超过 30 万亿元，包括公共交通、市容环卫、污水处理、道路桥梁等的市政公共设施需要耗费 16 万亿元，相关社会保障支出为 15 万亿~20 万亿元。① 沈炳熙和高戈君（2013）认为，如果按人均 10 万元的固定投资匡算农民市民化的成本，未来 10 年大致需要 40 万亿元的投资需求。如果再加上 10 万元的住房投入，还需要 10 万亿元的投资需求。② 陈雨露（2013）估算一个农民工进城所需的投资成本约为 15 万元，全国需要投资的年均总费用大致在 2 万亿元左右。③ 财科所（2013）的研究表明，由城镇化催生的公共投资规模将达 30 万亿元左右。④ 成涛林（2015）根据《国家新型城镇化规划（2014—2020）》，在大量数据的支持测算下，估算了 2014~2020 年推进新型城镇化将新增地方财政支出为 168647 亿元。⑤ 张宗军（2018）测算，到 2025 年，公共财政在应对城镇人口上提供公共服务和固定投资的支出将高达 35.6 万亿元。⑥ 每个学者都从各自的角度出发估算新型城镇化的成本，得出来的结果也不尽相同，但可以肯定的是，新型城镇化的资金需求较大，需要财政的大力支持。

2. 财政对城镇化的支持研究

主流的观点认为，新型城镇化建设具有公共产品的属性和很强的外部效应，财政的支持对城镇化的发展具有重要作用。詹姆斯（James，2003）认为政府的财政政策会直接影响城镇化的进程。也有观点认为，由于政府投入

---

① 相伟. 中国城镇化的难点与对策 [J]. 中国投资，2012（3）：32－37.

② 沈炳熙，高弋君. 城镇化过程中的资金需求和金融服务 [J]. 农村金融研究，2013（3）：11－13.

③ 陈雨露. 中国新型城镇化建设中的金融支持 [J]. 经济研究，2013（2）：10－21.

④ 财政部财政科学研究所课题组. 城镇化进程中的地方政府融资研究 [J]. 经济研究参考，2013（13）：3－25.

⑤ 成涛林. 新型城镇化地方财政支出需求及资金缺口预测：2014~2020 年 [J]. 财政研究，2015（8）：52－57.

⑥ 张宗军. 地方财政支持新型城镇化的资金需求预测与融资渠道转换 [J]. 西北人口，2018（5）：82－89.

的滞后性，财政支持短期内产生的效应比较小，在公共支出生产性不强的情况下，在长期内还会产生经济收缩效应（Leeper，2010）。也有学者认为目前财政对城镇化发展的支撑作用还存在障碍，城镇化进程中的人口流动、地方财权事权的划分、城乡公共服务均等化等是我国财政体制支撑城镇化发展的"五大障碍"（刘尚希，2012）。由于当前财政在收支结构、筹资模式以及资金使用效率上不能有效回应城镇化建设的需求，阻碍了财政对城镇化发展的有效推进（张平等，2011；孙德超，2014）。因此，必须要转变政府职能才能推动城镇化的有序发展，在公共财政上要从优化收支结构、改善投资环境、拓宽资金来源、强化财政风险监管等方面改善财政对新型城镇化的支持（孙健夫，2013；孙德超等，2014）。贾康（2014）指出构建一元化公共财政是消除城乡二元特征遗存，推进以市民化为核心的城镇化的关键。我国正处在城镇化发展的高速时期，以人为核心的新型城镇化的实现需要地方政府财政的大力支持（张虎和赵炜涛，2017）。不同财政支出项目对新型城镇化的影响渠道是不同的，城镇化建设过程中，要明确地方公共财政支持重点，优化财政支持结构，才能促进区域城镇化协调发展（陈湘满和陈瑶，2021）。

1.2.5 财政分权对城镇化发展影响的研究

城镇化的发展离不开公共产品的供给，因此，地方政府的财政投入情况会直接影响城镇化的建设。财政分权体制下，各个地方政府成为独立的主体，其在财政政策上的倾向性直接影响了城镇化的建设。财政分权对中国城镇化的影响是通过对地方政府行为来实现的。传统的分权理论认为，地方政府的信息优势使得财政分权可能会提高财政支出的效率（Hayek，1945），在分权体制下，公民可以通过"用脚投票"的行为促进地方政府调节自身的行为（蒂布特，1956），以促进市场的发展（钱和温格斯特，1996）。但质疑财政分权的学者认为，同级政府间存在公共品竞争和税收竞争（Wildasin，1988），如果地方政府被少数利益集团控制，地方政府可能出现漠视居民需求、高估地方公共品供给成本、滋生腐败等问题（Bardhan and Mookherjee，2000），外部性、规模经济和体制安排限制了财政分权的积极作用。特别是在中国这样一个特殊的政治经济体制中，其特有的财政分权对公共产品供给的影响也更为复杂。与骄人的增长绩效相比，中国地方政府提供的公共产品远不能令人满意。教育、卫生等公共领域不仅整体效率水平低下，而且地区分化严重。中国基础设施的成就被认为是分权体制下"为增长而竞争"的结果（张军等，2007）。研究发现，在控制财政资源差异以及其他外生变量之后，财政分权不同程度地降低了基础设施和城市公共服务的供给。公共支出的地方化非但没有促进公共产品的供给，反而成为现实困境的制度根源（傅勇，2010）。一是政府官员的晋升锦标赛模式激励地方政府"为增长而竞争"。晋升锦标赛下政府官员的晋升激励取决于经济增长，在这一政绩考核指标引导下，对地方政府最重要的影响渠道是政府之间的标尺竞争，而标尺竞争的最佳策略就是资源密集型工程——投入大、规模大和难度大的工程（马俊和刘亚平，2005）。因此，地方政府会将有限的资源投入基础建设上。二是中国缺乏"以脚投票"的流动机制。"以脚投票"人口的跨区域迁移，在中国是不存在的，中国也没有出现通过居民与地方政府的双向选择而在地理空间上进行类聚的由多个俱乐部式的地方社区组成的社会。一般来说，居民对公共产品的偏好和需求并不在地方政府的优先考虑范围内（乔宝云等，2005）。基于以上文献综述，由于中国式财政分权的特殊性，使得我国的城镇化建设过程中，土地城镇化快于人口城镇化，偏重基础设施类建设而忽视了教育、医疗、生态等软件设施的建设。改善环境作为新型城镇化的重要内容，在现有财政分权体制下，异化的 GDP 考核机制使得地方政府往往会降低环境标准，偏向生产性支出（谭志雄和张阳阳，2015）。另外，财政分权体制下，土地财政是导致城镇化过程中人口、土地和空间城镇化不协调的重要因素，不少学者从不同角度对此给予了一致的回应（王敏和曹润林，2015；谢冬水，2016；彭旭辉等，2017）。

　　虽然多数学者认同财政分权导致城镇化发展的不协调，但从另一角度分析，其对新型城镇化也有积极效应。多数学者认为在财政分权的背景下，在财政增收和政治晋升的双重激励下，地方政府会将资源投入发展速度快的领域，带动生产要素向城市集聚，从而会有利于城镇化的发展（陆铭等，2004）。马光荣等（2010）认为地方政府的偏城市化政策会随着财政分权程度的提高而更加明显。李永乐等（2013）在实证研究的基础上认为财政分权对城市扩张具有显著影响，且支出分权的影响程度要大于收入分权。杨志安和邱国庆（2019）的实证研究表明，地方财政分权与新型城镇化表现为倒"U"型关系，财政分权依靠推进经济发展、提高基础设施和改善环境质量的路径促进新型城镇化水平的提高。

1.3 研究思路及分析方法

1.3.1 研究思路

本书的研究是沿着"前提框架—史实梳理—理论基础—实证分析—政策建议"的思路进行的。第 2 章至第 5 章对相关理论概念进行界定，定位新型城镇化、城镇公共产品供给与财政职能，在此基础上构建了财政分权体制下新型城镇化推进的分析框架。第 6 章、第 7 章梳理了中国式财政分权体制变迁历程，以及我国城镇公共产品的供给特点及现状。第 8 章以 31 个省（区、市）2013 以来的面板数据进行实证分析，检验财政分权对中国新型城镇化推进的影响及存在问题。资金不足是新型城镇化推进过程中的主要难题，构建完善的金融支持体系是新型城镇化发展的重点，第 9 章至第 11 章分析推进新型城镇化发展的资金需求与供给，并在借鉴国外经验基础上构建了财政分权体制下中国推进新型城镇化建设的金融体系。第 12 章在前文分析基础上，提出了构建财政分权体制下推进中国新型城镇化的政策建议。

1.3.2 研究内容

本书在前人研究的基础上，尝试从财政分权的角度探讨其对新型城镇化的影响，并对新型城镇化推进的财政体制构建提出政策性建议。本书的研究内容主要有：

（1）财政分权、公共产品与新型城镇化构建的定位分析，为本书的研究提供了理论基础，在此基础上，构建一个财政分权与公共产品供给的分析框架，为本书的分析搭建理论框架；

（2）对我国财政分权体制变迁及城镇公共产品供给进行历史脉络的梳理，探求在财政分权体制变迁中城镇公共产品供给的特点及问题；

（3）运用实证分析，分析中国的财政分权对城镇公共产品供给的现实影响，进而分析其对新型城镇化推进的影响，为政策建议的提出提供现实依据；

（4）新型城镇化的推进资金需求量大，不仅需要财政大力支持，更需要构建多元化的金融支持体系，在分析新型城镇化资金需求与供给基础上，借鉴国外经验，构建了推进新型城镇化的金融支持体系；

（5）在理论及实证分析基础上，基于中国财政分权的现实国情，提出了构建推进新型城镇化发展的财政体制的政策建议。

1.3.3　研究方法

1. 比较分析的方法

包括纵向的历史比较和横向的国际比较。本书以历史发展脉络为基础，分阶段梳理了中国城镇化发展以及中国财政分权体制的变迁，为分析二者间关系奠定基础。在论及构建新型城镇化发展的金融支持体系时，通过国际的横向比较，增加了经验借鉴。

2. 定性分析与定量分析相结合

本书在论述探讨财政分权对城镇公共产品供给的影响以及财政分权对新型城镇化的影响时，采用了定量分析与定性分析相结合的方法，既引用了大量数据进行定量分析，又引入数理模型进行定性解释。

3. 实证研究与规范研究相结合

通过建立经济理论框架，从纷杂的经济现象中抽离出城镇公共产品供给缺失的本质，找出影响因素，系统论证待检验的假说及其含义，再进一步通过数理模型和经济计量模型，理论探讨和实证分析财政分权与城镇公共产品供给以及与新型城镇推进进程之间的因果效应，是本书研究的基本方法。

4. 多学科分析法

在财政分权体制的变迁中探讨新型城镇化的推进问题，涉及财政学、区域经济学、行政学、法学等多个领域，光从单一学科的角度对该问题进行研究是不可能全面深入的。因此，本书注意充分利用多学科分析方法，使论证更加严谨、科学。

1.4　本书的创新及不足之处

1.4.1　创新之处

虽然国内外的文献在财政分权及新型城镇化的研究上都有丰硕的成果，但将二者结合研究的文献较少。本书在前人研究的基础上，力求有以下创新：

（1）从对中国财政分权体制的纵向梳理中探求其对城镇公共产品供给的影响；

（2）公共产品的供给是新型城镇化推进的关键指标，本书结合西方财政分权理论与地方公共产品供给理论的发展，构建一个财政分权与城镇公共产品供给的分析框架，采用实证研究分析财政分权对中国城镇公共产品供给的影响，进而分析其对新型城镇化发展的影响；

（3）在综合我国财政体制改革的特殊国情以及总结了国内外相关经验后，尝试构建推进新型城镇化发展的金融支持体系以及财政体制。

1.4.2　不足之处

由于前人对城镇公共产品供给的研究较少，在理论框架的构建及原始数据的获取上存在难点，因此，本书在创新的同时也存在以下不足之处：

（1）本书在理论的构建上，力图通过对财政分权及史实的梳理来分析城镇公共产品的供给问题，选取的角度比较新颖，因此，在理论的构建上可能不够成熟；

（2）在基础概念的界定上，由于涉及的知识点较多且有些概念需要综合整理，因此本书在概念的界定上主要从适合文章论证的角度出发。

（3）在模型及数据的获取上，由于涉及面较广且数据存在不够连续的问题，因此在实证分析上会进行必要的数据处理。

第 2 章

逻辑起点：相关概念及理论基础

在财政分权框架下研究新型城镇化的建设问题，首先要对相关的概念进行界定，并梳理相关理论基础，这是本书研究的逻辑起点与基础。只有在相关概念明晰及问题阐述清楚的基础上，才能进行下文的研究与分析。

2.1 关于财政分权相关内容的界定与说明

2.1.1 分权与联邦主义

本书的研究是建立在财政分权的特定框架内，因此，财政分权是本书的重要概念。它是当代社会重要的政治与经济现象之一，但对其的理解研究需要进一步明晰。财政分权是从分权概念中衍生而来，因此，在此之前要首先明晰分权的概念。

1. 分权

分权对社会经济生活有重要影响，其在众多国家普遍存在，就其概念而言，复杂且具有多重含义。从广义上说，分权是指有关公共职能的权威和责任从中央政府向次级国家政府或独立的准政府组织和（或）私人部门转移。[①] 通常而言，分权可以细分为行政分权、政治分权、市场分权和财政分

---

① 杨之刚等. 财政分权理论与基层公共财政改革 [M]. 北京：经济科学出版社，2006：29.

权，世界银行定义了不同形式的分权，如表 2 - 1 所示。

表 2 - 1　　　　　　　　　　不同形式的分权

政治分权	行政分权	财政分权	市场分权
宪法、法律与监管框架	行政事务信息与监管	支出安排	教育、健康、人口与营养、基础建设
分权与政治参与	地方行政技术与管理能力	收入安排	安全网
	分权化治理中的可问责性、透明度与分配	政府间转移支付、拨款设计、政府借款	灌溉、供水和卫生、自然资源管理与环境

资料来源：The World Bank. Decentralization［EB/OL］. 世界银行网站，2013 - 06 - 06.

从表 2 - 1 中可见，各种类型分权涉及的主体不同，政策含义也各不相同，但其并没有明晰的边界，我们应从不同侧面增加对分权的全面理解。区分各种类型的分权对于理解成功的分权战略要点以及结合各种分权形式具有重要意义。

2. 联邦主义

联邦主义起初是个宗教概念，按契约治理的宗教思想是古代联邦主义的起源，而通过契约来维系多样化、共识和立宪政治则是当代联邦主义的主要思想。分权概念经常与联邦主义联系在一起，主要原因在于二者的概念都意味着权威在各级政府之间的配置，就此而言，二者有共同之处。虽然二者之间存在一定的联系，但区别还是主要的。通常情况下，分权指在权威总量不变的条件下，权威从中央向地方的转移，且主要集中在财政权威方面。而联邦主义，与其说是指权威在政府之间的特定配置，不如说是有一系列制度所规定的过程，通过这一过程，权威被配置和再配置。① 可见，分权概念被更广泛地从财政含义来理解，而联邦主义则更多从政治含义来理解。

2.1.2　财政集权与财政分权

中央和地方的财政关系是二者关系的主要内容，财政集权与分权是中央

---

① 中国社会科学院财政与贸易经济研究所. 走向"共赢"的中国多级财政［M］. 北京：经济科学出版社，2005：26 - 30.

与地方关系确立、调整的重要内容。财政的集权分权即财权、财力在各级政府间的分配，直接关系到中央和地方政府各自利益的实现程度。

从前文的分析可以看出，财政分权是从分权中衍生而来，是分权的题中应有之义。财政分权虽然被广泛应用，但对其概念至今仍没有完全界定。奥茨（1972）提出财政分权的概念，即财政分权是中央政府向下级政府的权力转移。[①] 但对权力概念的外延及转移方式和程度并未给出相关说明，一般的看法是将财政收支的权力作为权力的主体部分，根据财政收支、责任和权力的划分，分为财政集权和财政分权。财政收支的责任和权力集中于中央政府的为财政集权模式，而分散于地方政府的则为分权模式。

但就财政分权而言，它不仅是简单的财政收支活动，更多的是涉及资源在不同层级的政府之间的优化配置，并通过不同的财政手段使得各级政府与其承担的责任相一致。财政分权的主要目标是使地方政府管理更贴近人民大众，更能调动地方政府的积极性，促进经济增长。财政分权这一概念包含的内容有：给予地方政府一定的税收权利和支出责任范围，允许地方政府自主决定其预算支出规模和结构（刘金涛，2010）。这样，出于基层的地方政府就能够根据地方需要自由选择，更好提供地方公共产品。

2.1.3　中国式财政分权的内涵

总体上说，中国的财政体制改革是一个分权式改革，但与西方意义上的分权存在一定的差异，有其独特之处，又被称为"中国式分权"。中国的经济体制改革曾经出现过几次内涵不同的分权。舒尔曼（Schurmann，1966）曾指出社会主义经济中存在两种分权：分权Ⅰ，即将决策权一直下放到生产单位；分权Ⅱ，即只把决策权下放到下级行政单位。前者属于现代意义上的经济性分权，它是让市场在资源配置中发挥基础性作用，以市场经济为目标的分权；后者则属于行政性分权，其是在计划经济框架下进行的分权，并不涉及稀缺资源的有效配置。

中国在计划经济时期实施的分权更多的是属于行政性分权，而在改革开放后实施的分权，又不完全等同于舒尔曼的分权Ⅰ，概括起来有两种：经济性分权和财政性分权。其中，经济性分权旨在引入市场机制，实现资

---

① Oates W E. Fiscal Federalism［M］. New York：Harcout Brace Jovanovich，1972：72 – 122.

源的有效配置，类似于舒尔曼的分权Ⅰ；而财政性分权则是指财政活动下放到地方政府，具体是通过财政收支的不同安排来实现的，涉及具体的财政工具和财政措施，主要包括中央和地方的财政收支比例、税收分享模式、政府间的转移支付及借贷等。中国式的财政分权是这两种分权的相互补充、相互依赖，只有经济性分权的充分实现，才能确保经济发展以促进财政性分权的实施。

因此，中国式的财政分权是以经济性分权为基础的财政性分权。另外，从税种税率的决定权、收入和支出占比来看，我国的财政分权也有不同的特点。一是在税种、税率和税基的确定上，中央政府占有绝对的决定权，具有集权式的特点；二是在财政支出上，改革开放后，地方政府的支出比例不断提高，财政分权化不断提高；三是在财政收入上，中央财政收入经历了下降后的不断上升，经历了"集权—分权—集权"的过程。

2.2 城镇、城镇化和新型城镇化的概念界定与特点

新型城镇化是本书研究的主体，在此之前我们首先要明晰与其相关的概念、内涵和外延，因此，本节将对涉及主体的概念和特点进行研究，这是下文研究的基础和前提。

2.2.1 城市与城镇的概念界定与辨析

1. 城市的概念界定与特征分析

（1）城市的概念界定。城市是人类进步与社会发展的产物，那么何谓城市？马克思认为，城市本身表明了人口、生产工具、资本、享乐和需求的集中；而在乡村里所看到的却是完全相反的情况：孤立和分散。[①] 特里杰（Trigger，1972）将城市定义为一种实施与大小村落联系的种种机能的人口聚居中心。

而西方学者则从不同角度对城市进行界定。从经济学家的角度看，城市

---

① 马克思恩格斯选集（第一卷）[M]．北京：人民出版社，1972：116.

是国家经济、政治、科学技术和文化教育的中心，是现代工业与第三产业集中的地方，在国民经济和社会发展中起主导作用。从人口学家的角度看，城市是人口集中达到一定规模的居民点，以非农业人口数量作为确定城市的依据。从地理学家的角度看，城市是有一定人口规模并以非农业人口为主的居民集居地，是聚落的一种特殊形态。从社会学家的角度看，城市是具有城市性的聚居地，是各种礼俗和传统构成的整体，城市的发展是一种城市文化、城市生活方式和价值观向农村地区扩散的过程。

由于城市本身是还是一个从无到有、从低级到高级、从简单到复杂的动态变化过程，因此，正如芒福德（Munford）在《国际社会科学百科全书》中所说，城市的定义尚在争论中，城市的定义已经成了著名的难题（宋俊岭，1994）。

从经济学角度，本书中城市定义为，城市是自然社会经济发展要素、市场要素实现空间集聚的场所，它是一个开放性的区域集聚点和扩散点，是社会、经济、文化、政治的区域核心，也是区域经济在空间结构和时序推进中的自然和社会市场力量促成的框架（张琦，2007）。

（2）城市的特点。根据城市的定义，笔者认为城市具有以下特点：一是城市是包括自然要素、市场要素、经济要素、技术要素、资本要素等的集聚地；二是城市是区域经济、政治、科学技术和文化教育发展的中心；三是城市是各种要素得以有效配置的空间区域；四是城市是有时序性的动态概念，不同时间段上的城市内容是有所差异的。

正是由于城市集中了经济、人口、住房、土地等各种要素，是政治经济的核心区域，是国民经济发展的中坚力量，其公共产品的供给状况直接关系到城市经济的发展。

（3）城市的界定方法。对城市的界定可以分为两种：一是行政上的界定，主要根据行政边界来划定；二是经济意义上的界定。而经济意义上的界定主要有以下几种方法。

第一，人口变动指标。人口变动指标是指城市化引起的人口自然、社会、机械三种形态变化，主要包括城市人口占总人口比例，城市非农业人口比例，非农业人口占总劳动力的比重。

第二，经济变动指标。经济变动指标是指影响城市化的主体因素的经济发展程度，主要包括城市人均国内生产总值、城市产业结构、城市经济集聚度、城市辐射能力、城市基础设施等。

第三，社会变动指标。社会变动指标是指城市化产生的社会效应，主要包括城市居民人均可支配收入、城市公共教育经费占比、城市医疗卫生的供给状况、城市生态环境指标等。

2. 城镇的概念界定及其与城市的区别

（1）城镇的概念界定。城镇是城市和集镇的合称，城镇是以非农人口为主，比城市小的、具有一定规模工商业的、介于城市与乡村之间的过渡性居民点。我国规定，县及县以上机关所在地，或常住人口在 2000 人以上，10 万人以下，非农人口达 50% 以上的都是城镇（新玉言，2015）。

（2）城镇与城市的区别。从城市与城镇的概念界定来看，两者的内容相似，但与城市相比仍有较多差异。一是档次不同。城镇是介于城市与乡村之间居民点，是比城市小的居民点，城市是"周围地区的政治、经济、文化中心"。二是基础不同。城镇规划起点低，相较城市而言，其能提供的就业岗位和就业机会较少。三是内容不同。城镇所能集中配置的生产要素比较有限，相较城市而言，其所提供的基础设施、教育、医疗、环境保护等方面也更匮乏。

2.2.2 城镇化的概念界定及新型城镇化的提出

从英文术语来看，"urban"包含了城市和镇，"urbanization"有人翻译为"城市化"，有人翻译成"城镇化"，其实质都是指乡村人口向城市转移。我国为何使用城镇化而不使用城市化是基于我国城市化道路的特殊性。在中国这样一个幅员辽阔的大国，一方面，镇的数量众多，包括城关镇、建制镇等非农生产区划。在《中华人民共和国城市规划法》中规定的城市包括国家按照行政建制设立的直辖市、市、镇，即我国城市化过程中本身包含着城镇化的内容。另一方面，我国有些镇的规模并不比国外小城市的规模小，东部地区的小城镇在人口密度、经济发展程度上也不亚于西部地区的不少城市。因此，基于中国国情的特殊性以及中国城市建设的侧重点，我国采用城镇化的表述，强调大中小城市和小城镇协调发展的战略思路。

1. 城镇化的概念界定

西方国家对城市化的研究较早，而我国城镇化的发展与西方国家城市化在实质内容上是相同的，在概念界定上，本书以西方国家的城市化来界定我国的城镇化。

"urbanization" 一词最早出现在 1867 年西班牙巴塞罗那城市规划师伊尔德方索·塞尔达（Ildefonso Cerda）的著作《城市化概论》中，后来城市化就成为一个特定术语，但由于学科认知的差异，不同学者对城市化的概念界定也不尽相同。库兹涅次（1989）认为城市化是人口从乡村向城市集中的过程，英国经济学家克拉克（2020）则认为城市化是第一产业人口不断减少，第二、第三产业人口逐渐增加的过程，以及城市化与产业结构的非农化同向发展。弗里德曼提出城市化发展分为数量过程和质量过程两个阶段：数量过程阶段表现为人口和非农活动在规模不同城市环境中的地域集中；质量过程阶段表现为城市文化、生活方式和价值观的扩散过程（许学强等，1997）。

经济学认为城市是人类从事非农业生产活动的中心，是农业活动向非农业活动的转换，特别是生产要素的流动。地理学强调地域空间的转换，包括区域范围内城市数量的增加和每一个城市地域的扩大。社会学则以社群网的密度、深度和广度作为研究城市（镇）的对象，强调城市化是农村社区向城市社区集聚和转化的过程。尽管不同学科对城市化的理解不同，但其作为一个社会经济的转化过程，其包括以下的内涵。

第一，城市化是城市人口比重不断提高的过程。城市化的首要表现为大批农村人口进入城市，是一个农村人口逐步减少、城市人口逐步增加的过程。城市人口的比重是衡量城市化水平的高低及城市化率的重要指标。

第二，城市化是产业结构转变的过程。随着城市化的推进，原来从事第一产业的劳动力不断向第二、第三产业转移升级，国家创造财富的能力不断提高。城市化的过程是第二、第三产业的发展。

第三，城市化是生活空间的转化。城市化的过程是一个城市地域扩大、城市数量增加的过程，其与城市人口的增加是相辅相成的。城市化使得大批低收入群体转变为高收入群体，是越来越多的国民在发展中享受到实惠的过程。

第四，城市化是人的意识转化、素质提高的过程。城市化不仅包含物质的城市化，同时还是意识的城市化，是城市的思想、城市的观念、城市的生活方式扩散和转化的过程。人们的生活方式发生重大改变，社会建立起有别于农业社会的城市新秩序。

2. 新型城镇化的提出

自 1978 年改革开放以来，中国的城镇化高速发展，是同时期世界城镇化平均速度的 2 倍，成为世界罕见的现象。在我国城镇化高速发展的过程中，存在着一些必须高度重视并着力解决的突出矛盾和问题。具体而言，主要有以下几个方面。第一，我国城镇化存在虚高情况。国家统计局资料显示，2019 年我国的城镇化率突破 60%①，但这只是基于城镇常住人口的统计，实际享受城镇化制度安排的人远远低于该数据。许多农民工虽然被统计为城镇常住人口，但其享受的公共服务待遇与城镇人口相去甚远。第二，盲目追求城镇化速度。在推进城镇化建设的过程中，很多地方政府盲目追求城镇化建设速度，大搞基础设施和房地产开发，忽视社会公共服务供给，造成我国城镇化建设中缺乏产业支撑，"空城"众多，占地过多，土地城镇化高于人口城镇化。第三，城镇化建设过程中能源短缺与浪费并存。资源短缺与浪费并存，考验着我国城镇化的可持续发展。土地、石油、电力等供给不足困扰着各地的城镇化建设，但我国的能源利用效率却比较低。第四，城镇化建设造成生态环境恶化。由于我国追求快速发展的城镇化建设，忽视了生态环境的保护，固体废弃物污染、水污染、空气污染等问题加剧，城市交通拥堵、环境污染、房价高企等"城市病"问题凸显。第五，城镇化建设与产业发展不协调。我国城镇化快速发展的过程中，产城融合不紧密，产业集聚与人口集聚不同步。因此，基于我国城镇化建设过程中的问题和矛盾，我国提出了新型城镇化的概念。

2012 年党的十八大报告提出要"坚持走新型城镇化道路"，把新型城镇化作为国家发展的一个大战略，要通过城镇化来带动中国经济的增长。党的十八大报告提出的新型城镇化是新型工业化、信息化、城镇化、农业现代化"四化"同步协调发展的道路，要推动信息化与工业化深度融合，工业化与城镇化良性互动，城镇化与农业现代化协调发展。中共十八届三中全会进一步提出要坚持走新型城镇化道路，推进以人为核心的新型城镇化，将推进农民工市民化作为新型城镇化建设的重要内容。2014 年 3 月 16 日《国家新型城镇化发展规划（2014—2020 年）》（以下简称《城镇化

---

① 国家统计局. 2019 年中国城镇化率突破 60% 户籍城镇化率 44.38% ［EB/OL］. 中国经济网，2020 – 02 – 28.

规划》）的出台，标志着我国新型城镇化建设进入了一个新阶段。城镇化规划明确了未来城镇化的发展路径、主要目标和战略任务，统筹了相关领域的制度和政策创新，是今后一个时期城镇化健康发展的宏观性、战略性、基础性规划。

目前，对新型城镇化的相关研究基本上是在《城镇化规划》基础上的扩展，综合相关研究成果，本书引用《城镇化规划》的主体内容对新型城镇化进行定义：新型城镇化是以人的城镇化为核心，有序推进农业转移人口市民化；在发展模式上，以城市群为主体形态，推动大中小城市和小城镇协调发展；以综合承载能力为支撑，提升城市可持续发展水平；以体制机制创新为保障，通过改革释放城镇化发展潜力，是一条以人为本、四化同步、优化布局、生态文明、文化传承的中国特色新型城镇化道路。

按照《国家新型城镇化综合试点方案》明确的时间表，国家新型城镇化 2014 年底前开始试点，到 2017 年各试点任务取得阶段性成果，2018 年至 2020 年逐步在全国范围内推广试点地区的成功经验。2020 年 5 月 22 日，李克强总理在 2020 年政府工作报告中提出，加强新型城镇化建设，大力提升县城公共设施和服务能力，以适应农民日益增加的到县城就业安家的需求，深入推进新型城镇化。可见，新型城镇化的实现有赖于公共服务和设施的完善，这直接关系到以人为核心城镇化的实现程度。2020 年 5 月 29 日，国家发展改革委印发了《关于加快开展县城城镇化补短板强弱项工作的通知》，瞄准市场不能有效配置资源、需要政府支持引导的公共领域，围绕健全公共卫生服务设施、环境卫生基础设施、市政公共设施和县域经济培育设施四个方面，明确提出了 17 项建设任务，这是新型城镇化建设的不足，也是未来新型城镇化建设的主要内容。

2.3　公共产品相关理论及概念界定

如前所述，公共卫生服务设施、环境卫生基础设施、市政公共设施等是城镇化建设中的短板，是新型城镇化得以实现的关键所在。在城镇化建设过程中，基础设施、教育、医疗、卫生等相关公共产品的提供是其中的重要内容，其供给的数量和质量直接关系到城镇化建设的质量和水平，本节将阐述公共产品的相关理论与概念。

2.3.1 公共产品的概念与发展

1. 公共产品含义的经典阐述

关于公共产品的论述，经济学家们给出了各自的看法。早在 250 多年前，大卫·休谟（David Hume）"草地排水"的研究就有了类似于现代公共产品的提法。林达尔（Lindal，2017）以公安服务为例首先提出来公共产品的概念，后来的斯密（Simth，2015）、穆勒（Mill，1991）等经济学家也对公共产品的概念进行了更深入的研究。但笔者认为萨缪尔森（Samuelson，1954）关于公共产品的论述在公共产品理论发展中具有划时代的意义，标志着现代意义上公共产品概念的产生。

萨缪尔森 1954 年和 1955 年在他的两篇经典论文《公共支出的纯理论》和《公共支出理论的图解》中提出了公共产品的概念，他认为，公共产品是这样一种产品，每个人对这种产品的消费都不会导致其他人对该产品消费的减少。从其定义中我们可以看出，萨缪尔森公共产品的概念中包含了两个特征：消费的非竞争性和受益的非排他性。萨缪尔森的这一定义一经提出就遭到了其他经济学家的批判，认为其太脱离现实，能够完全满足这一定义的产品太少，甚至是不存在的。但后来的研究公共产品理论的大多数经济学家都接受了萨缪尔森的定义，并加以发展。

2. 公共产品理论的发展

由于公共产品的非竞争性和非排他性在现实中存在的真实性受到人们的质疑，迈尔斯（2001）认为，"实践中难以找到完全同时具有满足非排他性和非竞争性两个条件的物品"[1]，"甚至国防和制止犯罪也不是谁都可以得到的（公共产品）"[2]。大概现实中没有哪种物品会满足纯公共物品的严格定义。

后来的布坎南、阿特金森等人对公共产品的概念进行了发展。布坎南（1965）在其《俱乐部的经济理论》一文中指出，萨缪尔森定义的是"纯公

① 加雷斯·D.迈尔斯.公共经济学［M］.匡小平，译.北京：中国人民大学出版社，2001：249.
② 乔·B.史蒂文斯.集体选择经济学［M］.杨晓维，等，译.上海：上海人民出版社，2003：75.

共产品"，而完全由市场来决定的是"纯私人产品"。其提出的俱乐部产品是介于二者之间的非纯公共产品，称为准公共产品或混合产品。阿特金森和斯蒂格利茨（1992）也对公共产品的概念进行了发展，认为公共产品更为一般的情况是，在对该商品的总支出不变的情况下，某个人消费的增加并不会使他人的消费以同量减少。

3. 公共产品的本质认识及相关问题说明

对于公共产品的界定，萨缪尔森的定义从消费的角度进行明确，而一些学者则从供给的角度进行，认为公共产品应该由集体或政府来提供。但笔者认为，这都难以对公共产品进行准确的界定，我们需要从公共产品的本质出发重新认识这一概念。

本书认为，公共产品的真正本质属性是消费品产权难以界定，即究竟一个人消费量多少、什么时间消费、如何消费等是难以界定的，或技术上可以实现，但成本极高，使得界定失去经济意义（朱鸿伟，2011）。这一点使得分割收费难以实行，"搭便车"普遍存在，导致追求利润最大化的私人难以或不愿供给，即所谓的市场失灵，这是经济上的界定。而公共产品的产生是一个公共选择的结果，其必须是公共选择、公共必需的产品，这是政治上的界定。两者缺一不可。政治上，公共产品是必须要供给的，这是其成立的必要条件；经济上，公共产品的提供存在市场失灵，这是公共产品成立的充分必要条件。

因此，本书对公共产品的分类不参照以往做法，将其分为纯公共产品、准公共产品等，而是从公共产品的本质属性出发，将其按照事物、制度、服务等加以分类，这也是城市公共产品分类的基础。

2.3.2 城市公共产品的界定及其分类

1. 城市公共产品的定义及其特征

城市公共产品的供给是城市经济发展的前提和基础，而对城市公共产品的定义是在公共产品的基础上发展起来的。所谓城市公共产品，是指在城市范围内主要以城市政府为供给主体，以实现城市的可持续发展为目标，为全体城市市民享用（但非独享）并具有一般公共产品特征的，城市生存和发展不可或缺的产品（郭鸿懋等，2002）。

城市公共产品是在公共产品的基础上进行定义的,这类产品除了具有一般公共产品的特征外,还由于其隶属于城市这一特定的区域而具有特殊性。一是受益范围的有限性。城市的公共产品,其受益范围基本被界定在城市区域范围内,对于新来的居民无须耗费成本便可获得,这是城市化发展的主要驱动力。二是空间上的高密度性。对于大部分的公共产品来说,相对集中的人口和经济是其存在和发挥作用的前提,而城市正是这样的一个场所。三是发展的动态性。由于城市的发展具有时间序列,对城市公共产品的需求也同样是一个动态的过程。在城市发展的不同时期,伴随着空间结构的改变,对城市公共产品的需求从数量到质量都在发生变化。

2. 城市公共产品的分类

按照城市公共产品的定义,城市公共产品涵盖的范围非常广泛,从城市道路、排水、供暖等城市基本需要到公园、图书馆等社会需要和自我实现需要,都属于城市公共产品。而从城市的形成到现代城市功能的拓展,城市公共产品都起着先导的作用。

如前所述,对于城市公共产品的分类也根据公共产品的本质属性,按城市公共产品的用途将其分为经济型公共产品、社会型公共产品及政治型公共产品。

经济型公共产品是城市空间结构和城市经济活动得以形成的物质基础,这类公共产品具有较大的外部性,对城市经济增长的贡献难以估量,且由于其投资额高、周期长,私人部门难以提供,一般由城市政府或公共部门来提供。主要包括公路、铁路、港口、桥梁等基础设施。

社会型公共产品是与城市居民社会生活特别是精神生活密切相关的产品,是城市繁荣、发展、现代的标志。而这类公共产品,随着城市化的发展,人们生活标准的提高,需求量逐渐加大,成为城市功能转换的重要因素,是政府财政支出的重要内容。这类公共产品主要包括城市教育、医疗卫生、公园、图书馆等。

政治型公共产品是指城市政府实行其统治、保卫和民主职能的物品。这类公共产品是城市政府得以维持的基础,也是城市居民实现安居和发展的重要保障,而其供给主体只能是政府。主要包括维持城市政府运作的行政管理费用、治安、司法以及城市的政策制度等。

2.4　需要说明的问题

本章旨在对本书所涉及的概念及相关内容进行界定与说明，是文章的逻辑起点。本书是在财政分权体制框架下研究城市公共产品的供给问题，必然要对财政分权及城市公共产品的概念进行准确界定。本章的论述是后面行文的基础，为行文需要对一些相关内容进行调整，这在相关的论述中已有说明，这里旨在进行总结说明。

一是关于城市与城镇的概念界定问题。在前文已经区分了城镇与城市的概念，从本质而言，二者并没有实质性的差异。在我国，由于城市中包括了诸多的建制镇，基于我国特殊国情，我们称为城镇化，其与国外的城市化内容是相通的。本书研究中一些相关概念及理论引用外国文献进行阐述时，虽然使用城市概念，但与本书的城镇并无实质差异，内容相通。

二是关于财政分权的问题。中国的财政分权具有与西方国家不同的特点，因此，在对传统财政分权问题进行阐述的基础上总结了中国财政分权的特点。而在下文的论述中，还将对中国财政分权体制的变迁过程进行梳理，以便更好理解中国财政分权的形成及其特点。

三是关于城市的界定方法问题。如前所述，对于城市的界定有比较多的方法及指标，但本书选取从行政边界的划分来对城市进行分类。国家城市规划法中的城市包括了建制镇，因此在实证研究中进行数据样本选取时也主要从行政边界的划分来选取。且现有国家发布的数据都是以行政边界的划分为样本单位，这样的界定方式有利于数据的获取及问题的说明。

四是关于城市公共产品的分类问题。本书对城市公共产品的分类没有沿用以往以公共产品的非竞争性与非排他性的特点来进行分类，而是按城市公共产品的用途来分类。一方面，公共产品非竞争性及非排他性的特点已经受到诸多质疑。另一方面，本书是从财政角度来研究城市公共产品的供给问题，更多的是以财政的收支作为研究的数据基础，按照城市公共产品的特征进行分类便于在财政支出项目中进行对应。

五是关于城镇化构建指标选取的问题。本书在进行城镇化构建评价指标选取时尽量体现指标的综合性、全面性，但囿于数据的可获取性，后期数据的处理中，可能会将一些指标进行类似数据的替换或者取舍，目的是为了使本书的实证分析部分更加完善和丰满。

第 3 章

中国城镇化的变迁历程
及其思想嬗变

中国的城镇化是 20 世纪以来重要的世界经济现象之一，其典型的特征是规模大、速度快，而且中国的城镇化是在政府的推进下进行的。我国城镇化的进程与国家发展战略、城镇化推进政策、人口户籍制度以及财政政策等都息息相关。因此，梳理新中国成立以来我国城镇化发展的变迁历程及其思想嬗变，对于我们理解新型城镇化的内涵及建设路径有着重要意义。本章数据除特别说明外，均整理自历年《中国统计年鉴》。

3.1 城镇化发展的一般分析

如前所述，中国的城镇化与国外城市化在内容上并无实质差异，只是叫法不同，城镇化发展的一般规律与城市化发展相符。城市化是 20 世纪至今人类社会最有力、最持久的趋势之一，其也被看作经济发展和社会进步的直接指标。中国的城镇化起步较晚，但发展较快，其发展呈现出中国特色的变迁轨迹。

3.1.1 城市化发展的一般规律

城市化是人类社会的一种普遍现象，有其自身发展的内在规律，我们在制定城市发展政策的过程中要尊重城市化发展的规律，否则有可能会误导城市化的发展。

1. 城市化的阶段规律

城市化的阶段规律是城乡人口随着工业化进程发展的有序变化所呈现出来的阶段性特征。城市的出现与城市化是不同的概念，城市化起始于 18 世纪后半叶英国的产业革命。

英国学者对英国等国的城市化进行研究，发现城市化是阶段性发展的，依据经济结构变化的三个阶段将城市化也划分为三个阶段：城市化、市郊化和逆城市化与内域的分散。这三种形态在现实生活中很有可能出现交织，但在一个时期内总有一种形态占主导位置。但有些学者认为逆城市化不能独立构成一个阶段，它仍是分散性城市化的一种表现，因此，城市化只有集中型和分散型两个阶段。

而世界城市化过程有一个明显的发展趋势，20 世纪 70 年代美国的城市地理学家诺瑟姆用"S"形曲线描述了这种发展趋势，如图 3 - 1 所示。

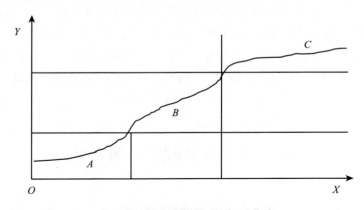

图 3 - 1　城市发展的"S"形曲线

图中 A 部分为初始阶段，这一阶段农业经济比重大，占主导地位，而现代工业则刚刚起步，规模较小。农村人口向城市转移的速度较为缓慢，城市化的进程也需要一个较长的周期。B 部分代表城市化进入迅速增长阶段，现代工业基础逐步建立，工业规模和发展速度明显加快，拉力增大；同时农村生产力提高，更多的劳动力从土地上解放出来，乡村的推力加大。这一阶段，城市化加速发展，在较短时间内达到百分之六七十。在 C 部分的稳定发展阶段，城市化的发展速度转向缓慢发展。这一阶段，一方面，农村经过前一阶段的转移人口压力减小，农业生产率进一步提高，农村生活水平得到提高，乡村向城市转移的动力较小；另一方面，城市中就业岗位增加的速度减缓，城市化的节奏开始放慢。城市化发展阶段呈现的规律不是人为的，是城市化发展的内在规律。城市化发展的阶段规律反映了一个普遍的规律，即一国的城市化与它的经济发展水平相适应，人为地超越或滞后城市化阶段都是不符合城市化发展规律的。

2. 城市化的空间变迁规律

城市化的空间变迁规律主要表现为城市的集聚和扩散效应。集聚效应是指各种产业和经济活动因空间集聚所产生的经济效果以及吸引经济活动向一定地区靠近的向心力，是导致城市形成和不断扩大的基本因素。扩散效应是指所有位于经济扩张中心的周围地区，都会随着扩张中心地区的基础设施的改善等情况，从中心地区获得资本、人才等，并被刺激促进本地区的发展，逐步赶上中心地区。从空间维度上看，城市化规律表现为由城市集聚与扩散机制所决定的城市与区域经济运动规律。集聚与扩散是城市经济区域形成和发展的内在机制，在中心城市能量聚集和扩散的过程中，二者具有不可分割的内在联系。扩散必须以一定程度的聚集为基础，聚集到一定程度也必然产生扩散。在初期发展阶段，城区不断扩大，城市人口增加和密度升高；中前期发展阶段，城市范围仍在不断扩大，但速度已不如初期快，集中型城市化和扩散型城市化相结合；中后期阶段，城市影响区范围扩大，市中心区城市人口减少，人口密度降低。即一个国家或地区的城市化进程，在集聚和扩散效应的作用下，必然要经历一个经济系统由小到大，由简单到复杂，由若干孤立的城市—城市群—以大城市为中心的城镇绵延区的历史过程，这是城市与区域经济变动的一个规律。

3.1.2　城市化发展与产业结构演进关系

世界工业化和城市化的历史经验表明，工业化是城市化的发动机，而城市化是工业化的助推器，城市化发展的理想模式是工业化与城市化发展的协调发展。在工业化与城市化发展的对比方法中，钱纳里的工业化进程与城镇化进程对比是比较常用的方法。钱纳里通过对 100 多个国家的综合分析，得出各个经济发展阶段下的城市化水平（见表 3 - 1）。

表 3 - 1　　　　　钱纳里人均 GNP 与城镇化发展关系

人均 DNP（美元）	1000	200	300	400	500	800	1000
城市化水平（%）	22.00	36.20	43.90	49.00	52.70	60.10	63.40
中国城镇化水平（%）	17.38	17.92	24.52	26.94	27.99	34.78	39.09

　　资料来源：钱纳里，等. 发展的型式：1950—1970［M］. 李新华，徐公里，迟建一，译. 北京：经济科学出版社，1988：32. 中国城镇化水平数据根据历年国家统计局资料整理所得。

　　如表 3 - 1 所示，在我国人均 GNP 达到 800 美元时，实际城镇化水平仅为 34.78%，这说明与同等收入国家相比，我国的城镇化水平明显偏低。

　　同时，城镇化过程也是产业结构演变调整的过程，城镇化发展的过程也是第二产业、第三产业集聚的过程。因此，用综合反映第二产业、第三产业就业状况的 IU 比、NU 比也经常用于分析城镇化与产业结构变化关系。所谓 IU 比，是指劳动力工业化率与城镇化率的比值；NU 比则是劳动力非农化率与城镇化率的比值。IU 比在 0.5、NU 比在 1.2 左右表明城镇化与工业化发展较为协调，而我国的 IU 比明显高于 0.5，NU 比明显高于 1.2，说明我国从事工业和非农产业的劳动力仍滞留在农村，城镇化发展滞后于工业化，城镇化水平不足。

3.2　计划经济时期：不稳定发展中的限制与逆向人口流动

　　中国的城镇化进程大致可以分为改革开放前和改革开放后两个阶段，两个阶段中又可以进一步细分。改革开放前，我国城镇化发展处于不稳定的发展状态；改革开放后，我国的城镇化发展较快，但在发展路径上也体现了不同的阶段特征。本章以改革开放为分界点，对我国的城镇化进行梳理。

　　1949 年新中国成立后，中国经济从战时状态进入了调整和恢复时期，新生的人民政权热情高涨，积极推进工业化发展，从而催生了新中国城镇化的萌芽。整个计划经济时期，我国城镇化的发展处于不稳定的发展状态，发展速度较慢，政策上有较多的限制，造成了当时城镇化过程中的逆向人口流动。1949 年中国总人口为 5.4 亿人，其中城镇人口仅为 5765 万人，城镇化率仅为 10.6%，刚达到国际城镇化发展的起步阶段。从 1952

年到 1978 年的 26 年间，我国城镇化水平从 12.46% 增长到 17.92%，年均增长 0.2%，其间还出现了反复停滞阶段。这一阶段的城镇化发展可以进一步分为三个阶段。

3.2.1　城镇化正常发展阶段（1949～1957 年）

1949 年，新中国成立后，中共中央七届二中全会"党的工作重心由农村转向城市"主张的提出以及第一个五年计划的顺利实施，我国的城镇化出现了改革开放前仅有的发展较快的短暂时期。新中国成立后，中国选择了重工业优先发展的道路，与大规模经济建设发展相适应，一批新城镇出现，部分农民进入城市，城镇化呈稳步上升状态。1952～1957 年，中国城镇化水平由 12.5% 提高到 15.4%，城市数量由 152 个增加到 176 个，这与 1851～1949 年百年间城市化率由 5% 增长到 10.6% 的速度相比是前所未有的。这一时期的城镇化发展的主要特征是城市领导乡村，城乡互助，统筹发展。

3.2.2　城镇化不稳定发展阶段（1958～1965 年）

1958 年中国进入国民经济第二个五年计划时期，极"左"思想开始主导中国发展，中共八大二次会议确定的"鼓足干劲、力争上游、多快好省地建设社会主义"方针掀起了"大跃进"运动。全民大办工厂，大炼钢铁，全国 2 万多个镇，镇镇"以钢为纲"，高炉遍布。全民大炼钢的一个结果就是增加了就业需求，大批农民进城，城市人口陡然增加。为适应全民炼钢的需要，国家建筑工程部提出用城市建设的"大跃进"来适应工业建设的"大跃进"，城市建设大规模开展。1958～1960 年三年间城市人口由 9949 万人增至 13073 万人，城镇化水平由 15.4% 提高到 19.8%，年均增长 1.47%。

然而，城市人口激增，工业化建设加速，其增长速度超过了城市的容量和负荷，城市公共产品严重不足，供水紧张，交通困难，住宅拥挤，污染严重。因此，1961 年 1 月，中共中央提出"调整、巩固、充实、提高"八字方针，开始调整工业项目，压缩城市人口，加强城市基础设施建设，很多关闭和撤销的企业就业人员重新回到农村。城市人口从 1960 年的 13073 万人减少到 11659 万人，城镇化水平从 1960 年的 19.7% 下降到 17.3%。1962 ~ 1965 年，中国进入了三年调整时期，到 1965 年，中国城镇化水平恢复到 18%。这一时期的城镇化建设受到了一定程度的限制，呈现一种不稳定的发展状态。

3.2.3 总体城镇化停滞与三线地区城镇化的发展阶段（1966 ~ 1978 年）

正当国民经济各项工作得到初步理顺之时，1966 年"文化大革命"爆发，中国城镇化进入了停滞甚至是逆城镇化阶段。这一时期的城镇化基本处于停滞状态，城镇人口从 1966 年的 13313 万人增加到 1977 年的 16669 万人，年均增长 305 万人，基本属于自然增长，城镇化水平则从 1966 年的 17.9% 下降到 1977 年的 17.6%。

3.3 改革开放时期：城镇化的复苏和快速发展时期

改革开放后，随着经济体制改革的推进，我国城镇化发展迎来了全新的发展时期。改革开放的 40 余年，是我国经济社会结构快速发展的历史时期。在工业化的带动下，我国城镇化率从 1979 年的 19%，增加至 1990 年的 26.4%，20 世纪 90 年代后随着改革开放的不断深入，大量农村劳动力转移到沿海城市就业，到 2000 年，我国的城镇化率达到了 36.2%。本书将改革开放以来的城镇化发展分为三个阶段。

3.3.1 农村经济体制改革推动的城镇化发展阶段（1978 ~ 1984 年）

1978 ~ 1984 年的城镇化发展主要是以农村经济体制改革为主要推动力的城镇化发展阶段。1980 年 10 月，全国城市规划工作会议在北京召开，提出了"控制大城市规模，合理发展中等城市，积极发展小城市"。这个阶段的城镇化带有恢复性质，"先进城后建城"的特征比较明显。

1977 年前后，农村不少地方办起了社队企业（1984 年后改名为乡镇企业），并在改革开放后迅速发展，农村经济的繁荣发展，直接带动了小城镇的发展。城镇化率从 1978 年的 17.92% 提高到 1985 年的 23.71%，年均增长 0.83%。

著名社会学家费孝通 1983 年在其家乡江苏省吴江县进行农村调查时发现，因为乡镇企业的发展，原本凋敝的小城镇重新勃兴，并判断这是我国农村的一次大变革。他在所发表的《小城镇 大问题》《小城镇 再探索》《小城镇 新开拓》《小城镇 苏北初探》等文章中主张的"小城镇、大战略"思想是改革开放初期农村城镇化的主流思想之一。这一时期由乡镇企业发展所带来的农村经济发展有力地打破了城乡二元结构的基本格局，农村剩余劳动力离土不离乡，就地转移至乡镇企业，其实是一种乡村城镇化。在专家看来，这样的城镇化"实际上造成了资源浪费、环境破坏"，是一种低级的、初级的城镇化。

另外，2000 万上山下乡的知识青年和下放干部返城就业与高考的全面恢复也使得一批农村学生进入城市，城乡集市贸易发展带来的农村人口流入城市也在一定程度上促进了这一时期城镇化的发展。

3.3.2 小城镇发展战略下的城镇化快速发展阶段（1985 ～ 2002 年）

这一时期城镇化的发展政策基本上沿袭了费孝通等学者"小城镇、大战略"的思想，限制大城市的发展，注重发挥小城镇的作用。发展小城镇，走中国式的城市化道路是从我国国情出发，并参照世界城市化的发展趋势和共同规律而作出的战略选择。

从 1984 年中共十二届三中全会到 1992 年党的十四大，我国经济体制改革在"公有制基础上有计划的商品经济"中探索前行。这一时期我国的城镇化发展也在与此紧密相连的一系列改革中探索发展。这个阶段的城镇化以发展新城镇为主，是在城市体制改革和乡镇企业双重推动下发展的。随着经济体制改革的发展，我国经济发展重点转移到了城市经济和国有企业，"放权让利""利改税""价格并轨""租赁承包经营"等改革措施使经济活力大增。经济活跃的地区出现了许多新兴的小城镇，同时许多县城升格为市。1985 ～ 1992 年，我国城镇化率从 23.01% 提高到 27.46%。

1992 年党的十四大到 2002 年党的十六大，随着我国市场经济体制的确立以及全球贸易分工的不断发展，我国城镇化进入快速发展阶段。90 年代后，我国改革开放力度加大，中国逐步融入国际制造流程，大量农村劳动力转移到沿海城市，我国城镇化实现了一个总量上的突破。截至 2002 年，城镇人口达到 5.02 亿，城镇化率达到 39.09%。

这一时期的城镇化发展总体是在政府出台一系列相关政策推动工业化和城镇化发展政策推动下进行的。在明确积极发展小城镇发展方针后，政府出台了一系列消除农村城镇化障碍的政策措施。

一是重新确立镇的法律地位，放宽建镇标准。改革开放后，政府改革了人民公社制度，1983 年 10 月，中共中央、国务院《关于实行政社分开、建立乡政府的通知》，要求建立乡镇政府作为基层政权组织。到 1984 年 10 月，全国有建制镇 5698 个，比 1983 年的 2730 增加了 108.72%。① 1984 年 11 月，国家调整了 1955 年和 1963 年的建镇标准，并强调为了适应城乡经济发展的需要，适当放宽建镇标准，实行镇管村体制。

二是部分消除了城镇化的制度障碍。主要表现为户籍管理制度的松动和就业及社会保障的灵活变通。1984 年 1 月 1 日，中共中央发出《关于一九八四年农村工作的通知》，提出允许务工、经商、办服务业的农民自理口粮到集镇落户。1984 年 10 月《国务院关于农民进入集镇落户问题的通知》规定了农民进城落户的具体条件，要求地方政府、工商行政管理等各有关部门要给予热情支持，积极引导，加强管理，促进集镇的健康发展。

相关政策的实施对农村城镇化发展产生了重要的推动作用，这一时期城镇化的主要思路是限制大城市、发展小城镇。优先发展小城镇的初衷在于引导农民离土不离乡，实现农村人口的就地转移。在政府的推动下，长期被抑制的农民和农村的活力和创造力迸发出来，中小城市和小城镇数量迅速增加，大城市发展较慢。但由于没有具体、得力的监管措施，小城镇发展出现了一哄而上的无序粗放状况，各地盲目增加小城镇数量，轻规划重形式。而且由于城市规模偏小，缺乏规模经济，小城镇的资源配置效率并不高。因此，2000 年 6 月 13 日《中共中央 国务院关于促进小城镇健康发展的若干意见》印发，试图纠正前期小城镇发展中的问题。

---

① 农业部农村经济研究中心. 中国农村研究报告（1990—1998）［M］. 北京：中国经济出版社，1999：107.

3.3.3　21 世纪以来城镇化的独立扩张阶段（2002 年至今）

21 世纪以来，随着土地制度和住房市场化等改革举措的推进，城镇化开始脱离工业化而独立加速发展。这一时期，国家发展城镇化的策略和思路也在不断调整和完善。2002 年，党的十六大将"加快城镇化进程"列为 21 世纪初经济建设和改革的一项重要任务，提出要"走中国特色城镇化道路"。这一时期的城镇化发展思路发生调整，2006 年《中华人民共和国国民经济和社会发展第十一个五年规划纲要》提出要坚持大中小城市与小城镇协调发展，按照循序渐进、节约土地、集约发展、合理布局的原则来促进城镇化的发展。2007 年党的十七大报告提出要形成城乡经济社会发展一体化的新格局，积极稳妥推进城镇化，要建设城市群，培育新的增长极。这时候的城镇化不同于以往的建设思路，城市群概念的提出将原来分散的城镇化向集聚、集中城镇化演变，要以大带小，促进大中小城市和小城镇的协调发展。这一时期，城镇化发展主要有以下特点。

（1）城市扩张迅猛。进入 21 世纪以来，中国城镇化水平总体上有了大幅提升，由 2001 年的 37.7% 上升到 2012 年的 52.57%，城镇化率与世界平均水平相当。在这十几年间，我国城镇化基本每年以 1.3 个百分点的速度稳步增长，进入了一个稳定增长的区间。

（2）大城市快速增加，大都市圈逐步形成。21 世纪以来，随着国家城镇化思路的转变，大量的城市群发展规划纳入国家战略层次。大城市尤其是特大城市快速增加，形成了以珠三角、长三角以及京津冀为代表的三大都市圈。这一时期城市总量、地级市数量以及县级市数量并无显著变化，但所辖乡镇的规模和数量均有很大的调整。

（3）中西部地区城镇化速度加快，但仍呈现"东高西低"。进入 21 世纪以来，受西部大开发、中部崛起等区域经济发展战略的影响，中西部地区的河北、江西、宁夏、河南、湖南和四川等的城镇化率在 2000～2010 年 10 年间都以高于全国平均水平的速度在增长。虽然中西部地区城镇化发展的后发优势明显，但总体而言，其并不能改变全国城镇化发展"东高西低"的总体趋势。

总体而言，21 世纪以来，我国城镇化的发展取得了突破性的进展，城镇化率达到了世界平均水平，以城市群带动城镇化发展，形成了三大都市圈。但这一时期的城镇化质量并不高，一方面，"城镇化泡沫""虚城镇化"问题突出。人口城镇化与土地城镇化的分离、城镇化与工业化的不协调发展、统计为城镇居民的农民工相关福利的缺失都是我国当前城镇化矛盾重重的表现。另一方面，大城市中"城市病"问题突出。交通拥挤、房价高企，雾霾城市不断增加，生态和城市环境问题严峻，这些都严重限制了大城市的发展。因此，为了促进城镇化健康发展，我国提出了新型城镇化的发展道路。

2012 年党的十八大提出"坚持走新型的城镇化道路"，走中国特色的新型工业化、信息化、城镇化、农业现代化道路，推动信息化与工业化深度融合，工业化与城镇化良性互动，城镇化与农业现代化相互协调，"四化"同步发展。2013 年《政府工作报告》以及政府城镇化工作会议都将有序推进农业转移人口市民化作为新型城镇化建设的重要内容。2014 年 3 月 16 日，《国家新型城镇化规划（2014—2020）》正式公布。该文件是未来一个时期指导全国城镇化健康发展的宏观性、战略性、基础性规划，其颁布和实施意味着"以人为本、四化同步、优化布局、生态文明、文化传承"的中国新型城镇化道路进入全新的发展推进阶段。为避免内容的重复性，对于新型城镇化的内涵及其相关研究，本书将在后面进行详细介绍。

3.4 中国城镇化建设的思想嬗变

中国城镇化的发展离不开理论政策的指导，城镇化实践的推进是城镇化建设思想的体现。厘清城镇化发展阶段和思想演进，并对各种城镇化发展思路的利弊进行分析，有利于城镇化发展思路的选择。与中国城镇化的演进路径一致，我国城镇化思想的嬗变也可以划分为明显的两个阶段。

3.4.1 改革开放前的中国城镇化思想

改革开放前，我国并没有明确的城镇化理论，这一时期中国的城镇化发展经历了正常发展、不稳定发展以及停滞发展阶段。

新中国成立初期，优先发展重工业的工业化战略是影响城镇化建设的主要思想。按照马克思主义理论和苏联的经验，优先发展重工业成为新中国成立初期的主要任务，而城市发展的目的就是服务于社会主义工业化这个国家长远利益的。这一思想与国际上其他国家城市化道路是相似的，即城市是伴随工业化而产生的，城市的发展是为工业服务的，是工业发展的要求和结果。但与其他国家城市化思想有所不同，我国在城镇化建设中强调以下几点。一是强调社会主义城市不同于资本主义城市。强调社会主义的公平正义，城市化建设过程中要避免资本主义城市发展中的弊端。二是强调建设生产型城市。当时认为只有生产有形产品的生产才是真正的生产，主张要把中国许多古老落后的消费性城市变为新型的社会主义工业生产性城市。三是强调城市和乡村要相互帮助，统筹发展。

3.4.2　改革开放以来中国城镇化思想演进

改革开放以来，我国城镇化思想呈现百花齐放的形势。国门被打开，国外城镇化建设的先进思想被国人所了解，城镇化思想呈现多元发展的新景象。

1. 小城镇重点论

小城镇重点论的思想是 20 世纪 80 年代以来相当长的一段时间里关于城镇化建设的主流思想，也是国家城镇化发展的政策导向。大力发展小城镇化的理论和政策是适应 20 世纪 80 年代大力发展乡镇企业的需要，是结合中国国情提出来的具有中国特色的城镇化道路。1980 年，《全国城市规划工作会议纪要》明确提出，今后我国城市发展要控制大城市规模，合理发展中等城市，积极发展小城市。理由是国外经验表明，城市规模过大会带来很多难以解决的弊端，依托小城镇发展经济，有利于生产力的合理布局，有利于就地吸收农业剩余劳动力。此后，我国城镇化发展的理论和实践问题主要就是围绕城市规模大小的争论，而大部分都支持限制大城市规模，大力发展小城镇。最具代表性的就是费孝通先生在 80 年代发表的论证"小城镇，大问题"的系列文章，此后，许多文献也对大力发展小城镇进行了广泛深入的研究。

小城镇的思想是与当时乡镇企业的发展相联系的，认为小城镇的发展既可以发展乡镇企业和商品经济，又可以容纳农村剩余劳动力，促进城乡统筹发展，避免西方国家城市化过程中的"大城市病"。1990 年颁布实施的《中华人民共和国城市规划法》继续明确严格控制大城市规模，合理发展中等城市和小城市的方针。

2. 中等城市重点论

小城镇的发展思路是与当时乡镇企业的发展相适应的一条具有中国特色的城镇化道路，但小城镇的分散，资源利用率不高等缺陷也不容忽视。20 世纪 90 年代前后，中等城市的作用得到许多学者的重视，中等城市被认为既可以克服大城市和小城镇的缺陷，又能够发挥工业生产和城市社区的集聚效应。我国城乡之间落差较大，主要是由于中等城市发展不足所致，通过中等城市的发展，能够实现城乡协调发展的目标。中等城市是联系大城市和小城镇、乡村发展的过渡地带，承接着大城市的带动辐射、产业转移和农村富余劳动力的吸纳。万大平（1990）认为，中等城市能使城市规模和城市效益结合起来。由于传统农业社会结构的惰性太强，在农村实现就地城市化的阻力太大，而大城市难以避免"城市病"的出现，因此，我国应该积极主动发展中等城市，走一条超前的具有中国特色的城镇化道路（宋书伟，1990；李金来，1990）。

3. 大城市重点论

虽然重点发展小城镇是当时理论界的主流思想，但强调重点发展大城市的理论也不少。大城市，尤其是特大城市有其自身的优越性，也是工业化发展的普遍现象。大城市所产生的规模效应和集聚效应远高于小城镇，其能最大限度地节约土地，避免小城镇发展中浪费各项资源的缺陷。饶会林（1989）从城市经济规模效益、社会规模效益、环境规模效益和建设规模效益论述了大城市的优势所在。张正河和谭向勇（1998）认为，中国的小城镇道路是不得已而为之的，大力发展小城镇是出于保障城市居民福利的思想，而非发展的道路。

但大城市也有不容忽视的"城市病"，未来大城市的建设，原则上是要严格控制其规模，把重点放在其发展质量的提升上，注重城市品牌和城市形象的塑造。大城市的建设不能孤立进行，应该推动周边城镇、中小城市发展成为大城市的卫星城，充分发挥大城市的辐射带动和引领作用，实现区域经济的协调发展。

4. 大中小城市协调发展

20 世纪末，受市场经济的冲击以及户籍制度的松动，大城市的流动人口增多，小城镇的发展也遇到了环保、技术、市场、规模等"瓶颈"问题。充分发挥大城市的作用，不要人为限制大城市发展的声音得到越来越多人的支持。诸多学者认为城市规模效益规律是贯穿城市发展过程中的客观规律，城市规模效益应当成为制定城市发展政策的主要依据，至于城市化过程中出现的"城市病"问题，应该通过其他方式加以解决。至于最优的城市规模问题，不同的学者则有不同的结论。王小鲁和夏小林（1999）通过其构建的城市经济模型，认为人口规模在 100 万人至 400 万人时城市的净规模效应最大。张自然和张平等（2014）认为城市规模净收益峰值在 556 万人至 614 万人，中国的大城市、超大城市不是太多，而是太少。另外，我国幅员辽阔，东部、中部、西部地区在自然资源、经济、人文等方面有各自的优势和弱项，差异性明显。各个地区推进城镇化的过程应尊重不同区域的差异性，不宜进行"一刀切"。

国家后面的政策调整也体现了城镇化思想的变化。2001 年九届全国人大通过的《中华人民共和国国民经济和社会发展第十个五年计划纲要》关于城镇化发展的总纲是"实施城镇化战略，促进城乡共同进步"，提出要走符合我国国情、大中小城市和小城镇协调发展的多样化城镇化道路。2006 年十届全国人大通过的《中华人民共和国国民经济和社会发展第十一个五年规划纲要》中继续坚持大中小城市和小城镇协调发展，提出要把城市群作为推进城镇化的主要形态。《中华人民共和国国民经济和社会发展第十四个五年规划纲要》中提出"合理确定城市规模、人口密度、空间结构，促进大中小城市和小城镇协调发展"。

从前文对我国城镇化思想演变的梳理中，我们可以看到，新中国成立以来，我国城镇化的实践和思想变迁经历了一个否定之否定的过程。改革开放前，我国城镇化发展从新中国成立之初城乡人口自由流动、农村人口向城市集聚，到限制城乡人口自由流动，农民就地城镇化；改革开放后，城镇化呈现从开始的限制农村人口向城市转移的僵化的城乡隔离制度到城乡人口双向流动，从限制大城市、重点发展小城镇再到大中小城市协调发展的历史演进。

第 4 章

新型城镇化、公共产品
与财政定位

新型城镇化战略的提出是我国城镇化发展的新征程，其是针对传统城镇化的不足提出的，注重于提高城镇化发展的质量。新型城镇化区别于传统城镇化，其本质是"以人为核心"，这不仅仅是实现人口从农村转移到城镇，更重要的是让农民享有附着在城镇人口身份上的各种公共服务。城镇公共产品的供给现状直接关系到新型城镇化的建设质量及实现程度。因此，厘清新型城镇化的内涵界定，分析其与公共产品供给的内在关系是本书分析的前提。而公共产品的属性决定了财政供给的重要地位，本章旨在全面梳理新型城镇化的内涵及其与公共产品的关系，并从公共产品供给的角度构建新型城镇化的衡量指标，在此基础上分析财政在新型城镇化建设中的重要作用。

4.1　新型城镇化的提出与内涵界定

4.1.1　新型城镇化战略的提出

新型城镇化战略的提出背景是传统城镇化发展的重大弊端及不可持续性，学界对新型城镇化的政策梳理多数以 2013 年中共十八届三中全会新型城镇化正式提出作为标志。但新型城镇化这一发展战略的提出并不是一蹴而就，从 2003 年党的十六大开始，中央新型城镇化的战略思路已经逐渐清晰。

1. 中共十八届三中全会前新型城镇化的政策梳理

21 世纪初，我国城镇化迅猛发展，高速度发展下的城镇化发展问题也引起各方关注。党的十六大报告提出的走中国特色城镇化道路，掀起了全国关于新型城镇化讨论的高潮。2005 年，中共十六届五中全会第一次使用"工业化、城镇化、市场化、国际化"的概念，并在"十一五"规划中对城镇化进行了专门的论述。2007 年党的十七大报告将城镇化列入"新五化"范畴，并提出了新型城镇化的内涵、指导思想和建设路径，全国城镇化建设进入崭新阶段，中央及地方都在积极探索新型城镇化的建设。

2. 中共十八届三中全会以人为本新型城镇化战略的确立

党的十八大报告明确提出新型城镇化的概念，指出要坚持走中国特色新型工业化、信息化、城镇化、农业现代化道路[①]，"四化"要同步协调推进。2013 年中共十八届三中全会则明确提出了"以人为本"的新型城镇化概念。同年 12 月召开的中央城镇化工作会议，是党中央第一次将城镇化工作提高到中央层面。此次会议的召开，对中国新型城镇化的发展具有里程碑式的意义。会议分析了当前城镇化的发展趋势，明确了推进城镇化的指导思想、主要目标、基本原则及重点任务，将推进以人为本的城镇化，提高城镇人口素质和居民生活质量，把促进有能力在城镇稳定就业和生活的常住人口有序实现市民化作为首要任务。

3. 新型城镇化战略确立后的现实推进

中共十八届三中全会确立新型城镇化的战略目标后，各部门积极推进新型城镇化工作。2014 年 3 月 16 日，中共中央、国务院批准实施《国家新型城镇化规划（2014—2020 年）》，该文件明确了未来城镇化的发展路径、主要目标和战略任务，成为指导全国城镇化健康发展的宏观性、战略性、基础性规划。2019 年 3 月 5 日，国务院总理李克强在 2019 年《政府工作报告》

---

① 胡锦涛在中国共产党第十八次全国代表大会上的报告（2012 年 11 月 8 日）[EB/OL]. 人民网，2012 – 11 – 18.

中提出，促进区域协调发展，提高新型城镇化质量。2020 年《政府工作报告》提出要深入推进新型城镇化，并将其纳入投资重点的"两新一重"建设（新型基础设施建设、新型城镇化建设，交通、水利等重大工程建设）。国家发展改革委 2020 年 4 月 9 日发布的《2020 年新型城镇化建设和城乡融合发展重点任务》，内容涉及城镇轨道交通、旧改、环保及清洁能源、水利设施、油气管廊、医疗、教育、文体、养老设施等诸多领域。2020 年 5 月 29 日，国家发展改革委印发了《关于加快开展县城城镇化补短板强弱项工作的通知》，瞄准市场不能有效配置资源、需要政府支持引导的公共领域，围绕健全公共卫生服务设施、环境卫生基础设施、市政公共设施和县域经济培育设施四个方面，明确提出了 17 项建设任务，成为未来新型城镇化建设的主要内容。

4.1.2 新型城镇化的内涵界定

1. 新型城镇化的内涵

新型城镇化的提出并不是要否定城镇化，而是对传统城镇化的超越，是对城镇化实践的不断完善。对于新型城镇化的内涵，诸多学者都进行了论述，虽然各种内涵分析中对以人为核心、城乡统筹、集约生态等都有较高的认同度，但目前还没有一个统一的内涵界定。从现有的文献来看，学界对新型城镇化的内涵界定主要有以下三种类型（王玲杰，2014）。

一是综合提炼视角。张占仓（2010）指出，新型城镇化是相对于传统城镇化而言的，是资源节约、环境友好、经济高效、文化繁荣、社会和谐、城乡互促共进、大中小城市和小城镇协调发展、个性鲜明的城镇化。新型城镇化的基本内涵是以人为核心，是具有公平共享、四步同化、城乡一体、产城互动、绿色低碳、生态宜居、文化传承、体制创新等特征的城镇化（张占斌，2013；宋林飞，2014；沈超，2014）。

二是系统构成视角。刘进辉和王殿安（2014）从人口城镇化、空间城镇化、经济城镇化、产业城镇化和生活质量城镇化五个方面分析了新型城镇化的内涵。李晓燕（2013）主要从经济城镇化、社会城镇化和生态城镇化三个层次理解新型城镇化。

三是转型视角。从转型视角来分析新型城镇化的内涵主要是针对传统城镇化的弊端来总结的，仇保兴（2013）认为新型城镇化要实现从城市优先发展转向城乡互补协调发展，从高耗能转向低耗能，从高环境冲击转向低环境冲击，从放任式转向集约化。新型城镇化要强调三个转变，即从偏重土地的城镇化向重视人的城镇化、从城乡二元向城乡统筹、从粗放扩张向集约低碳转变（詹运洲，2014）。

综合相关研究成果，本节引用《城镇化规划》的主体内容对新型城镇化进行定义：新型城镇化是以人的城镇化为核心，有序推进农业转移人口市民化；在发展模式上，以城市群为主体形态，推动大中小城市和小城镇协调发展；以综合承载能力为支撑，提升城市可持续发展水平；以体制机制创新为保障，通过改革释放城镇化发展潜力，是一条以人为本、四化同步、优化布局、生态文明、文化传承的中国特色新型城镇化道路。

2. 新型城镇化的基本特征

从概念上讲，传统城镇化是以城市为核心，以增长为导向的劳动力非农化的过程，而新型城镇化则是以人为核心，以人口的空间流动和社会流动为主线，城乡一体化的过程。新型城镇化具有以下基本特征。

（1）以人为本。以人为核心是新型城镇化的核心内涵，是新型城镇化推进与建设的出发点、立足点和落脚点。在新型城镇化建设过程中，要从城市物质形态扩张等"物"的需求转向满足人的需求、促进人的全面发展等"人"的改变。现阶段，新型城镇化的主要任务是农民工市民化。这些进城务工的农民工在统计城镇化率时被纳入城镇人口，但受城乡二元结构影响，其并不享受城市居民的福利待遇。以人为核心的城镇化要加快推进农民工市民化，提高城市基本公共服务均等化，努力实现教育、就业、住房、医疗、卫生、社会保障等基本公共福利覆盖农村转移人口和城市常住人口。

（2）四化同步。四化同步的本质是"四化"互动，是一个整体系统。工业化、信息化、城镇化、农业现代化从本质上来说是相互关联、不可分割的整体，是社会主义现代化建设过程中的主体内容。工业化是城镇化的经济支撑，城镇化是工业化的空间依托，推动工业化与城镇化良性互动，既为工业化创造了条件，也是城镇化发展的内在规律。只有城镇化和工业化相互促进、协调发展，才能促进产城互动，实现农村转移人口就业与城镇化的协调，不断推动社会主义现代化进程。而只有农业现代化和城镇化协调发展，才能从根本上改变农村的落后面貌，减少因农业萎缩、农村人口大量转移导致的"城市病"等系列问题。

（3）布局优化。推进新型城镇化进程的一项重要任务就是优化城镇化布局和形态，既要优化空间布局，也要搞好城市微观空间治理。《全国主体功能区规划》对城镇化总体布局作出了安排，提出了"两横三纵"的城市化战略布局。强调优化布局，就是要以城市群为主体形态，促进大中小城市和小城镇协调发展，功能互补，集约发展。应当加快发展中心城市，有重点地发展特色小城镇，形成新型的城镇化布局。

（4）生态文明。生态文明作为构建社会主义和谐社会的内在要求、全面建成小康社会的目标要求、中国特色社会主义建设的五大布局之一，其基本宗旨和最终目标是实现人与自然、人与人、人与社会的和谐共生、良性循环。新型城镇化建设过程中，要融入生态文明的理念和思维，用生态文明为高质量、可持续的城镇化提供动力和保障，走集约、智能、绿色、低碳的新型城镇化道路，建设和谐宜居城市。

4.2 新型城镇化的衡量指标

从城镇化、传统城镇化到新型城镇化，学界对于城镇化的内涵、发展及问题的研究越来越深入，如何认识及监测城镇化进度成为推进城镇化建设的关键。对于城镇化的测度不仅是把握城镇化动态进程的必然要求，也是剖析新型城镇化建设的重要内容。学者对城镇化的测度由来已久，从最早的人口比重法，到逐步发展起来的多指标综合评价法，学界对于城镇化的测度指标不断拓展，测度方法不断创新，测度模型不断改进。本节在对城镇化指标现有研究进行梳理后，拟从新型城镇化的核心内涵出发，构建新型城镇化的衡量指标，为后面的实证分析奠定理论基础。

4.2.1 城镇化发展评价指标体系的研究进展

城镇化率是表征城镇化水平的重要指标，对于城镇化率的测定方法有很多，最初采用的多是单一指标评价法。这种方法又称为主要指标法，即通过某一个最具有本质意义、象征意义并能反映问题的指标，来对城镇化发展水平进行定量描述（马世骁等，2012）。单一指标较多采取人口城镇化率或是城镇人口比重来衡量城镇化发展水平，是各级统计部门会定期公布的数据，具有较强的权威性和可靠性。但随着城镇化发展的不断深入，单一指标法显然难以反映城镇化作为一种综合社会现象的其他特征。因此，综合指标法成为目前测度城镇化发展的主要方法。综合指标法通过将表征城镇化在速度、数量、质量以及社会、经济、文化等多方面、多角度的指标纳入指标体系，能够对城镇化发展水平进行更加全面客观的测度。

但从目前对城镇化发展综合指标体系的研究进展来看，总体上并没有形成关于新型城镇化的公认的指标体系。学者从各自研究的视角出发，构建了不同的指标体系。综合来看，在建立城镇化指标体系时，多数研究者主要基于两种思路：城镇化系统构成思路与城镇化发展内涵思路。从城镇化系统构成思路出发，建立的城镇化评价指标体系包括人口、经济、社会、空间、生态等分项指标，表 4 - 1 汇总了相关研究成果。

表 4 - 1　　　　　　基于城镇化系统构成思路的指标体系研究成果

学者	人口城镇化	经济城镇化	社会城镇化	空间城镇化	生态城镇化	生活方式城镇化	其他
邰英角等（2005）	●	●				●	基础设施水平
侯学英（2005）；吕振儒和闫琳（2012）；王建康和汤小华（2013）	●	●			●		区域开放水平
陈明星等（2009）；王晓欢等（2010）；王礼刚（2011）	●	●	●				土地城镇化
李鑫等（2012）；张荣天等（2013）；罗瑞雪和蔡雪雄（2013）	●	●	●	●			
任跃文等（2014）	●	●			●		
李红燕和邓水兰（2017）	●	●	●	●	●		平等城镇化
卓德雄和曾献君（2018）	●	●				●	基础设施、文化教育、城乡一体化

从城镇化发展内涵的思路出发，建立的指标体系包括经济发展、社会发展、城乡统筹、生态环境、区域协调、居民生活质量、基础设施建设等分项

指标，表4-2汇总了相关研究成果。

表4-2　　　　　　　基于城镇化内涵思路的指标体系研究结果

学者	经济发展	社会发展	城乡统筹	生态环境	区域协调	居民生活质量	基础设施建设	空间聚集	其他
国家城调总队福建省城调队（2005）	●	●	●	●		●	●		
郝华勇（2012）	●	●	●	●		●	●	●	
王艳军等（2013）；朱子明和郁鸿胜（2013）	●	●	●				●		人口因素
刘鸽等（2014）	●	●	●				●		可持续发展、城镇化效率
李国成和肖庆宪（2014）	●	●	●	●		●	●		
曹飞（2017）	●	●	●	●		●	●		
倪泽晟（2019）	●								
李燕娜（2020）	●								

此外，还有一些学者从不同的角度和思路出发，对新型城镇化发展指标体系的构建提出了不同的设想。滕海燕（2011）从以人为核心的理念出发，构建了新经济型、新文化型、新生态型的新型城镇化指标。张贡生等（2013）从问题导向出发，设计了包含人口城市化指数、"城市病"指标、"农村病"指标在内的指标体系。张淑杰（2020）围绕城镇化总体特征和城市发展品质两大方向，从宏观、中观和微观三个层面构建城镇化动态监测评估指标体系。

对新型城镇化评价体系的研究进行梳理发现，当前相关研究较多的仍是以定性的理论研究为主。城镇化问题虽然是老命题，但由于数据资料的可得性差，新型城镇化新时期新阶段理论研究中的详细分项难以在定量研究中体现。虽然也有不少学者对新型城镇化水平进行量化的综合测度，但由于不同学者选取的研究视角、研究思路不同，建立的指标体系也不尽相同。多样化的指标体系有利于从不同的视角出发进行指标设计，涵盖的内容更加丰富多样，但也造成由于指标不同使得研究成果缺乏可比性的问题。另外，在现有的量化研究中，多数研究存在注重量化过程、简化结果分析的问题，对指标体系、模型构建、方法选取进行深入分析，但对量化结果的分析以及相应的对策建议部分，存在深度、广度不足的问题。

4.2.2 新型城镇化衡量指标体系的构建思路

新型城镇化衡量指标体系的构建是后期进行实证研究的基础，其科学合理性直接关系到量化结果的信度与效度，关系到对策建议的精准度。新型城镇化指标体系的构建既要借鉴国内外城镇化指标体系的经验成果，反映城镇化发展的常态问题，又要契合城镇化发展的中国特色，体现"十四五"规划和 2035 年远景目标纲要对新型城镇化的建设要求，明确更加全面的导向作用，以此促进新型城镇化的健康发展。新型城镇化衡量指标体系的构建遵循以下思路。

1. 目标导向

新型城镇化衡量指标体系的构建主要在于明确城市发展目标，有效引导政府和市场的行为，促进城镇化建设的转型发展。新型城镇化指标体系构建要充分发挥指标体系的导向作用，要坚持以人为核心，以提升农业转移人口市民化质量为重点，"强化基本公共服务保障"，加快"农业转移人口市民化"[1]。要"优化国土空间布局"，"合理确定城市规模、人口密度、空间结构，促进大中小城市和小城镇协调发展"[2]。要注重城市品质发展，"实施城市更新行动，推进城市生态修复、功能完善工程"[3]，推动绿色低碳发展，增强城镇的综合承载力，促进中国城镇化的高质量健康发展。

2. 注重内涵

新型城镇化衡量指标体系的构建在于对新型城镇化的深刻理解，在其构建过程中要把握新型城镇化的内涵。按照前文新型城镇化的内涵界定，以人为核心是新型城镇化的核心内涵，要以农业转移人口市民化为重点，关注农业转移人口基本公共服务的供给水平。中国的新型城镇化是以人为本的城镇化，是四化同步、空间优化、生态文明的城镇化，在指标体系的选取中，要

---

①②③ 中华人民共和国国家发展和改革委员会规划司．"十四五"规划《纲要》解读文章之19丨完善新型城镇化战略（2021 年 12 月 25 日）［EB/OL］．中华人民共和国国家发展和改革委员会网站，2021－12－25。

将城镇的产业融合发展、空间布局优化、绿色低碳可持续发展等纳入衡量指标。

3. 综合评价

城镇化的发展不仅是人口在空间上的转移，更是生产方式、生活方式和社会观念的深刻变革。在构建新型城镇化衡量指标体系时，不仅要从城镇化人口、空间变迁的基本特征出发，还要将新型城镇化建设过程中的内涵特征、国家对新型城镇化的建设要求纳入其中。因此，新型城镇化的衡量指标体系应该是综合性的，是从人口、经济、社会、生态、城乡统筹、融合发展等方面的发展状况综合评价新型城镇化推进现状。

4.2.3　构建新型城镇化衡量指标体系框架

综上所述，本章所构建的新型城镇化衡量指标体系框架要能够体现以人为核心的新型城镇化内涵，对标"十四五"规划及 2035 年远景目标对新型城镇化的建设目标要求，从人口、经济、社会、生态、城乡统筹、融合发展等发展状况综合评价新型城镇化建设情况。

遵循以上建设思路，本章从新型城镇化的内涵特征出发，从以人为本、四化同步、布局优化、生态文明四个方面构建衡量指标体系，作为衡量新型城镇化发展的一级指标。以人为核心是城镇化的核心内涵，新型城镇化不仅是人口从农村进入城市，更为关键的是附着在城镇人口上的公共服务的实现。以人为本城镇化指标选取人口城镇化、就业城镇化、教育城镇化、医疗城镇化和社会保障城镇化 5 个二级指标和 14 个三级指标，较为全面地衡量以人为核心的新型城镇化的内涵。四化同步的本质是"四化"互动，协调发展，是产业发展与城市发展的同步进行，唯此才能促进产城互动，实现农民工市民化与城镇化的协调发展。这个一级指标选取产业发展和城市发展 2 个二级指标、6 个三级指标和 12 个四级指标加以衡量。布局优化强调优化城镇化的空间布局，要促进大城市与小城镇的协调发展，城市群的建设是未来城市发展的主体形态。但目前相关统计数据中，对于城市群建设的统计数据较少且口径不一致，使得数据不能进行横向对比。因此，该一级指标本章选取城镇集中度这个指标进行衡量，具体采用城市人口密度进行测度。生态文明强调人与自然、人与人、人与社会和谐共生，实现集约、智能、绿色、低碳的新型城镇化。本章从绿色、资源环境 2 个二级指标和 5 个三级指标衡量新型城镇化的可持续发展。具体的衡量框架及指标选取如表 4 - 3 所示。需要说明的是，在新型城镇化衡量指标的选取过程中，有些能够较为准确地反映新型城镇化发展的指标囿于数据的可获得性只能以其他近似指标进行替代，但本书所选取的指标已经力求体现新型城镇化建设的目标导向以及实现综合全面评价。

表 4 - 3　　　　　　　　　新型城镇化衡量指标体系

一级指标	二级指标	三级及四级指标	指标释义
以人为本	人口城镇化	常住人口城镇化率（%）	城镇化水平的基本衡量指标，比率越高，城镇化水平越高
	就业城镇化	城镇登记失业率（%）	反映城镇就业水平，登记失业率越高，城镇化水平越低
		二次产业从业人员占比（%）	反映城镇人口就业结构问题，二次产业从业人员占比越高，城镇化水平越高
		三次产业从业人员占比（%）	反映城镇人口就业结构问题，三次产业从业人员占比越高，城镇化水平越高
	教育城镇化	国家财政性教育经费（百万元）	反映财政对城镇教育的支持情况，教育经费投入越多，享受的教育待遇越高
		义务教育阶段生师比（教师人数 =1）	反映城镇人口享受教育权益水平，生师比越低，城镇化水平越高
		义务教育阶段每十万人口平均在校生数（人/十万人）	反映城镇人口受教育程度，指标越高，城镇化水平越高
	医疗城镇化	城镇每千人口卫生技术人员（人/千人）	反映城镇居民享受医疗服务水平，指标越高，城镇化水平越高
		城镇每千人口医疗卫生机构床位（人/千人）	反映城镇居民享受医疗服务水平，指标越高，城镇化水平越高
	社会保障城镇化	城镇职工基本养老保险参保率（%）	反映城镇职工养老保险参保率，指标越高，城镇化水平越高
		失业保险参保率（%）	反映城镇职工失业保险参保率，指标越高，城镇化水平越高
		城镇职工基本医疗保险参保率（%）	反映城镇职工基本医疗保险参保率，指标越高，城镇化水平越高

续表

一级指标	二级指标	三级及四级指标		指标释义
四化同步	产业发展	产业规模	地区生产总值（亿元）	反映城镇产业发展规模，产值越大，产业规模越大
		产业结构	第三产业增加值/三产增加值总额（%）	反映城镇产业结构，第三产业增加值所占比重增大，产业结构优化
			第三产业生产总值占比（%）	反映城镇产业结构，第三产业生产总值占地区生产总值比重越高，产业结构越优化
		产业效率	地区生产总值增长率（%）	反映城镇产业效率，比率越高，产业效率越高
		产业外向度	外商投资总额（万元）	反映城镇产业外向度，外商投资总额越高，外向度越高
	城市发展	城乡协调	城乡居民人均可支配收入比值（%）	反映城乡统筹发展程度，比值越低，城乡统筹发展程度越高
			城乡居民人均消费支出比值（%）	反映城乡统筹发展程度，比值越低，城乡统筹发展程度越高
		公共服务	人均拥有图书馆藏量（册）	反映城镇人口享受文化公共服务水平，指标越高，水平越高
			每万人拥有图书馆建筑面积（平方米）	反映城镇人口享受文化公共服务水平，指标越高，水平越高
			用水普及率（%）	反映城镇人口享受城市用水程度，指标越高，水平越高
			燃气普及率（%）	反映城镇人口享受城市用气情况，指标越高，水平越高
			人均道路面积（平方米）	反映城镇基础设施建设情况，指标越高，水平越高
布局优化	城镇集中度	城市人口密度（人/平方公里）		反映城镇人口集中度，指标越高，集中化程度越高
生态文明	绿色	建成区绿化覆盖率（%）		反映城镇绿色发展水平，指标越高，绿色发展水平越高
		森林覆盖率（%）		反映城镇绿色发展水平，指标越高，绿色发展水平越高
	资源环境	城市污水处理率（%）		反映城镇环境保护情况，指标越高，水平越高
		城市生活垃圾无害化处理率（%）		反映城镇环境保护情况，指标越高，水平越高
		工业污染治理投资完成情况（万元）		反映城镇环境治理情况，投资额越高，城镇环境治理水平越高

4.3　新型城镇化、公共产品及财政定位

在明确了新型城镇化概念及内涵界定后，前文梳理了已有文献关于新型城镇化的衡量指标体系，并从新型城镇化的核心内涵出发，从以人为本、四化同步、布局优化和生态文明四个方面构建了本书关于新型城镇化的衡量指标体系框架。选取的指标基本上能够涵盖当前新型城镇化建设的主要内容并体现新型城镇化建设的目标导向。这些新型城镇化指标的实现以及实现的质量和水平与公共产品的供给程度有着莫大的关系。而公共产品的供给是财政的天然职能，财政体制必然对新型城镇化的建设产生重大影响。

4.3.1　新型城镇化与公共产品供给的关系分析

"以人为核心"是新型城镇化建设的根本要求，国家"十四五"规划将持续推进以人为核心的新型城镇化建设，强化基本公共服务保障，加快农业转移人口市民化。这一过程的实现必然要依赖公共产品的有效供给，依赖国家财政的有力保障。

1. 公共产品供给是新型城镇化的应有之义

强化基本公共服务保障，实现农业转移人口的市民化，是当前及今后一个阶段推进新型城镇化建设的重要内容。要解决 2 亿多农民工在城镇落户问题，关键就是要让这些人享受城镇居民待遇，享受与城镇居民同样的教育、医疗、养老、住房等公共服务，真正实现"人的城镇化"。而这一过程的实现，并不是简单的人口迁移、城镇建设，而是实现城乡的融合发展，让所有居民共享现代化建设成果，其中必然包含地方公共产品的供给。

从前文新型城镇化内涵及衡量指标体系来看，以人为本、四化同步、布局优化、生态文明的新型城镇化的实现无一不包含着公共产品供给的内容。以人为本的新型城镇化不仅是人口从农村转移到城市，关键是实现附着在城镇人口身上的公共服务，包括就业、教育、医疗、社会保障等内容，这都是政府财政应该予以提供的公共服务。四化同步的关键在于实现产城融合，在城市发展的同时要实现产业发展，城市发展包括城市市政基础设施以及配套

公共设施的建设。产业发展则需要发挥地方政府的公共治理职能，引导和优化地区产业结构。布局优化要促进大城市和小城镇的协调发展，发挥中心城市和城市群的带动作用，推进以县城为载体的城镇化建设。这需要地方政府做好土地规划，协调好不同层级及区域间的协调与衔接。生态文明的新型城镇化要实现城镇化的可持续发展，实现资源与环境的集约、绿色发展。这需要城市政府在城市绿化、环境治理上发挥公共职能，通过相关财税政策促进新型城镇化的可持续发展。

可见，新型城镇化的发展理念及内涵要求是以公共产品的供给及持续优化为核心的。从目前城镇化发展的基本出路来看，以中小城镇为重点的"就近城镇化"是缓解大城市承载压力，促进城乡及区域协调发展的有效路径，国家"十四五"规划也提出要推进以县城为载体的城镇化建设。但从推进过程来看，小城镇产业发展滞后，土地、产业和人居之间融合度不高，融资渠道单一，过度依赖土地财政，教育、社保相关配套设施不完善，一直是阻碍农民就近城镇化普遍存在的问题。这些问题的解决实际上是对新型城镇化发展过程中公共产品的供给进行更为全面的加强、改进和创新。在新型城镇化的推进过程中，地方政府不仅要加强实物性质公共产品的供给，更要从完善产业政策、创新融资政策、加强城镇规划，以及改善公共治理机制和公共政策等政策性公共产品的供给促进新型城镇化建设。由此可见，公共产品供给是新型城镇化建设的题中应有之义，其在很大程度上并不是人为推动或其他因素导致的，而是推动城镇化发展的必然要求，是我国城镇化发展的必由之路。

2. 公共产品持续优化供给是新型城镇化发展质量的维护和提升

传统城镇化到新型城镇化的演进是以人为核心发展理念的贯彻和落实，是对城镇化发展质量的维护和提升，也是解决城镇化建设中"人"的城镇化的根本途径和重要目标。前文从新型城镇化内涵出发构建了新型城镇化的衡量指标，不管是以人为本所包含的就业城镇化、教育城镇化、医疗城镇化还是社会保障城镇化，还是四化同步所涉及的产业发展、城镇发展，再到优化布局、生态文明，无一不可归结为公共产品供给的问题。公共产品的持续优化供给是新型城镇化建设的必然要求，也是对新型城镇化发展质量的维护和提升。

从目前我国新型城镇化建设的现实状况来看，各地新型城镇化发展质量总体上并没有达到预期目标。产业结构单一，产城融合度不高，公共服务相关配套不完备，生态环境保护力度不够，是我国当前新型城镇化建设中普遍存在的问题。不仅如此，各个地区间新型城镇化的发展水平存在较大差异，各地土地利用率以及发展动力差异明显，这与公共产品供给的数量和水平有着莫大的关系。这些问题的解决事关新型城镇化发展质量的维护和提升，需要通过公共产品供给数量和质量的持续优化来实现。

3. 公共产品供给引导推动新型城镇化建设

蒂布特"用脚投票"理论提出居民可以通过流动的投票方式选择地方政府，会选择公共产品供给水平和税负最优的组合，选择能使自己获得效用最大化的社区。公共资源的投向，城市规划的布局，公共服务的配置这些公共产品的供给水平和质量直接影响新型城镇化的建设质量，进而引导人口流动，推动新型城镇化的建设。

首先，公共产品的供给是农民工市民化以及引导农村人口城镇化的重要拉力。当前及今后一个阶段，农民工市民化是新型城镇化建设的重要任务。由于城乡二元结构以及户籍制度的因素，我国人口城镇化水平一直滞后于土地城镇化水平，城镇区域的扩张始终领先于城镇吸纳非城镇人口的速度。教育、医疗、社会保障、基础设施等公共产品供给总量不足且分布不均衡在很大程度上限制和阻碍了农民工市民化的意愿和水平，对引导农村人口城镇化也不具吸引力。因此，进一步推动户籍制度改革，增加并优化城镇公共产品供给对引导推动新型城镇化具有重要意义。其次，地方政府综合治理能力是引导新型城镇化发展的重要推动力。新型城镇化的发展离不开地方政府的综合治理能力，提升城市规划水平，加强基础设施建设，引导产业发展，促进产城融合，加强生态文明建设，这些无不依赖于地方政府的综合治理能力。地方政府综合治理能力的提升本身就是公共产品供给的一个内容，对引导新型城镇化的发展将产生重要的推动力。

4.3.2　新型城镇化建设中的财政定位

公共产品的供给是新型城镇化建设的题中应有之义，其供给的质量和水平直接影响到新型城镇化的建设水平，而公共产品的供给离不开财政强有力的支持。中共十八届三中全会指出，财政是国家治理的基础和重要支柱，新型城镇化建设是地方政府治理能力的重要体现，需要全面发挥财政的职能作用。

1. 财政为新型城镇化建设构筑资金来源

新型城镇化建设必然加大公共财政支出，这符合社会经济发展的客观规律，需要财政为新型城镇化的建设构筑资金来源。首先，财政构筑基础设施建设资金来源。新型城镇化是人口、资本、技术等生产要素向城镇汇聚的过程，这一集聚过程的实现有赖于良好基础设施的供给。基础设施是新型城镇化建设不可或缺的硬件设施，是城镇发挥集聚承载能力的关键，也是居民生产生活的必备条件。但由于基础设施投入大、建设周期长、资本回收慢的特点，市场主体一般不愿意投入。而基础设施的公共产品性质必然要求财政提供资金来源。其次，财政构筑公共服务资金来源。随着城镇化的发展，人口不断集聚，在基础设施满足基本生活需求后，人们对教育、医疗、文化、社会保障等方面的需求也在不断增长。这些公共服务是城镇化发展的软件设施，关系到城镇人口的人力资本培育、福利待遇、身心健康，是以人为核心城镇化实现的关键所在。公共服务的公共属性必然要求政府承担起财政资金支持的主体责任。总之，不管是基础设施还是公共服务诉求，都需要财政构筑资金来源，随着新型城镇化建设的不断推进，财政需要为其发展持续提供资金支持。

2. 优化财政支出结构，促进城镇化健康协调发展

改革开放以来，我国城镇化快速发展，超过 5 亿的农民从农村走向城镇，实现产业与身份的转换，推动中国经济转型升级。但其发展过程中，城镇化存在的问题也日益凸显。"半城镇化"问题严重，进城务工农民无法享受市民化待遇；"土地城镇化"问题严重，大规模的"造城运动"使得城镇空间快速扩张，土地资源严重浪费；城乡之间、地区之间城镇化水平差距较大，严重影响了城镇化的健康协调发展。财政是城镇化建设过程中强大的资金后盾，地方政府的财政资金投入规模能够直接提高地区基础设施和公共服务水平，而财政支出结构的优化对解决城镇化存在问题，促进城镇化健康协调发展意义重大。新型城镇化的建设强调实现城镇人口的福利待遇，在公共财政支出上，地方政府应该更加注重医疗、卫生、教育、社会保障等公共服务的支出比重，发挥财政资金对经济要素流动的规范引流作用，增强城镇化

的内涵建设，解决"半城镇化"问题。经济发展、资源禀赋等因素造成城乡地区间财力差距，造成城镇化建设过程中城乡地区发展不平衡，可以通过政府间的转移支付以及再分配制度有效引导资源流向，促进资源均等配置，加快城镇化健康协调发展。

3. 发挥财政杠杆作用，优化产业结构

随着城镇化的深入发展，传统城镇化的产业结构面临转型升级的压力，新型城镇化要求产业结构由传统高耗能、高污染的传统工业模式向高效能、低污染的新型工业模式发展。以服务业为主的第三产业比重日趋增长，以新能源、新技术、新材料为代表的新兴产业快速发展。由于财税政策的传导过程具有环节少、时滞短的特点，为应对新型城镇化产业格局变化，应充分发挥财政杠杆作用，通过补贴、税收等手段引导资金进入相关行业，激励企业自主调整生产方式。一方面，通过财政政策的制定和调整，引导资金流向，改变生产要素供给投向，影响产业结构和发展方向。政府可以通过税收优惠、财政补贴等政策引导企业加大对教育、科研等方面的支出力度，提高企业科研水平，提高企业生产效能，为产业结构升级提供资金、技术的支持。另一方面，通过财税政策改变需求结构影响供给结构，从总量平衡上促进产业结构升级。财政政策能改变个人储蓄偏好和边际消费倾斜，通过倾斜性的财政支出与税收优惠政策，能够调整企业投资需求与居民消费需求结构。引导企业资金投向新型城镇化发展所需的新兴产业、高效率低能耗产业，引导居民绿色集约消费，以总量的平衡促进产业结构调整升级。

4.3.3　财政体制对新型城镇化建设的影响分析

新型城镇化建设的核心内容就是公共产品的供给，财政作为公共产品供给的主体力量，为新型城镇化建设构筑资金来源。其支出结构的合理与否直接关系到新型城镇化的建设质量。财政对新型城镇化的支持力度与结构直接影响新型城镇化的建设情况，而这有赖于合理财政体制的支持，合理的财政体制是新型城镇化发展的加速器。

首先，合理的财政体制能够确保新型城镇化发展的资金投入。新型城镇化的发展是人口集聚的过程，农民进入城镇之后，需要城镇基础设施建设，需要教育、医疗、社会保障、文化等公共服务供给，这些都需要政府财政提供支持。合理的财政收支策略，多元化的资金融通渠道，为新型城镇化的发展提供强有力的资金支持。其次，合理的财政体制能够确保新型城镇化可持续健康协调发展。新型城镇化是以人为核心的城镇化，是落实"创新、协调、绿色、开放、共享"五大发展理念的新型城镇化。新型城镇化要求我们在建设过程中重视"人"的城镇化，重视教育、医疗、社会保障、文化等公共服务的供给，实现绿色文明可持续发展，注重统筹城乡与地区之间的公平性发展。而这必然要求财政从收支结构上发挥优化资源配置的作用，优化财政支出结构，通过合理转移支付制度、均等化的公共财政，实现新型城镇化的可持续健康协调发展。

因此，合理的财政体制是新型城镇化发展的加速器。随着改革开放的不断推进，在国家决策中心下移的潮流中，中国财政分权也在积极推进与深化。财政分权体制下，地方政府作为新型城镇化建设主体，其在公共产品上的供给状况直接影响到新型城镇化的建设质量和水平。本书也将立足于中国财政分权体制的最大财政体制背景，探讨新型城镇化的建设问题。

第 5 章

财政分权与城镇公共产品供给：
一个分析框架

合理的财政分权与公共产品的有效供给有着密切的联系，财政分权产生的原因是为了改善公共产品和服务供给的"政府失灵"。由于公共产品的多样性和消费者偏好的差异，财政分权被认为是一种让地方政府变得更有效率，对公共需求更敏感的方法。而城镇是各个国家经济发展的重心所在，城镇经济的发展有赖于完善的公共产品供给体系。城市政府作为城市公共产品的主要供给主体，其财政实力是供给状况的重要影响因素。中国的财政分权有其特殊性，其不仅影响了地方政府的财政实力，也影响到地方政府在供给公共产品上的取向，因此，在财政分权体制下研究城镇公共产品的供给有其现实性与必要性。

5.1 地方公共产品理论及其有效供给

在第 4 章的论述中，我们对财政分权、公共产品及城市公共产品的相关问题有了较为清晰的认识，但由于本书的研究背景是财政分权体制，其是使地方政府变得更为有效率、对公共需求更为敏感的制度。因此，城市政府首先应该是作为地方政府而存在，对城镇公共产品的研究也应该是在地方公共产品理论的前提下。研究财政分权体制下地方公共产品的供给与城镇公共产品的供给相类似。

5.1.1 地方公共产品的含义及其基本特征

1. 地方公共产品的含义

随着研究的深入，发现不是所有公共产品都是在一国范围内而是在特定的地理区域内被共同消费。于是，地方公共产品的概念就被提出来，阿特金森和斯蒂格利茨（Atkinson and Stiglitz）、马斯格雷夫（Musgrave）分别于1980年、2003年对地方公共产品进行定义，认为受益归属的空间范围是地方公共产品的关键特征。在对地方公共产品的定义上，国内学者和国外学者基本一致，认为全国公共产品是指那些可供全国居民等同消费并且共同享用的物品（平新乔，1996），而地方公共产品是指在一定区域范围内居民可共同受益的物品（刘云龙，2001）。

综合国内外学者的观点，本书认为地方公共产品是从受益范围进行区分，是指其存在形态和受益范围局限于或主要局限于一个特定辖区能够共同的且平等的被辖区内居民消费的物品。

2. 地方公共产品的基本特征

地方公共产品是公共产品的一种分类，除了具有公共产品的一般特征外，还有其特有的基本特征。

一是受益的地方性。地方公共产品在消费上受时空限制，这种受益被局限在一定的区域范围内。

二是溢出效应。即地方公共产品的收益人群与行政上的范围并不完全一致，会向相邻的区域扩散，而这种溢出效应有时为正，有时为负。

三是拥挤效应。由于地方公共产品只覆盖于有限的范围，人口规模的扩大、使用者的增加将使地方公共产品的消费变得拥挤。

四是提供的层次性。由于地方公共产品具有受益的地方性，因此其应该根据不同的受益区域，由不同层级的政府提供，应表现出供给的层次性，而不应由中央政府提供。

3. 城镇公共产品的供给

如前所述，城镇公共产品首先是地方公共产品，其次才由于其隶属于城镇而具有不同的特征，因此，城镇公共产品同样具有地方公共产品的基本特征。在前面基本概念的界定中已经对城镇公共产品的特征进行过详细的论述。这里，仅对城镇公共产品的地方属性进行论述。城镇公共产品属于地方公共产品的特殊形态，但其供给同样应该具有层次性，应由城镇地方政府提供。

5.1.2 地方公共产品的有效供给

1. 地方公共产品供给的帕累托条件

从理论上讲，适用于纯公共产品最优提供的帕累托效率准则同样适用于地方公共产品的最优供给（鲍德威，2002）。假设某区域 R 里只有两个消费者 $(i = A, B)$，x_i 是该区域消费者 i 拥有的私人品，g_N 为该区域消费的全国性公共产品，g_L 为该区域消费的地方公共产品，W_i 为消费者 i 的资源禀赋，$C(Z_N)$ 为 g_N 的生产成本，$C(Z_L)$ 为 g_L 的生产成本。x_i、g_N、g_L、W_i、$C(Z_N)$、$C(Z_L)$ 均可用货币来度量，且 g_N 和 g_L 的供给是连续的。

根据帕累托最优的含义，在消费者 B 效用水平给定的条件下，若另一消费者 A 的效用达到最大，则此时的资源配置 (x_A, x_B, g_N, g_L) 在区域 R 内达到帕累托最优。即：

$$\max(x_A, x_B, g_N, g_L) \, U^A(x_A, Z_N, Z_L)$$
$$\text{s. t.} \quad U^B(x_B, Z_N, Z_L) = \bar{U}$$
$$x_A + x_B + C(Z_N) + C(Z_L) = W_A + W_B$$

从第二个条件中解出 $x_B = W_A + W_B - x_A - C(Z_N) - C(Z_L)$，将其代入目标函数，得到拉格朗日函数：

$$L = U^A(x_A, Z_N, Z_L) - \lambda\big[W_A + W_B - x_A - C(Z_N) - C(Z_L), Z_N, Z_L \big] - \bar{U}$$

对 L 关于 x_A、Z_N、Z_L 求一阶偏导数并使之为零，

$$\frac{\partial L}{\partial x_A} = \frac{\partial U^A}{\partial x_A} - \lambda \frac{\partial U^B}{\partial x_A} = 0$$

$$\frac{\partial L}{\partial z_N} = \frac{\partial U^A}{\partial z_N} - \lambda \frac{\partial U^B}{\partial x_B} C'(z_N) + \lambda \frac{\partial U^B}{\partial z_N} = 0$$

$$\frac{\partial L}{\partial z_L} = \frac{\partial U^A}{\partial z_L} - \lambda \frac{\partial U^B}{\partial x_B} C'(z_L) + \lambda \frac{\partial U^B}{\partial z_L} = 0$$

可得：

$$\frac{\frac{\partial U^A}{\partial z_N}}{\frac{\partial U^A}{\partial x_A}} + \frac{\frac{\partial U^A}{\partial z_L}}{\frac{\partial U^A}{\partial x_A}} + \frac{\frac{\partial U^B}{\partial z_N}}{\frac{\partial U^B}{\partial x_B}} + \frac{\frac{\partial U^B}{\partial z_L}}{\frac{\partial U^B}{\partial x_B}} = C'(z_N) + C'(z_L) \tag{5.1}$$

或

$$MRS_{x_A,z_N} + MRS_{x_A,z_L} + MRS_{x_B,z_N} + MRS_{x_B,z_L} = MC(z_N) + MC(z_L) \tag{5.2}$$

式（5.2）表明，当一个区域内所有消费者的私人品和该区域内的全国公共品及地方公共品的边际替代率之和等于生产全国公共品和地方公共品的边际成本时，其资源配置符合帕累托效率。这为区域 R 内提供 Z_L 地方公共产品的帕累托条件。从这一条件可以看出，地方政府与中央政府、地方政府与私人投资者之间的分工协作是地方公共产品有效提供的保障。同时，要合理确定区域内全国公共品、地方公共品及私人物品的供给比例。

2. 地方公共产品分散提供的有效性分析

前文的分析仅考虑地方公共产品有效供给的帕累托效率，并未加入地方公共产品供给职责在各层级政府间分解的情况。现将地方政府提供公共产品的职能加入其中，上一级的政府根据受益范围，将部分公共产品的供给职能分解给较低一级政府。先假定某一特定地方公共产品的收益主要由这一区域居民消费，在决定地方公共产品的供给时，只需考虑这些居民的偏好。这样，代表本级居民的地方政府比上一级政府更能准确掌握这些偏好。而在一个由上级政府对所属各个地区提供公共产品的社会中，一般都存在向所有地区提供划一公共品的倾向[①]。但如果这些地方公共产品由受益群体的地方政府负责，则可以根据不同偏好提供不同数量的公共产品。从图 5 – 1 可以直观看出地方公共产品分层级提供的优势所在。

从图 5 – 1 中可以看出，假定有 A、B 两个地区，同时消费某一公共产品 G，A 地区居民从中获取的收益为 G^A，其总和用曲线 $\sum MRS^A$ 表示，而提供 G^A 的边际成本为 $\sum MRT$，则 G^A 提供的最优数量为 G_O^A。现假定 A、B

---

① 即由于收集各地区不同偏好并满足的成本很高，所以上级政府更倾向于提供同样标准、同样质量甚至人均同样数量的公共品，这个情况在我国计划经济时期曾经存在。

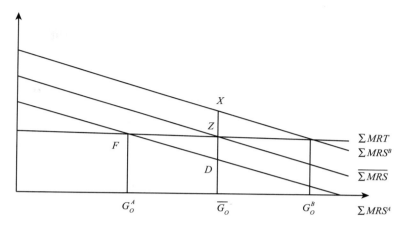

图 5 – 1 地方公共产品的分层供给

两个地区的边际成本一致，则 B 地区提供公共产品 G^B 的最优数量为 G_O^B，且 $G_O^B > G_O^A$。若由上一级政府来提供地方公共产品，实行的原则是提供两个地区较为适宜的平均水平，其平均收益为 $\overline{\sum MRS}$，最优供给数量为 $\overline{G_O}$，在该点上 $\overline{\sum MRS} = \sum MRT$。可见，这个由上级政府提供的公共产品数量 $\overline{G_O}$ 大于地区 A 的最优数量 G_O^A 而小于地区 B 的最优数量 G_O^B。这样，将给 A 地区带来三角形的福利损失，给 B 地区带来三角形的福利损失，由上级政府提供地方公共产品不及分层次供给有效率。

可见，从原则上看，任一地方公共产品都存在一个最优消费数量，相应地方公共产品的提供也就存在一个最优范围，就存在一个"最优区域配置理论"。布雷顿（Breton，1965）将这一理论称为职能最优配置论，即必须由能代表享受某一公共品的特定群体的政府来承担提供该公共品的职能。地方公共产品由不同层级的地方政府提供将更富有效率。

5.2 财政分权体制下城镇公共产品 供给的理论分析

从上一节的分析可以看出，在地方政府的参与下，公共产品的供给效率能够得到提高。但是这些分析仅仅给出了地方公共产品最优供给的条件，至于应该如何划分各层级政府之间的职能和支出责任并没有给出解释。西方的财政分权理论是在公共产品理论的基础上发展起来的，主要研究的是配置职能以及实现职能所需的财政收入如何在中央和地方之间进行分配的问题（Richard and Smart，2002）。

5.2.1 传统的财政分权理论的代表性研究

西方传统的财政分权理论又被称为财政联邦主义理论，其以新古典经济学的规范理论为分析框架，研究政府职能如何在不同层级的政府间进行合理配置。蒂布特、奥茨和马斯格雷夫对财政分权理论作出了先驱性贡献，传统的财政分权理论又被称为"TOM 模型"。

1. 蒂布特的"以脚投票"理论

在蒂布特之前，分权理论只是分析了地方政府在某些方面比中央政府更有效率，并未对人们是否自愿依附于一个地方政府并要求其提供更大福利作出解释。蒂布特的"以脚投票"理论解释了这一问题。1956 年蒂布特在其发表的论文《地方政府支出的纯理论》中指出，居民能够在地区间自由流动，选择能够使自己效用最大化的公共产品与税收组合的地区政府，而地区政府只有有效地提供居民所需的公共产品才能满足其需要，否则这些居民就会进行迁徙，"以脚投票"。这样，地区间的竞争将使资源有效配置，从而实现帕累托最优，实现福利最大化。

蒂布特的"以脚投票"理论指出，如果全体居民都能够自由进行迁徙，地方之间在公共产品的供给及税收的组合上就会互相竞争，最后实现社会的福利最大化。由于偏好相同的人会组合在一起，公共产品也会按照最小的成本被提供，地方之间在提供公共产品和公共服务上的差异不会长期存在。蒂布特的"以脚投票"理论是以最优理论为背景的，而居民因为地方公共产品提供的差异进行迁移的现象在实践中也存在。可见，公民具有选择消费的自由，这是该理论的前提条件。但是，这个理论只是提出了居民迁徙的原因——为寻找公共产品和税收成本的最优组合，并没有达到均衡的必要条件。

麦奎尔（1972）对"以脚投票"的均衡条件进行了补充——某个居民进行迁徙时要对迁移的利益和成本进行比较。这里的"利益"指两个地区之间公共产品提供方面的差异，"成本"则由不同地区间的税收差别来决定。根据个人效用最大化，具有偏好的个人将在迁移的边际收益等于边际成本时才会停止搜寻的过程。迁移均衡的公式如下：

$$C_n = \frac{C}{n} \tag{5.3}$$

其中，C_n 为迁入某个地区的边际成本，C 为获得公共产品需要付出的成本，n 为获得公共产品的人数。从式中可以看出，在给定公共产品（X）的条件下，人们会按一定要去形成一个群体，使得人均分担的公共产品正好等于新加入的那个人引起的边际成本。如果存在 $C_n \neq \frac{C}{n}$，则 $C_n > \frac{C}{n}$ 社区中的居民就会向 $C_n < \frac{C}{n}$ 的社区迁移，直至这种差异消失为止。从这个意义上说，寻找最优地方政府的行为与竞争性的市场机制相类似，麦奎尔关于寻找最优地方政府形成的动态模型的均衡条件就是 $C_n = \frac{C}{n}$。

2. 奥茨定理

奥茨在其《财政联邦主义》（1972）一书中，运用福利经济学的分析方法得出了分权理论。福利经济学认为一种有效的资源配置应使得社会福利达到最大化，即帕累托最优。

假设人口中有两个子集 A 和 B，两个子集之间的偏好不同，但子集内部的人口具有相同的偏好。若某个社会只生产纯粹的私人产品 X 和公共产品 Y，社会的成员都有消费 X 和 Y。公共产品 Y 由中央政府或地方政府提供，并且收入分配已经达到最优，那么社会福利最大化可以表示为

$$\max\ U_A(X_A, Y_A) \tag{5.4}$$

$$\text{s. t.}\ U_B(X_B, Y_B) = \bar{U} \tag{5.5}$$

$$F(X_A + Y_A; X_B, Y_B) = 0 \tag{5.6}$$

求 A 的福利最大化，其取决于居民 A 所消费的 X_A 和 Y_A，以及效用函数 U_A。这个福利最大化面临着两个约束条件，一是 B 的社会福利不能受到损害，并且要达到社会平均水平 $\bar{U}$，即 $U_B(X_B, Y_B) = \bar{U}$；二是 X 和 Y 的总量有限，即 X 与 Y 经过分配后都要分尽，即 $F(X_A + Y_A; X_B, Y_B) = 0$。上述问题的一阶条件是

$$MRS^A_{X_A,Y_A} = MRS^B_{X_B,Y_B} = MRT_{X,Y} \tag{5.7}$$

即 A 对于 X 与 Y 的边际消费替代率要与 B 对 X 与 Y 的边际消费替代率相等，且这两个边际消费替代率要与生产 X 与 Y 的边际转换率相等。同时，由于 A、B 偏好不同，所以 $X_A \neq X_B$，$Y_A \neq Y_B$。

在满足上述条件的前提下，无论是由中央政府还是由地方政府来提供公共产品 Y 都没有差别，因为都能满足 $MRS^A_{X_A,Y_A} = MRT_{X,Y}$ 和 $MRS^B_{X_B,Y_B} = MRT_{X,Y}$。但若由中央政府来提供，则有 $Y_A = Y_B$，不能满足福利最大化中 $Y_A \neq Y_B$ 的约束条件，而这就决定了地方政府在提供公共产品上比中央政府更为有效。

奥茨的财政分权定理认为，由于中央政府所处的位置，其不可能估计不同区域人口的不同需求偏好，而只会按照一般的公平化要求将公共产品分配给各个地区，这就忽视了各地区的不同偏好而不能达到福利最大化。这样，由地方政府向各自的选民提供帕累托有效的产出量比中央政府向全体选民提供一致的产出量更为有效。而中央政府只应提供具有广泛的相同偏好的公共产品。

3. 布坎南的"分权俱乐部"理论

布坎南（1965）的"分权俱乐部"理论把地方政府比作提供公共产品的俱乐部，随着俱乐部成员的增加，将有更多的成员来承担公共产品的成本，但新成员的加入会造成公共产品使用的拥挤，产生外部不经济，外部不经济所产生的边际成本等于新成员分担运转成本所带来的边际节约点是一个俱乐部的最优规模。布坎南认为，公共行动溢出效应的地理范围的大小是各级政府之间的经济的或有效的职责划分依据。每一种公共产品和服务仅仅对有限的一组人口来说是公共的，这是政府单位应该履行职责的规模经济的人口范围，如图 5-2 所示。

在图 5-2 中，A 代表单个公民，对大多数私人产品而言，一般由个人独立支付成本，独立取得收益，整个私人市场的交易点都在 A 点。随着 A 往右移，产品和服务的公共产品特征越明显，溢出效应也逐渐增强，呈现显著的层次性。找出公共产品与各级政府职责和行为之间的内在联系是研究公共产品的层次性的目的，以此为界定、划分和调整政府间事权和财权提供依据。

1965 年，布坎南提出了俱乐部理论，认为俱乐部类型的合作安排是一种有效率的方法：第一，非纯公共产品产生拥挤效应，仅有有限数量的会员

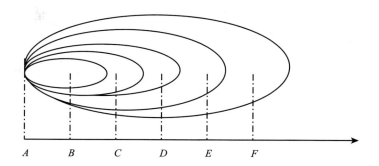

A：私人品；B：娱乐设施；C：火灾防护；D：司法制度；E：教育；F：国防。

图 5 - 2　公共产品的层次性

有加入某一俱乐部的激励；第二，选择加入俱乐部的人只有那些想得到这一物品并能够付费的人，且其还能以相当低的成本排斥他人；第三，当会员人数超过物品供给的有效规模时，形成的新俱乐部是有效的，如图 5 - 3 所示。

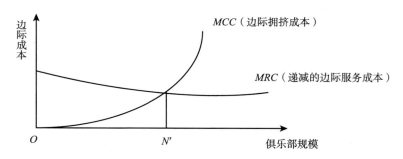

图 5 - 3　最优俱乐部规模的确定

对非纯公共产品而言，与更多人分摊成本的好处需要与增加拥挤成本相比较（图 5 - 3 中用 MRC 与 MCC 表示），而有效的俱乐部规模是边际服务成本与边际拥挤成本相等的会员人数，即点 N' 为有效率的最优规模。据此，可以将地方政府视为俱乐部，并以此确定最优规模和最优服务水平。

4. 穆斯格雷夫的分权理论

R. A. 穆斯格雷夫和 P. B. 穆斯格雷夫在讨论财政分权时，分析了这样一种状况：一群居住在某一新星球上的人们，面对所有成员均可无成本消费的纯公共产品，其供给制度究竟是集权好还是分权好？什么样的财政制度才能更有效地提供公共服务？之后，他们根据公共产品的受益范围，认为全国性的纯公共产品应由中央集权制度来供给，而地方性的纯公共产品则应该由分权制度来供给，并由地方居民通过纳税和缴费来提供资金。

穆斯格雷夫的分权理论还进一步说明了财政支出的最佳数额以及每个社区最佳人口数的问题。假定只有一种公共产品，受益范围限定在某特定地区，而且消费者具有完全相同的偏好和投入，同意由政府提供公共产品，则穆斯格雷夫的理论就是如何使消费者的税收成本最低而受益最大。

5.2.2 对传统财政分权理论的批判

由于传统的财政分权理论中所包含的假设条件在现实生活中很难得到满足，导致其对现实的解释力削弱，不少学者对传统财政分权理论都进行了批判。

1. 公共选择理论的批判

基于公共选择理论的分析范式，布伦南和布坎南（1980）从两个方面对传统的财政分权理论进行了批判。

第一，关于仁慈和高效的专制政府的假定的质疑。仁慈而高效的专制政府的存在是传统的财政分权理论成立的前提假设。仁慈的专制政府能自动实现给定辖区内特定公共产品和服务的最优供给量的供给。但事实上，这只是推导地方公共产品最优供给的制度背景，一旦回到现实，就会暴露其非现实性。而公共选择理论则假定所有参与者，包括政府在内，在政治场景和市场场景中的人格都是统一的，都是按个人利益最大化行事。因此，在相应的模型中，政府并不是以社会的福利最大化为目标，而是以税收最大化为目标。

第二，联邦制结构本身所具有的宪法含义被忽视。将联邦主义的政治结构作为约束政府的潜在财政剥削行为的手段是财政联邦主义的一个重要含义。一方面，明确的立宪规则，对政治权力实现分权制，有助于拆除政府内部的权力结构；另一方面，众多地方政府间的竞争以及要素和居民的自由流动，客观上限制了地方政府漠视当地居民利益的行为。

2. 第二代财政分权理论的批判

与企业理论将企业过程视为"黑箱"类似，传统的财政分权理论也将政府过程视为"黑箱"。在这个"黑箱"中只要投入所需要的资源，仁慈的专制者就会如公众所愿，高效率地提供所需的公共产品。然而，分权在促进地方政府有效供给公共产品上还有赖于地方政府官员的政治和经济激励。因此，第二代财政分权理论的学者对传统财政分权假设的政府模型极力反对，而更愿意从分权化政府实行帕累托最优的机制进行研究，即更多地从制度、协调、激励等角度来考察绩效。

5.2.3　第二代财政分权理论

第二代财政分权理论，即市场维护型财政联邦主义，是由蒙特利安纳和威因伊斯特（1995）、麦金农和内奇巴（1997）等经济学家经过研究形成的。第二代财政分权理论反对传统财政分权理论的政府模型假设，但对公共选择理论的"邪恶政府"假设也持否定态度。他们从传统财政分权理论的非对称信息出发，如何设计出一套机制以实现对公共政策制定者的激励是其关注的重点。

学者们借助厂商理论打开了政府这个"黑箱"，认为传统分权理论对地方政府官员的人格假设存在问题，其只是从地方政府的信息优势说明分权的好处（Qian and Weingeast，1997）。事实上，同企业和企业经理人类似，政府和政府官员都有自己的物质利益，设计一个政府官员和地方居民间的相容机制以约束政府寻租行为是关键所在。第二代财政分权理论认为，好的市场效率来自好的政府结构，在构造政府治理结构的同时应考虑到相应的激励机制，使得中央和地方政府都各司其职，进而有效地提供公共产品。

同时，这种市场维护型的联邦主义也提供了市场运行的政治基础。政府应该用某种承诺来提供"正的"和"负的"激励，前者用来防止政府的掠夺性行为，后者用来对预算软约束进行惩罚。随后，钱颖一等（1998）又将这一思想用 DM 模型加以精确，指出财政分权存在两种效应：竞争效应和制衡效应。在地方公共产品的供给上，财政分权会导致地方政府的投资偏向容易产生经济效益的基础设施，而对产生经济效益较慢的公共品投资偏少。马斯金等（1999）通过建构模型证明激励机制受组织形式影响，财政分权使政府间的竞争加强，影响公共产品的供给。政府间竞争会导致两种不同的效应：一是扑向底层竞争的"囚徒困境"；二是造成作为代理人的地方政府的特权和寻租，即"垄断寻租论"。但在不同的国家，这两种效应产生的作用也各不相同。

随着财政分权理论研究的深入，第二代财政分权理论的学者发现，地方政府间互相竞争，在一定程度上能限制公共产品供给的低效率，但并不能消除（Epple and Zelentia，1981），如果缺乏协调的机制，财政分权会导致公共支出系统上的偏差（Keen and Marchand，1997）。可见，第二代财政分权理论着重于解释财政分权实施主体行为的研究，与企业经理人类似，在没有相应的约束机制的情况下，官员也会进行寻租，从而影响到公共产品的供给。因此，他们认为，要使财政联邦主义稳定、持续发挥作用，一是地方政府必须有反对政府滥用权力的监督手段，二是要使中央政府拥有防止下级政府逃避责任的充分资源。

5.3 财政分权体制下城镇公共产品的供给模型

在上一节的理论分析中，我们可以知道，第二代财政分权理论认为，在财政分权体制下，地方政府间提供公共产品的有效性有赖于政府组织的形式。分权形式无论在理论还是实践上都有积极和消极的方面，政府能否设计出一套有效的激励机制是其中的关键所在。在这一节中，笔者试图从公共产品供给的数量及结构上来分析财政分权对地方公共产品供给的影响，并在此基础上构建财政分权体制下城镇公共产品的供给模型。

5.3.1 财政分权与公共产品供给结构的考察：DM 模型

DM 模型是德沃特里庞和马斯金（Dewatripont and Maskin，1995）创立的模型，其描述的是信贷市场中的融资问题，但将其中的信贷供给方和需求方加以替换的话，就可以适用不同分权体制下中央和地方政府在财政分权体制下的公共产品激励问题。

这里，要对 DM 模型的参数进行修改，使其能够推广到公共部门。模型假定：有一个中央政府，集权下仅有一个地方政府，而分权体制下有两个地方政府。公共产品投资的结构可以分为"好"项目和"差"项目。这里需要对其进行说明，"好""差"项目是就地方政府经济增长绩效而言，前者指盈利高，完成较快的项目，如基础设施等硬性公共产品；后者如教育、社会保障等收益慢、盈利时间长的软性公共产品。同时假定，"好"的项目一期投资即可完成，而"差"的项目要两期才能完成。"好"项目的可能性用 α 表示，而每一类项目每一期都需要 1 单位的资金。"好"项目的回报为 R_g，"差"项目第一期的回报为 0，第二期的回报为 $\tilde{R}_p$，变量上标"~"表示随机变量。E_g 表示"好"项目完成是中央政府的收益，E_t 表示"差"项目在第一期时中央政府的收益，$\tilde{E}_p$ 表示"差"项目第二期时中央政府的收益，$\tilde{E}_p \geqslant E_t$。

1. 集权情况下的各方收益

集权体制下，一个地方政府 L 拥有的全部两单位资金，中央政府提出一单位资金的公共品投资供给要求。一个好项目的收益为 R_g，在地方政府拥有较强谈判空间的情况下，当 $E_g > 0$ 时，地方政府能获得全部 R_g 的收益；当 $E_g < 0$ 时，可以获得 $R_g - E_g$ 的收益。如果是一个"差"项目，地方政府在第一期将毫无收益，在第二期时可以得到一个随机收益 $\tilde{R}_p$，而 L 可以通过自己的监管努力来改变 $\tilde{R}_p$ 的分布。a 表示 L 监管的努力程度，$a \in (0,1)$，$\Psi(a)$ 表示 L 的努力成本，且 $\Psi' > 0$，$\Psi'' > 0$，$\Psi(0) = \Psi'(0) = 0$，$\Psi'(1) = \infty$。用"$*$"号表示最优值，在 L 处于谈判优势下，均衡时 L 的期望收益为

$$\prod_p^* \equiv a^* \overline{R_p} - \Psi(a^*), \text{且} \overline{R_p} = \Psi'(a^*)$$

集权情况下各方收益如表 5 - 1 所示。

表 5 - 1　　　　　　　　　　集权下各方收益情况

收益主体	"好"项目	"差"项目	"差"项目
	假设 $E_g > 0$	不追加第二期投资	追加第二期投资
中央政府	E_g	E_t	$\tilde{E}_p$
地方政府	$E_g - 1$	-1	$\prod_p^* - 2$

2. 分权情况下各方收益

分权情况下的假设大多与集权相同，此时的地方政府增加到两个，为 L_1 和 L_2，每个地方政府只有一单位资金。如果为"好"的项目，在第一期时，中央政府找到 L_1 进行融资，此时的收益情况与集权时相同。如果为"差"的项目，只进行第一期的投资，收益情况也与集权情况相同。但如果"差"的项目要追加第二期的收入，中央政府和 L_1 就要求助于 L_2。假设 L_1

对第一期投资的监管努力程度 L_2 并不知道，L_1 在谈判时占有信息优势。而实际上，L_1 是用未来的随机收益 $\widetilde{R}_p$ 的一部分来交换 L_2 的投资。L_2 对 L_1 的监管努力程度估计越低，从随机收益中要求的收益分配就越高。$\hat{a}$ 表示 L_2 对 L_1 努力程度的估计值，$1/\hat{a}$ 表示 L_2 从随机收益中获得收益，则 L_1 将选择 a 以最大化其收益：$a(\overline{R}_p - \dfrac{1}{\hat{a}}) - \Psi(a)$。

在 $\overline{R}_p > \dfrac{1}{\hat{a}}$ 的情况下，一阶求导可以得到最优化条件：$\overline{R}_p - \dfrac{1}{\hat{a}} = \Psi'(a)$。

在最优条件下，$\hat{a} = a$，意味着 L_2 获得一单位的收入，刚好弥补其成本。这样，分权情况下中央对地方政府的监管将有所降低，因为 L_2 获得了从 L_1 转移过来的部分边际收益。用 "**" 表示分权下变量的最优值，得到 L_1 的期望收益为

$$\prod_p^{**} \equiv a^{**} \overline{R}_p - \Psi(a^{**})$$

因为 $a^{**} < a^*$，所以 $\prod_p^{**} < \prod_p^{*}$，分权情况下的各方收益如表 5 – 2 所示。

表 5 – 2　　　　　　　　　　　**分权下各方收益情况**

收益主体	"好"项目	"差"项目	"差"项目
	假设 $E_g > 0$	不追加第二期投资	追加第二期投资
中央政府	E_g	E_t	$\widetilde{E}_p$
地方政府 L_1	$E_g - 1$	-1	$\prod_p^{**} - 2$
地方政府 L_2	0	0	0

通过比较分权与集权情况下均衡时各方公共品投资及其收益情况，可以得到命题（1）：

如果 $\widetilde{E}_p > 0 > E_t$，$\prod_p^{*} + \widetilde{E}_p < 2$，$R_g + E_g > 1$，$\prod_p^{*} > 1 > \prod_p^{**}$，即在分权下，只有"好"的项目能够得到融资，而在集权情况下，不管是"好"的还是"差"的项目，都能得到融资。

5.3.2　财政分权与地方公共产品量的考察

DM 模型仅仅区分了绝对集权与绝对分权的情况，而这在现实中并不存在，

因此，该模型更多的是定性分析。这里，将借助茹拉夫斯卡亚（Zhuravskaya，2000）对俄罗斯财政分权和公共产品供给问题的研究模型来考察财政分权体制下公共产品供给量的问题。

模型假设财政当局的效用由三部分组成：公共产品 P 带来的政绩 cP，c 为常数；公共产品供给带来的隐形收入 B；职务消费 S。财政当局的目标是将三者之和最大化：

$$\max_{P,B,S} cP + B + S \tag{5.8}$$
$$\text{subject to } P + S \leqslant SHARED + OWN$$

其中，$P \geqslant 0$；$B \geqslant 0$；$S \geqslant 0$；$0 < c < 1$。$SHARED$ 表示财政当局从转移分配中获得的税收，OWN 表示当地的自有收入。政府公共产品供给支出与职务消费不能超出获得的收入。则自有收入、转移税收收入和公共品的支出的函数关系表示如下：

$$OWN = \bar{W} + W(P,B) \tag{5.9}$$
$$W(P,B) = g(P)y(B) \tag{5.10}$$
$$SHARED = \bar{T} + T(W) \tag{5.11}$$
$$T(W) = \alpha W \tag{5.12}$$

式（5.9）中自有税收由固定部分 $\bar{W}$ 与 P 和 B 的函数的可变部分 $W(P,B)$ 组成。式（5.10）是较为具体的函数，并有 $g > 0$、$y > 0$、$g' > 0$ 和 $y' < 0$，说明增加公共产品的供给会增加自有税收收入，而职务消费的增加则会减少自有税收收入。式（5.11）和（5.12）表示转移税收收入由固定部分 $\bar{T}$ 和可变部分 αW 组成，其中 α 这一参数衡量的是中央政府与地方政府的分权程度，$-1 \leqslant \alpha \leqslant 0$，即当自有收入越多，其转移的税收收入也越多，$\alpha = -1$ 和 $\alpha = 0$ 代表了绝对集权和绝对分权两种极端情况。将式（5.9）至式（5.12）代入式（5.8），得到

$$\max_{P,B,S} cP + B + S \tag{5.13}$$
$$\text{subject to } P + S \leqslant \bar{T} + \bar{W} + (1+\alpha)g(P)y(B)$$

假设 $g(P)y(B)$ 是凹函数，则 $(g'y')^2 < gyg''y''$，$g''(P) < 0$；$y''(B) < 0$，则模型的一阶条件有唯一极值，得到以下命题：

命题（2）：对所有 α，有 $\dfrac{\mathrm{d}B^*}{\mathrm{d}\alpha} < 0$；

命题（3）：对所有 α，有 $\dfrac{\mathrm{d}P^*}{\mathrm{d}\alpha} > 0$；

命题（4）：$\dfrac{\mathrm{d}S^*}{\mathrm{d}\alpha}\bigg|_{\mathrm{d}[\bar{T}+\bar{W}]=-\mathrm{d}[(1+\alpha)g^*y^*]} < 0$。

带"＊"表示最优解，命题（2）和命题（3）说明分权激励增加时，当地政府会增加公共产品的投入量，命题（4）说明在预算税收相等的情况下，分权激励较强的地区，其职务消费会较低。

5.3.3 财政分权体制下地方公共产品结构和数量的综合考量

DM 模型和茹拉夫斯卡亚模型分别从结构和数量两个角度考察了财政分权对其的影响，但在现实中，我们需要将两者综合加以考虑，才能得出财政分权对地方公共产品供给的综合影响，笔者尝试将两个模型结合来分析分权绩效对公共产品的影响。

根据前面的推导，令式（5.13）中的 $P = P_1 + P_2$，P_1 表示短期"好"公共产品的投资，P_2 表示长期公共产品的投资，两者的税收产出函数为

$$W_1 = g_1(P_1)y(B) \text{ 和 } W_2 = g_2(P_2)y(B)$$

另有 $W = W_1 + W_2$。

于是，式（5.8）至式（5.12）改写为

$$\max_{P_1,P_2,B,S} c(P_1+P_2)+B+S \tag{5.14}$$
$$\text{subject to}(P_1+P_2)+S \leqslant \bar{T}+\bar{W}+(1+\alpha)g(P)y(B)$$

其中，

$$OWN = \bar{W}+W_1(P_1,B)+W_2(P_2,B) \tag{5.15}$$
$$W_1(P_1,B)=g_1(P_1)y(B), W_2(P_2,B)=g_2(P_2)y(B) \tag{5.16}$$
$$SHARED = \bar{T}+T(W_1+W_2) \tag{5.17}$$
$$T(W)=\alpha(W_1+W_2) \tag{5.18}$$

此时仍有 $P_1 \geqslant 0$，$P_2 \geqslant 0$，$B \geqslant 0$，$S \geqslant 0$，$g > 0$，$0 < y < 1$，$g' > 0$ 和 $y' < 0$，$y''(B) < 0$。

P_1 是对短期好项目的投资，令 $g_1' > 0$，则有

$$(g_1'y')^2 < g_1 y g_1'' y''; g_1''(P_1) < 0; y''(B) < 0 \tag{5.19}$$

而 P_2 是对长期公共产品的投资，长期公共品又存在"好"项目与"差"项目，则其一阶导数未必为 0，好项目的概率为 β，则差项目的概率为 $1 - \beta$，则有

$$W_2(P_2, B) = g_2(P_2)y(B) = y(B)[\beta h(P_2) + (1 - \beta)f(P_2)] \quad (5.20)$$

其中，$h(P_2)$ 与 $f(P_2)$ 分别表示投资到"好"项目与"差"项目预期增加的税收，一般情况下，$h(P_2) > g(P_2) > f(P_2)$，为简化分析，假设：$f(P_2) = e \cdot h(P_2)$，其中 e 为常数且有 $-1 < e < 1$，于是可得

$$W_2(P_2, B) = g_2(P_2)y(B) = y(B)h(P_2)[\beta + (1 - \beta)e]$$

再假设：$h > 0, h' > 0, (h'y')^2 < hyh''y''; h''(P_2) < 0$

将式（5.15）至式（5.18）代入式（5.14），在地方政府风险中性且其有长期投资的资金实力条件下，式（5.14）改写为

$$
\begin{aligned}
&\max_{P_1, P_2, B, S} c(P_1 + P_2) + B + S \\
&\text{subject to}(P_1 + P_2) + S \leqslant \bar{T} + \bar{W} + (1 + \alpha) \\
&\{g_1(P_1)y(B) + y(B)h(P_2)[\beta + (1 - \beta)e]\}
\end{aligned}
\quad (5.21)
$$

通过模型求解可以分析财政分权对公共产品供给的影响，得出

$$\frac{\mathrm{d}P_1^*}{\mathrm{d}\alpha} \Big/ \frac{\mathrm{d}P_2^*}{\mathrm{d}\alpha} = \frac{g_1'h''}{g_1''h'} > 0 \quad (5.22)$$

式（5.22）的经济学含义，是分权程度的增加对于短期好项目与长期项目具有同方向的激励作用，但在影响程度上，如果短期好项目的边际收益较大且边际收益递减速度较快，则分权度的变化对短期项目的影响程度越大。

在经济现象上，该公式可以作出以下解释。

一种情况是在不发达地区的较高级别的地方政府，在分权体制下，政府存在着"高利润"项目的融资需求，β 概率处于中间状态，因此，h、h'、D 都处于中等水平。而低级政府对短期项目的竞争，$|g_1''|$ 值较大，y 较小，$\dfrac{\mathrm{d}P_2^*}{\mathrm{d}\alpha}$ 在这些地区同时存在大于 0 和小于 0 的机会，说明经济不发达地区腐败现象可能更严重，官员会以公共产品投入的减少作为获取隐形收入的代价。

另一种情况是在经济发达地区较高级别的地方政府上，由于这些地区获得"高利润"项目的概率大，即 β 值较大，则 h、h'、D 的值也都较大，这样容易保证 $\dfrac{\mathrm{d}P_1^*}{\mathrm{d}\alpha}$ 和 $\dfrac{\mathrm{d}P_2^*}{\mathrm{d}\alpha}$ 大于 0。即这些地区的政府能够尽量从项目中获取税收和隐形收入，而不是以减少公共品的投入为代价。

因此，对于发达地区，分权程度的增加对经济增长及公共品投资具有正向激励作用，政府的职务消费受到一定程度的抑制；而对于经济不发达地区，分权程度使得政府的职务消费增加，但难以刺激有效公共产品的增加，即分权程度会刺激经济不发达地区的腐败行为。这是从模型命题中推断的结论，其真实性与准确性还有待实证数据的检验，本章先从模型来分析财政分权对地方公共产品供给的影响。模型中，财政分权对经济发达和经济落后地区的影响不相同，同样，在后面的实证分析中，我们也将对城镇进行分类。

第6章

中国财政分权体制的变迁历程

考察历史上重大的社会变革都有着深刻的财政压力的背景，国家财政与制度变迁之间存在紧密的联系。熊彼特认为，财政制度与国家制度有着密不可分的联系，以至于可以把现代国家直接称为税务国家。他在1918年发表的《税务国家的危机》中指出，研究财政历史使得人们能够洞悉社会存在和社会变化的规律，洞悉国家命运的推动力量，税收不仅有助于国家的诞生，而且还有助于它的发展。希克斯（Hicks，1969）在《经济史理论》一书中指出，近代民族国家的兴起就是由于财政的原因。可见，财政体制的变迁对一国经济的发展产生重要影响，而其中围绕的中央与地方财政关系、权力利益划分是财政体制改革的要点。新型城镇化的推进离不开财政的支持，地方政府在新型城镇化建设过程中的财税政策直接影响其推进进程。因此，梳理新中国成立后我国财政体制的变迁历程，特别是其中的财政分权历史对于我们研究新型城镇化的推进十分重要。

从我国财政体制发展变迁的历史来看，其改革始终围绕着中央集权与地方分权的关系进行，而这也是经济体制改革的突破点。新中国成立以来，我国财政体制变迁史上就有多次的分权历程，即使在高度集权的计划经济时期，我国也曾有过分权的尝试和探索。毛泽东早在1956年的《论十大关系》中就提出过"在巩固中央统一领导的前提下，扩大一点地方的权力，给地方更多的独立性"①。在改革开放后，社会主义市场经济要求建立与其相适应的财政体制。

---

① 毛泽东文集：第七卷［M］．北京：人民出版社，1999：31．

目前，关于我国财政体制变迁阶段划分的基本观点是将其分为三个阶段：1950～1977 年、1978～1993 年、1994 年至今这三个阶段，第一阶段、第二阶段的财政体制的变革以 1978 年改革开放为节点；第二阶段、第三阶段则以 1994 年的分税制改革为节点。但在财政分权的阶段划分上还存在一定的争议，在第二阶段、第三阶段的划分上与财政体制的变迁相一致，以分税制为节点，但在第一阶段、第二阶段的划分上，则有不同的观点。一种观点认为应该以 1979 年为节点，理由是 1979 年开始已经在部分地区开始了局部性的分权试点。另一种观点则主张以 1980 年为节点，理由是 1980 年 2 月《关于实行"划分收支、分级包干"的财政管理体制的暂时规定》的发布，标志着我国进入了"财政包干"的实施阶段。

对财政分权实施时间的不同理解是其划分分歧的关键所在，本章认为将财政分权制度的确立时间作为其起始的时间点是比较合理的。综上所述，本章将我国财政分权体制的演变划分为三个阶段：1950～1979 年为高度集权型财政体制阶段；1980～1993 年为财政包干阶段；1994 年至今为分税制阶段。而在各个阶段中，又有一些小方向的政策调整，下文将进行详细的论述。

6.1 高度集权型财政管理体制：集权中的分权探索（1950～1979 年）

前文已经对我国财政分权的体制的演变阶段进行了大致的划分，但在各个阶段，不同的时间段内政策还有调整。1949 年新中国成立后，国家财政由于长期战争而处于分散管理、分散经营，收支脱节，为平衡财政收支，稳定物价，安定人民生活，国家采取了统一财政经济管理的决策，即高度集中的财政管理体制。这一时期的财政体制与当时的客观需要相适应，但也带来了不小的负面影响，虽然在此期间有过分权的探索与尝试，但总体而言，仍属于高度集权型的财政体制。

6.1.1 高度集权型财政管理体制的形成（1950～1957 年）

制度与经济发展互相影响，互相制约，一方面，制度会影响经济发展的水平和进程;另一方面,经济发展可以影响或诱致制度变迁。新中国成立后我国高度集中的统收统支的财政管理体制的形成,与中国重工业优先发展的赶超型战略密不可分。新中国成立初期,为迅速恢复国民经济,我国制定了重工业优先发展的赶超战略,以重工业发展带动工业化进程。

1. 新中国成立初期薄弱的经济基础

新中国脱胎于半殖民地半封建社会,是一个以传统农业为主的人口大国,经济基础薄弱,主要表现在以下几个方面。

一是经济发展水平低下。1949 年,全国工农业总产值只有 466 亿元,人均国民收入仅为 66.1 元。在工农业总产值中,农业产值比重为 70%,工业产值比重为 30%,而其中的重工业产值仅为 7.9%。[①] 在工业结构中,1952 年,轻工业产值占工业总产值的 64.9%,而其中又以农产品为原料的轻工业为主,占比高达 87.52%。[②] 1949 年,全国总人口为 54167 万人,其中 89.4% 的人口居住在农村,从事农业生产。[③]

二是经济发展不平衡。旧中国的经济是在帝国主义的侵略刺激下发展的,交通方便的沿海通商口岸是经济较为发达的地区,而内地由于交通闭塞,发展缓慢,沿海与内地经济发展水平差异较大。

2. 重工业优先发展与我国资源禀赋的矛盾

1949 年新中国成立后,中国共产党在长期战争环境中形成了一个强有力的政权结构,社会动员能力空前提高。因此,面对满目疮痍的国民经济,渴望国家繁荣富强的中国领导人选择了重工业优先发展战略,希望尽快实现中国工业化和现代化。而重工业资本高度密集,建设周期长,大部分要素投入要靠国外进口,初始投资规模巨大。刚成立的新中国,在资源禀赋上资金稀缺,外汇储备少,经济分散,资金动员能力弱。国家统计局公布的数据显示,1952 年底,全国城乡储蓄存款余额仅有 8.6 亿元,其中基本上都是来自城镇地区,而其中能够用来做长期投资的定期储蓄只有 4.8 亿元。

---

①② 农业部计划司. 中国农村经济统计大全(1949—1986)[M]. 北京:中国农业出版社,1998:52.

③ 国家统计局. 中国统计年鉴(2015)[M]. 北京:中国统计出版社,2016:33.

从表 6 – 1 中我们可以看到，重工业的发展需要投入大量的资金和人力，而这就与我国当时经济发展水平下的资源禀赋及资源动员能力发生了尖锐的矛盾。

表 6 – 1   **"一五"计划时期 156 项重点工业建设项目中民用项目投资情况**

行业	项目数（个）	累计投资（万元）	平均投资（万元/项）	总工时（年）	平均工时（年/项）
煤炭工业	25	145804	5832.16	97	3.88
石油工业	2	36885	18442.50	6	3.00
电力工业	25	224496	8979.84	99	3.96
钢铁工业	7	566344	80906.29	36	5.14
有色金属工业	11	175684	15971.27	43	3.91
化学工业	7	108323	15474.71	22	3.14
机械工业	24	283578	11815.75	82	3.42
重工业总计	101	1541114	15258.55	385	3.81
轻工业	1	10199	10199.00	4	4.00
医药工业	2	9542	4771.00	8	4.00
总计	104	1560855	15008.22	397	3.82

资料来源：中国社会科学院，中央档案馆. 中华人民共和国档案资料选编（固定资产投资和建筑业卷 1953—1957）[M]. 北京：中国物价出版社，1998：374 – 383.

因此，在当时的资源禀赋条件下，为了满足优先发展重工业的战略需要，必须利用国家的力量为重工业的发展创造条件。这样，高度集中的财政管理体制应运而生，将社会分散的资金集中使用以保证重工业优先发展。

1950 年 3 月，政务院颁布了《关于统一国家财政经济工作的决定》《关于统一管理 1950 年度财政收支的决定》等相关文件，形成了高度集权的财政管理体制。

（1）财政管理权限集中在中央。一切财政收支项目、收支程序、税收制度、行政人员编制等均由中央统一制定。

（2）财政收入集中于中央。除地方性税收及其他零星收入归地方政府外，公粮、关税、盐税、工商业税、国营企业收入等主要收入均属中央政府收入，一律交中央国库。

（3）财政支出归中央统一管理。财政支出由中央统一审核，逐级划拨，地方财政收入与支出之间基本不发生关系。

这次的财经工作为我国高度集权财政管理体制的形成奠定了基础，形成了"高度集中，统收统支"的管理体制。

1951 年全国财政状况好转，实行高度集中的财政管理体制使得地方财政机动性太小，国家资金无法及时调度。因此，在中央和地方财政关系上，实行划分收支、分级管理的财政管理体制。1951 年 3 月，政务院颁布《关于 1951 年度财政收支系统划分的决定》，将国家财政分为中央、大行政区和省（市）三级，实现分级管理。在财政支出上，按照企业、事业和行政单位的隶属关系和业务范围，划分为中央和地方财政支出。在财政收入上，分为中央财政收入、地方财政收入以及中央和地方按比例解留收入。同时，为了调动地方积极性，农业税超收部分，50% 留给地方。1951 年的财政管理体制与 1950 年相比，地方财政有了自身的收支范围，调动了一定的积极性。加强统一领导，实现大规模的有计划的经济建设成为中央政府工作的重中之重。

从 1953 年起，我国进入了第一个"五年计划"，为调动地方积极性，中央撤销了大行政区，将财政分为中央、省（市）和县（市）三级管理。1954 年，国家又再次对财政体制进行调整，财政收入分为中央与地方固定收入、中央与地方固定比例分成收入和中央地方调剂收入。

自 1950 年高度集权的财政体制确立以来，年度间虽然有一些改变，但总体来说，是在保证国家集中主要财力进行重点建设的前提下，实现"统一领导、划分收支、分级管理"的财政管理体制。这种体制虽然给予地方一定的财力机动，但实质上还是中央掌握财政大权，地方积极性始终得不到提高。

6.1.2　高度集权财政管理体制下的两次分权探索（1958～1979 年）

高度集权型财政管理体制的形成适应了新中国成立初期的经济状况，这样的财政体制保证了重工业优先发展的资金需要，经济发展速度以及人民生活水平提高较快。但同时，愈加繁重而复杂的业务量使国家财政部门难以承受，管理和监督难度越来越大。高度集中的财政管理体制不利于调动地方和企业的积极性，而工业项目的建设在许多方面都需要地方政府的配合，这样的管理体制必然存在信息费用高昂、管理控制复杂困难的问题。经济发展的要求对这种高度统一的财政管理体制进行调整，重新安排中央和地方的关系。因此，从1957年开始，中国开始在计划经济体制内改革传统高度集中的财政管理体制，进行集权下的分权尝试。

1. 1958年的分权化调整——高度集中财政管理体制的松动

客观经济发展及地方扩大权力都要求中央适当下放权力，加之中央领导人对地方分权的探讨，这些都促进了财政体制的改革，1958年中央较大幅度下放地方权力。1957年11月，国务院同时颁布了《关于改进工业管理体制的规定》《国务院关于改进商业管理体制的规定》《关于改进财政管理体制的规定》，决定从1958年起实现以收定支、三年不变（后又改成五年不变）的财政管理体制。这次的分权化调整明确划定地方财政的收支范围，进一步扩大了地方财政的管理权限。在收入方面，实行分类分成，属于地方的财政收入主要有固定收入、企业分成收入和调剂分成收入，这些收入划分给地方的比例根据各个地区平衡财政收支的需要，分别计算确定。在支出方面，属于地方财政的支出主要有地方的正常支出及由中央专案拨款解决的支出。地方财政支出和收入划分的数额以1957年预算数为基数，收支项目和分成比例确定后，五年不变，地方多收可以多支，年终结余归地方所有。

总体而言，这次的分权力度较大，1958年中央财政支出下降了14%，省级财政支出增加了150%，[①] 地方财政的参与度得到明显提高。可惜这样的财政分权体制仅执行了一年，各地方政府纷纷建立起自己的工业体系，重复建设，盲目投资，资源极度浪费，加之"大跃进"等"左"倾错误的干扰，国民经济再度陷入困难，中央不得不再次集中权力。较"一五"时期，"二五"期间中央财政收入和支出的比重都有较大幅度的下降，如表6-2所示。

---

① 中国财政年鉴编辑委员会. 中国财政年鉴2020 [M]. 北京：中国财政杂志社，2020：P390.

表 6 - 2　　　　　　　　　　新中国成立初期中央财政收支比重

项目	"一五"时期 (1953 ~ 1957 年)	"二五"时期 (1958 ~ 1962 年)	1963 ~ 1965 年
中央财政收入占收入总额比例（%）	45.4	22.7	27.6
中央财政支出占支出总额比例（%）	74.1	48.1	59.7

资料来源：楼继伟. 新中国 50 年财政统计 [M]. 北京：经济科学出版社，2000：61.

2. 1961 年财政权力的再集中——高度集权财政体制的再强化

1958 年的财政分权仅实行了一年，1959 ~ 1961 年中国经济遇到了极大困难，财政和经济活动均出现了负增长。农业方面，1960 年的粮食产量只有 2870 亿斤，比 1957 年减少了 1031 亿斤，而且低于 1951 年的水平。工业方面，经济效益大幅下降，1960 年每百元投资不仅没有增加国民收入，反而使国民收入减少 0.4 元。国营企业大面积亏损，1961 年国营企业亏损高达 103 亿元，① 国家经济处于崩溃的边缘。同时，由于分权调整带来的地方政府重复建设、资源浪费等问题使得中央政府不得不再次将下放给地方的权力上收。

1961 年，中央对国民经济开始实行"调整、巩固、充实、提高"的八字方针，收回下放的权力，重新实行高度集中的财政管理体制。1961 年《财政部党组关于改进财政体制、加强财政管理的报告》明确指出：在财政管理和财政体制方面，相当突出地存在着财政纪律松弛、财政管理偏松、资金使用分散和财权分散等现象。② 针对上述问题，强调了财政管理的集中统一，下放给地方的权限被陆续收回，所有的生产、基建、收购、财务、文教等各项工作都要执行"全国一盘棋，上下一本账"的方针。同时，为了进一步加强财政信贷管理，中共中央、国务院在 1962 年 3 月和 4 月先后发布了《关于切实加强银行工作的集中统一，严格控制货币发行的决定》和《关于严格控制财政管理的决定》，即"双六条"。这两个决定对集中财权、加强管理、平衡财政信贷收支起到了重要作用。

财政权力的再次集中有效打破了地区分割的局面，中央政府的综合平衡能力大大提高，缓解了各地区重复建设造成的损失和浪费，为扭转国民经济

---

① 项怀诚. 中国财政 50 年 [M]. 北京：中国财政经济出版社，1999：136.

② 财政部. 中共中央批转财政部党组《关于改进财政体制、加强财政管理的报告》[EB/OL].
新华网，2007 - 05 - 30.

困难局面发挥了重要作用。到 1965 年，各项经济指标已经达到"一五"期间的最高水平。但高度集权的财政管理体制的弊端并未消失且日益暴露。对此，中央政府有着较为清醒的认识，酝酿着新一轮的财政分权改革。

3. 1969 年的分权化调整——高度集权财政管理体制的再次松动

在国民经济渡过难关后，1969 年中央政府开始了在计划经济体制框架内的第二次"分权"尝试，再次实行以"块块"为主的国民经济管理体制。1970 年，国务院《第四个五年计划发展纲要（草案）》在经济体制改革上提出了设想，为了充分调动地方积极性，中央决定把大部分企业、事业单位下放到地方管理。1971 年 3 月 1 日，财政部发布了《关于实行财政收支包干的通知》，决定自 1971 年起实行"定收定支、收支包干、保证上缴（或差额补贴）、结余留用、一年一定"的体制，简称"大包干"。这样的财政管理体制贯彻了下放财权的精神，扩大了地方财政收支范围，同时按绝对数包干，地方的财力可随着超收节支而增加，调动了地方的积极性。同时，中央还将部分经济管理权限下放，国务院各部委直属企事业单位大部分下放给地方管理。1976 年中央部属企业由 1965 年的 10533 个减至 1600 多个，工业总产值由 42.2% 下降为 6%。[①] 在投资权上，1974 年国家投资总额的 40% 由中央掌握，30% 由地方掌握，30% 由中央和地方共同安排。另外，物资的管理权也下放给地方，1972 年统配物资由 1966 年的 326 种锐减为 49 种，部管物资由 253 种减少为 168 种。[②] 1969 年开始的二次分权探索在分权程度上并不亚于 1957 年的第一次分权，也没有出现重复建设等问题，但是由于受到"文化大革命"的影响，国民经济受到重大挫折，财政收入不仅不能超收，很多地区甚至连基本的任务都难以完成，这样，财政包干的办法就无法继续执行了。

通过以上分析，我们可以看到，1950 ~ 1979 年我国的财政管理体制属于高度集权型，其间进行了两次分权探索：一次是 1957 年的财权下放；一次是 1969 年"大包干"的分权试验，再次实行以"块块为主"的国民经济管理体制。但综观两次的分权探索，并未实现真正意义上的财政分权，本质上还是行政性分权，即舒尔曼的"分权模式Ⅱ"。两次分权探索都是在计划

---

① 赵德馨. 中华人民共和国经济史（1967—1984）［M］. 郑州：河南人民出版社，1989：44 - 45.

② 赵德馨. 中华人民共和国经济史（1967—1984）［M］. 郑州：河南人民出版社，1989：47.

经济的体制框架内进行，虽然下放了部分企业和物资管理权，但中央通过各种渠道实行严格的监控，并可以随时收回。在赋予地方的有限财权上，中央也做了严格的规定，予以监督管理，地方的财权也流于形式。应该说，1950～1979 年我国整体上实行高度集权的财政管理体制，两次分权尝试也仅仅是实现了国民经济管理体制由"条条"向"块块"的管理形式的转变，微观经营主体并未取得自主权，地方政府也没有获得真正意义上的财权和事权，但这种尝试性的分权探索仍然是我国财政分权历史上的有益实践。

6.1.3　高度集权型财政体制的绩效分析

20 世纪 50 年代开始至 70 年代末，高度集权型的财政管理体制在促进我国国民经济发展，以及迅速实现工业化中起到了重要作用。重工业优先发展的战略得以顺利实施，并以较快的速度形成了比较完整的工业体系。这种高度集权的财政管理体制能够充分集中和动员一切资源进行国民经济建设。与 1949 年相比，1978 年工业所占份额从 12.6% 升至 46.8%，农业份额由 68.4% 下降至 35.4%。按可比价格计算，1980 年全国工业总产值达 4992 亿元，比 1952 年增长了 17.9 倍。[①] 1953～1978 年我国国民经济增长的各项指标具体如表 6-3 所示。

表 6-3　　　　　　　1953～1978 年经济增长基本指标　　　　　　　单位：%

时间	社会总产值	工农业总产值	国内生产总值	国民收入
"一五"时期	11.3	10.9	9.1	8.9
"二五"时期	-0.4	0.6	-2.2	-3.1
1963～1965 年	15.5	15.7	14.9	14.7
"三五"时期	9.3	9.6	6.9	8.3
"四五"时期	7.3	7.8	5.5	5.5
1976～1978 年	8.1	8.0	5.8	5.6
1953～1978 年	7.9	8.2	6.0	6.0

资料来源：国家统计局. 国民收入统计资料汇编（1949—1985）[M]. 北京：中国统计出版社，1987：2，45，46.

---

① 马洪. 现代中国经济事典 [M]. 北京：中国社会科学出版社，1982：153.

从表 6 – 3 中可以看出，除了"二五"期间三年经济困难时期各项经济指标处于负值外，其他年份我国各项经济指标都保持了较快增长。这说明高度集中的财政管理体制有其存在的合理性。但这种体制是建立在高度集中的资源计划配置和缺乏自主权的微观经营机制上的，政府通过操控价格"剪刀差"把农业等部门的剩余资金转移到工业部门，从而实现对财政资源的占有和配置。这种以行政手段操控实现的高速经济增长在带来经济效益的同时，也给我国国民经济的发展形成了历史性的体制障碍。

首先，高度集中的财政管理体制使得地方及企业主体性缺失，积极性难以调动。高度集中的财政管理体制将地方的财政收入与支出割裂，地方政府没有形成独立的主体地位，只是承担着执行国家政策的角色，并没有形成真正意义上的一级财政，地方政府的主体性丧失，积极性难以调动。而作为微观经济主体的企业，由于其并不是按照市场供求关系自行安排生产，而是作为完成国家指定生产任务的单位，企业自主财力和剩余索取权缺乏。这样，企业失去追求利润最大化的动力，导致内部激励不足，企业和职工的积极性都受到压抑。

其次，高度集中的财政管理体制引发的信息和监督问题难以克服。传统的财政体制内生于重工业优先发展的赶超战略，为保证其顺利实行，国家必须将整个国民经济纳入国家的计划控制中，以国家意志代替市场机制。但是，面对如此庞大的经济总量，中央政府根本不可能准确掌握各个微观经济主体的信息，而且面对复杂的社会产品供需平衡问题，计划当局也难以分辨真实的需求信息，只能根据地方上报的信息及往年经验作出判断。因此，这样的财政管理体制会诱致地方及企业主体的机会主义行为。

最后，高度集中的财政管理体制扭曲了国民经济的健康发展。高度集中的管理体制虽然保证了重工业优先发展的战略，使得经济保持较快速度的增长，但也带来了一系列的问题，有些问题的影响甚至到现在也并未消除。一是投资机构失衡。虽然我国经济增长率较高，但却没有摆脱低收入发展中国家的现状。为了发展重工业，国家利用计划配置手段片面提高积累率，抑制消费基金比例，1958～1978 年积累率达到了年均 28.4% 的较高水平。[1] 国家将资金主要投向投资品生产，导致消费品短缺，人民生活水平提高缓慢。二是产业结构畸形。国家在政策上实行的倾斜性偏好，使得工业特别是重工业

---

[1] 武力. 中国共产党关于积累与消费关系的认识与实践 [J]. 人民论坛，2021（16）：83.

的增长明显快于农业和第三产业。1949～1981 年，重工业的年平均增长率高达 15.3% 。[①] 但这并没有实现经济快速发展的赶超目标，反而造成了产业结构的严重扭曲。生产结构中制造业的比例过高，而服务业等其他产业比例过低（见表 6－4），而在制造业中，以粗加工为主。这样的产业结构偏离了人民生活的实际需要，不利于经济的发展及人民生活水平的提高。

表 6－4　国民经济各部门占国民收入比例变化 （用现价计算）　单位：%

项目	1952 年	1957 年	1962 年	1965 年	1970 年	1975 年	1978 年
农业	57.72	46.81	48.05	46.21	40.39	37.79	32.78
工业	19.52	28.30	32.79	36.41	40.97	46.02	49.40
其他产业	22.75	24.50	19.15	17.37	18.64	16.18	17.84

资料来源：国家统计局 . 中国统计年鉴（1992）［M］. 北京：中国统计出版社，1992.

6.2　财政包干制：财政分权的启动与转折（1980～1993 年）

1978 年党的十一届三中全会的召开标志着我国进入了改革开放的新时代，市场机制的引入把国家经济建设带入建设社会主义市场经济的新阶段。经济体制的变革要求财政体制要与之相适应，其中中央和地方的关系也要重新定位。在计划经济时期，我国也有过分权的探索和尝试，但如前文分析的，其实质是以行政性分权为主，而我国社会主义市场经济体制的建立，必然要求财政分权向适应市场经济的经济性分权转变。1980～1993 年，中国的财政管理体制经历了"划分收支，分级包干"等多次调整，这种财政包干体制逐步打破了高度集权的财政管理体制，并已不再停留在框架设计上，而是向财政利益格局的制度设计，是我国财政分权改革的起点和转折点。

6.2.1　"分灶吃饭"：中国财政分权改革的启动（1980～1984 年）

1980 年财政体制改革的基本精神，是在巩固中央统一领导和统一计划，

---

① 林毅夫，蔡昉，李周 . 中国的奇迹：发展战略与经济改革［M］. 上海：上海三联书店、上海人民出版社，1994：60.

确保中央必不可少开支的前提下，明确划分中央和地方的收支范围，各尽其责，充分发挥中央和地方两个积极性。1980 年 2 月 1 日，国务院发布了《关于实行"划分收支、分级包干"财政管理体制的暂行规定》，决定从 1980 年起，除北京、上海、天津三个直辖市继续实行"总额分成"外，其他各省、自治区统一实行"划分收支，分级包干"的新体制，俗称"分灶吃饭"。在具体实施过程中，根据不同的地区情况，新体制采取了以下四种模式。

模式一："大包干"。对广东、福建两省实行"大包干"的特殊办法。在财政收入方面，除中央直属企业、事业单位的收入和关税划归中央以外，其余收入都作为地方收入；在支出方面，除中央直属企业、事业单位的支出归中央外，其余支出均作为地方支出。按照上述原则，以这两个省 1979 年的财政收支决算数为基数，确定上缴或补助的数额，一定五年不变。在具体制度上，对福建省实行"划分收支、定额补助"的办法，而对广东省实行"划分收支，定额上缴"的办法。

模式二："划分收支、分级包干"。对河北、黑龙江、浙江、吉林、辽宁、陕西、四川、甘肃、河南、安徽、江西、湖北、湖南、山东、山西 15 个省实行"划分收支、分级包干"的方法。所谓的划分收支，就是按照企事业单位的隶属关系，明确划分中央和地方的财政收支范围。收入方面实现分类分成，支出方面则按企事业单位的隶属关系划分。地方财政收支的包干基数，按照上述划分收支的范围，以 1979 年财政收支的预计执行数为基础，经过调整后确定。地方上缴比例，调剂收入分成比例和定额补助数由中央核定后，原则上五年不变，地方在划定的收支范围内自求平衡。

模式三："划分收支、补助递增包干"。对内蒙古、西藏、广西、新疆、宁夏 5 个自治区和云南、贵州、青海这 3 个民族聚居地区实行"划分收支、补助递增包干"的办法。参照模式二的方法划定收支范围，确定中央的补助数额，五年不变。在此基础上，补助数额每年递增 10%，地方收入增长的部分归地方所有。

模式四："固定比例包干"。对江苏省继续实行自 1979 年起试行的"固定比例包干"的办法。根据江苏省历史上预算支出占收入的比例，确定一个留用或上缴的比例，一定四年不变。

与改革开放前的分权改革相比，1980 年开始实行的"分灶吃饭"的财政体制按照行政隶属关系明确划分了中央和地方的财政收支范围，真正将主动权赋予地方政府，而且将其制度化，充分调动了地方政府的主动性和积极性。"分灶吃饭"的财政包干体制打破了传统高度集权的财政管理体制，启动了中国的财政分权改革，开始了中国的分权改革探索。随着经济形势的变化，新体制也不断进行调整。

6.2.2　财政包干体制的调整（1985～1993 年）

1. "划分税种，核定收支，分级包干"体制的实施

到 1985 年，自 1980 年起实行的"划分税种，分级包干"体制原定的五年已经到期，特别是两步"利改税"后，国家财政已经从税利并重转向以税为主，国家与企业的财政分配关系已经发生了很大变化，各级财政收入的分割有了新的基础。中共十二届三中全会通过《中共中央关于经济体制改革的决定》，根据新的形势，国务院决定从 1985 年起对各省、自治区、直辖市实行"划分税种，核定收支，分级包干"的财政体制。其主要内容包括以下四个方面。

第一，财政收入。在第二步"利改税"的基础上，按税种重新划分各级财政收入范围，将收入分为中央财政固定收入、地方财政固定收入及中央地方共享收入三类。

第二，财政支出。中央和地方财政支出的划分基本不变，只对因管理体制改变的个别事业单位进行相应调整，少数不宜进行包干的专项支出由中央专案拨款。

第三，核定分成基数。各省、自治区、直辖市的收入基数以 1983 年决算数为基数，按照收入划分范围和"利改税"后转移的收入情况计算确定。支出方面，按照 1983 年收入决算数和原先预算体制确定的分成比例以及某些调整因素进行计算得出支出基数。

第四，确定分成办法。按照上述的收支范围及基数进行分成，凡地方固定收入大于地方支出的，定额或按一定比例上解中央。凡地方固定收入小于地方支出的，从共享收入中确定分成比例留给地方。对地方固定收入和共享收入都不足以抵拨支出者，由中央定额补助。

福建、广东两省继续实行财政大包干，其余各省、自治区、直辖市都实行新体制。与"划分收支、分级包干"相比，新体制在制度设计上进行了

"分税"，在政府间财政收入的划分上取得了突破，是分税制财政体制改革的重要准备。

2. "多种形式包干"体制的实施

"划分税种，核定收支，分级包干"体制实施后，受多种因素影响，财政运行出现了新的问题：中央财政收入占全国财政收入的比重持续下降，中央财政运转困难，宏观调控能力日益削弱；一些财政收入较多、上解比例较大的地区认为地方留成过少，影响地方积极性。因此，"一刀切"的包干制已经难以适应新的经济形势的需要。1988 年 7 月 28 日，《国务院关于地方实行财政包干办法的决定》发布，对全国 37 个地区分别实行不同形式的包干办法，主要有六种形式，具体的实行办法及执行地区如表 6 - 5 所示。

表 6 - 5　　　　　　　　　1988 ~ 1993 年中国的财政包干办法

包干形式	基数	包干办法	实行地区
收入递增包干	1987 年决算收入和地方应得的支出	每年地方在收入递增率以内的收入按确定的留成、上解比例实行中央地方分成；超过递增率的收入，全部留给地方；收入达不到递增率影响上解中央部分，由地方自有财力补足	北京、河北、江苏、浙江、河南、辽宁（不包括沈阳和大连），以及哈尔滨、宁波、重庆
总额分成	1986 年、1987 年两年的地方收支情况	以地方预算总支出占预算总收入的比重确定地方留成	天津、山西、安徽
总额分成加增长分成	上一年的实际收入	基数部分按总额分成比例留成；增长部分另定分成比例	大连、青岛、武汉
上解递增包干	1987 年上解中央的收入	按一定比例递增上解	广东、湖南
定额上解	原来核定的收支基数	收大于支的部分确定固定的上解比例	上海、山东、黑龙江
定额补助	原来核定的收支基数	支大于收的部分，确定固定的数额补助	吉林、江西、甘肃、陕西、福建、内蒙古、广西、西藏、宁夏、新疆、贵州、云南、青海、海南

资料来源：李萍. 中国政府间关系图解 [M]. 北京：中国财政经济出版社，2006：16.

6.2.3　财政包干制的简要述评

1980～1993 年"财政包干"体制是我国财政分权的启动与转折阶段，这一阶段延续了 14 年，其间的政策调整是对原有财政体制的改进和完善。这一财政体制打破传统高度集中的财政管理体制，为保证改革开放顺利进行和国民经济持续快速发展起到重要作用。

首先，打破了财政权力高度集中的状况，调动地方政府积极性，促进国民经济发展。财政分权改革启动以后，中央将大部分企业下放给地方，由"条条"管理转变为"块块"管理，这有效发挥了地方政府和微观经济主体的信息优势，提高了经济效率，同时，财政包干扩大了地方财政的自主权，调动了地方政府当家理财的积极性。地方政府能够主动参与经济管理，有力促进了地方经济的发展，人民生活水平也得到较大提高。1978～1992 年，按可比价格计算，我国国民生产总值年均增长率接近 10%，国民收入年增长率 8.79%，比 1952～1977 年的年均增长率 5.74% 提高 53%。1978～1992 年，农村居民人均年收入由 133.54 元增加到 783.99 元，年增长率是 1952～1978 年间的 3.7 倍。城镇居民人均年收入由 316 元增加到 1826 元。①

其次，分级包干的财政体制有利于促进地区间协调发展，支持和促进了其他领域改革。分级包干的财政体制对各个地区的收支范围及基数核定、分成比例都做了较为详细的规定，一经确定，几年不变。这一作法缩小了中央和地方政府之间讨价还价的空间，有利于地方政府制定和执行长远规划。这样，财政体制改革激发的活力，带动了地方经济的增长，为其他改革提供了直接的财力支持，促进和支持了其他领域的改革。

财政包干的实行有其积极的作用，但它只是中国财政分权改革的启动，还处于探索和尝试阶段。它虽然划分了中央和地方的收支范围，但仍是按行政隶属关系划分的，只是由"条条"管理为主变为"块块"管理。这样的财政体制难免存在问题和缺陷。

第一，多样化的包干形式适应了不同地区的需要，但也造成了地区间的"苦乐不均"。1980～1993 年间的财政包干体制为了适应各地区的经济发展状况，对不同地区采取了不同的包干形式。但包干形式的选择也存在机会不

---

① 根据历年《统计年鉴》计算所得。

均等，以及信息不对称等因素。特别是在基数的核定上，基本是以以往的既得财力为基数，其中既有客观经济发展因素，也有非主观努力的成分，这样的体制造成了各地区间的"苦乐不均"。

第二，政府间收入划分过于分散，中央政府宏观调控能力下降。财政包干制划分了中央和地方各自的财政收入，但其划分缺乏科学的依据和理论基础，在执行过程中地方政府多倾向于地方保护主义，减缓预算资金的增长。而且财政包干体制"包"死了上缴中央的数额，导致"两个比重"下降（见图6-1），中央的宏观调控能力弱化。同时，财政包干强化了地方政府的本位利益，重复建设，盲目投资，导致地区间产业结构趋同，经济效率低下。

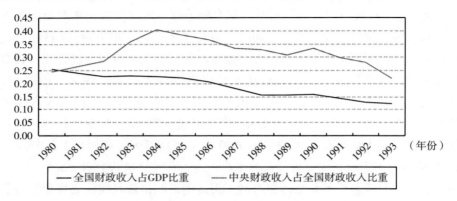

图6-1 1980～1993年财政收入"两个比重"变化趋势
资料来源：根据历年《中国统计年鉴》数据整理。

第三，财政包干制在设计上并未考虑横向公平。这一时期的财政体制始终围绕政府间财力的分割、财权的集散，地方政府间的平衡并未纳入考虑。因此，当时的财政包干制缺乏横向调节的机制，平衡地区间差异、促进公共服务均等化等功能并未纳入制度设计的目标。

6.3　分税制：经济性分权的实现（1994年至今）

"分灶吃饭"的财政包干体制是中国财政分权改革过程中的一种尝试和探索，其实质上仍是一种行政性分权，具有明显的传统财政体制的色彩。但作为一种过渡性制度，其是与当时"计划经济为主，市场调节为辅"以及"有计划的商品经济"阶段相适应的。随着我国经济转型的演进，特别是

1992 年党的十四大确立了社会主义市场经济体制的改革目标后，我国的财政分权改革也需要进一步深化，于是，分税制就应运而生了。自此，我国的财政分权改革进入了一个新的历史阶段。

6.3.1　分税制的启动与实施

随着经济社会的发展，进入 20 世纪 90 年代，我国就开始探索新的财政管理体制，并逐步明确了以分税制为基础的分级财政体制为目标，并选择地区进行"分税制"试点。1993 年 11 月，中共十四届三中全会通过的《中共中央关于建立社会主义市场经济体制若干问题的决定》明确规定，"把现行地方财政包干制改为在合理划分中央与地方事权基础上的分税制，建立中央税收和地方税收体系"[①]。分税制成为中国财政分权改革的目标模式。1993 年 12 月 15 日，《国务院关于实行分税制财政管理体制的决定》发布，从 1994 年 1 月 1 日起实行分税制财政管理体制。其主要内容包括以下几方面。

1. 划分中央与地方的事权和支出范围

中央财政主要承担国家安全、外交和中央国家机关运转所需经费，调整国民经济结构，协调地区发展，实施宏观调控所必需的支出以及由中央直接管理的事业发展支出。地方财政主要承担本地区政权机关运转所需支出以及本地区经济、事业发展所需支出。

2. 中央和地方政府间收入的划分

按照事权与财权相结合的原则划分中央和地方财政收入。将维护国家权益、实施宏观调控所必需的税种划分为中央税，将与经济发展直接相关的主要税种划分为中央和地方共享税，将适合地方征管的税种划分为地方税，充实地方税税种，增加地方收入。

3. 建立中央和地方两套税务机构

1993 年前，我国只有一套税收机构，由地方税务机构代征中央税收，

---

① 中共中央文献研究室. 十四大以来重要文献选编：上〔M〕. 北京：中央文献出版社，2011：462.

这样的机构设置难以调动地方税务机构组织收入的积极性，中央税收收入不能得到保证。分税制后，我国建立中央和地方两套税务机构分别征收相应的归口税收，海关系统负责征收中央和地方的共享税。

4. 为保证地方既得利益的事项处理

为了能确保分税制的顺利推行，中央政府采取了一系列过渡政策来保证地方的既得利益。一是在税收返还基数的确定上。中央财政对地方税收返还数额以 1993 年为基期年，按照 1993 年地方实际收入以及税制划分的收入情况确定中央对地方的税收返还基数。二是在原体制相关事项的处理上。规定1994 年实现分税制以后，原体制中央补助、地方上解等原先的分配格局暂时不变，过渡一段时间后再逐步规范化。

5. 建立了过渡时期的转移支付制度

之前的财政包干制度以中央和地方之间的利益分割为主要内容，忽视了财政制度的横向平衡。而实行分税制之后，地区间的平衡也纳入了制度设计的考虑。在分税制平稳运行后，中央政府建立了过渡期的转移支付制度。由于在分税制建立之初，中央政府用于转移支付的财力有限且在制度设计上存在困难，只能采取"总体设计，分步实施"的战略。1995 年财政部出台了过渡期转移支付办法，并根据执行情况不断进行改进和完善。

为了保证分税制的顺利推进，我国在同一时期还同步推行了经济体制领域的一系列配套改革措施，主要有改革税收制度及其征管体制以便中央和地方更好组织各自收入，建立与分税制相适应的国库体系，改革预算编制办法，硬化预算约束。同时，自分税制实行后，在稳定制度基本框架的基础上，根据分税制运行情况及宏观经济情况，适时对分税制进行调整，使其更加规范和完善。

6.3.2 分税制财政体制的逐步完善

1. 调整现行税制

一是调整证券交易印花税中央与地方分享比例。分税制实行初期，印花税由中央和地方各享 50%，随着证券市场的发展，为扩大中央的调控能力，自 1997 年 1 月 1 日起，将中央和地方之间的分享比例调整为 80% 和 20%。

2000 年 10 月 1 日起，印花税的分享比例再次调整为中央 91%、地方 9%，后又分三年将其调整为中央 97%、地方 3%。二是调整金融保险营业税收入划分。1997 年 1 月 1 日起，将金融保险营业税税率由 5% 提高到 8%，增加的收入归中央政府所有。后为了支持金融业的发展，从 2001 年起，将金融保险业营业税税率分三年降至 5%，中央分享部分也随之消失。三是统一内外资企业所得税。在改革之初，为吸引外资，我国对内外资企业实行了差异政策，在税收优惠、税前扣除上对外资企业偏松，对内资企业偏紧。这样的差别待遇扭曲了企业的经营行为，造成了国家税款的流失。为创造公平的市场竞争环境，2007 年 3 月 16 日第十届全国人民代表大会第五次会议通过了《中华人民共和国企业所得税法》，建立了各类企业统一适用的科学、规范的企业所得税制度。

2. 进一步规范中央和地方政府关系

分税制改革之初，企业按照隶属关系划分所得税的收入，自 2002 年 1 月 1 日起实施所得税收入分享改革，中央和地方按统一比例分享所得税。2002 年分享比例为中央和地方各占 50%，2003 年以后调整为中央 60%、地方 40%。2003 年以后的分享比例根据实际情况再行考虑。同时，以 2001 年为基期，按照确定的分享比例，如果地方分享的所得税收入小于地方所得税收入，中央以此作为基数进行返还；反之，其中的差额部分则作为上解中央的基数。中央财政增加的收入用于地区间的转移支付。

6.3.3　分税制改革的简要述评

1. 分税制的主要功绩

为了适应市场经济改革的需要，我国实行了与之相适应的分税制的财政管理体制，这是我国财政分权历程中的重要阶段，在财政管理体制的创新上实现了突破。

（1）实现了我国财政分权质的飞跃。在分税制财政管理体制下，中央和地方政府不再按企业的行政隶属关系划分收入，而是按照税种组织各自的收入。这样的财政体制正式突破了条块分割和行政隶属关系的限制，实现了财政分权向经济性分权的跨越。从计划经济体制下高度集中的财政管理体制，到改革开放后的财政包干制，再到现在的分税制财政管理体制，我国已经建立起与社会主义市场经济相适应的分税分级的财政体制基本框架，实现了与世界大多数分权国家的制度接轨。

（2）增强了中央政府的宏观调控能力。从图 6-1 可以看出，在财政包干时期，中央政府的"两个比重"持续下降，严重削弱了中央政府的宏观调控能力。在 1994 年分税制改革之后，改变了包干制下中央财政依靠地方上缴的被动局面，"两个比重"显著提高，增强了中央的宏观调控能力。同时，分税制增强了中央与地方财政的独立性，各级财政自求平衡，强化了预算约束，增强了地方财政的责任感。

（3）增强了地区间的横向平衡。分税制改革在保证地方既得利益的基础上进行增量调节，有利于中央和地方政府间的纵向平衡。分税制主要是通过集中增值税和营业税的方式来增强中央财力，而增值税和营业税又主要集中于二三产业发达的地区，因此，这一体制具有平衡地区间差异的作用。同时，分税制还建立了转移支付制度，并加以完善，这样有利于实现地区间经济的横向平衡。

2. 分税制的主要缺陷

分税制是我国财政分权历程中的重要转折点，其基本制度成果有目共睹，但作为一种新的尝试，该体制在运行中也不断暴露出一些问题和缺陷。

（1）省以下没有进入分税轨道，基层财政困难。我国建立的是中央、省、市、县、乡的五级政府架构，形成了中央对省、省对市、市对县、县对乡的"四对"财政关系。由于我国幅员辽阔，地区间差异较大，在全国范围内不宜实行"一刀切"的改革方案。因此，1994 年分税制实行时颁布的《国务院关于实行分税制财政管理体制的决定》仅对中央和省级政府间的收支范围进行划分，对省以下政府间的分配关系只要求省级政府按照分税制的基本原则结合地区实际确定改革方案。但在实践中，省级以下的分税制改革并没有取得实质性进展，分税制改革根本没有到位。2006 年省以下财政体制现状中，虽然大多数省份在形式上实现了分税制，但共享税涵盖了大部分税种，这相当于大部分税种纵向在政府间按照比例分成，事实上成为分成制。而市以下政府间的财政分配关系则更加随意，总体而言，我国省级以下财政体制并没有进入分税制的轨道。这样为高层级政府上提财权、下压事权提供了空间，政府间的财权重心层层上移，而事权重心则层层下放，造成基层财政困难。

（2）改革不彻底，保留了许多旧体制的痕迹。1994 年分税制改革之初，为了保证新制度的顺利实行，新体制回避了很多改革中的关键问题和矛盾，继续采取了渐进式的改革模式，保留了很多旧体制的做法。这使得分税制财政体制既不规范也不完善，产生了诸多不良影响。一是政府间的财权、事权划分不明确，带有计划经济的色彩。社会主义市场经济体制的建立要求与之相适应的政治体制，对政府职能的转变要求迫切。但由于当时急于改进政府间财政分配关系，克服财政困难，并没有触及政府职责界定以及如何在政府间划分的关键问题，使得政府间财权与事权不匹配的问题一直存在并影响至今。二是地方财政收支的确定方法不合理。长期以来，我国财政收支一直沿用"基数法"进行。这种"基数法"所依据的是财力分配的既成事实，保证了地方政府的既得利益，但其中可能掺杂着人为的、非客观的因素，科学性与合理性颇受质疑。三是转移支付制度不健全。为了照顾各地方政府的既得利益，分税制改革方案中中央对地方的税收返还按基数法进行，原体制的补助和上缴办法仍然保留。这样不规范的转移支付制度不仅没有解决地区间财力差异的问题，而且在一定程度上还加剧了地区间经济发展的不平衡。

6.3.4　分税制的深度调整（2013 年至今）

分税制作为我国财政分权过程中的重要转折点，其在增强中央政府宏观调控能力，增强地区间横向平衡上发挥了重要作用，但 1993 年的分税制改革是不彻底的。省以下分税制度没有明确规定，造成地方政府财力与事权不匹配，地方政府财政困难，土地财政、隐性债务问题频发。自分税制改革以来，我国一直坚持和完善分税制财政体制，2013 年《中共中央关于全面深化改革若干重大问题的决定》明确财政是国家治理的基础和重要支柱，并提出构建现代财政制度的目标，这标志着我国分税制进入深度调整阶段。

现代财政制度要求建立"权责清晰、财力协调、区域均衡"[①] 的中央与地方政府间财政关系，这一财政制度的建立以提高公共服务质量和水平、促

---

① 刘昆．建立权责清晰、财力协调、区域均衡的中央和地方财政关系［R］．中国发展高层论坛 2018 年会，2018 – 03 – 25．

进基本公共服务均等化为主要目的，立足于解决"人民日益增长的美好生活需要和不平衡不充分的发展之间的主要矛盾"[①]，服务于国家治理能力和治理体系的优化。"权责清晰、财力协调、区域均衡"的现代财政制度要求合理划分中央和地方的事权和支出责任，合理分配中央和地方的财力格局，推进财权与事权相统一。在此基础上，充分考虑地区间财力差异，提升基本公共服务均等化水平。因此，在分税制的深度调整阶段，改革的主要内容是围绕推进财权与事权相统一以及促进公共服务均等化展开。

1. 推进财权与事权相统一

2014 年中共中央政治局会议审议通过的《深化财税体制改革总体方案》明确了财税体制的改革目标和总体思路，调整了中央和地方政府间财政关系，进一步理顺了中央和地方财政收入划分，合理划定政府间事权和支出责任。2016 年国务院办公厅印发的《国务院关于推进中央与地方财政事权和支出责任划分改革的指导意见》是推进中央与地方财权与事权相统一的指导性文件。2018 年国务院办公厅印发《基本公共服务领域中央与地方共同财政事权和支出责任划分改革方案》，对八大类 18 项基本公共服务事项划分了财政事权和支出责任，为中央和地方事权与支出责任的具体实施提供规范指导。而在收入方面，着力建立健全地方税费体系。2016 年"营改增"全面完成，中央和地方按 5∶5 共享增值税分成。2019 年新个人所得税实施，推行个人所得税综合与分类相结合，将基本费用扣除提高到 5000 元，明确子女教育、大病医疗等六项专项附加扣除的原则标准。同时，积极推进房产税改革，调整消费税征税范围，完善地方税系，增强地方财政收入。2018 年省级和省级以下国税地税机构合并，进一步理顺地方税收征管职责。

2. 规范政府间转移支付，促进基本公共服务均等化

转移支付制度是分税制财政体制改革的重要内容，规范科学的转移支付制度是促进地区间财力均衡，促进基本公共服务均等化的重要制度，是建立现代财政制度的必然要求。2014 年国务院印发《关于改革和完善中央对地

---

① 刘昆. 建立权责清晰、财力协调、区域均衡的中央和地方财政关系 ［R］. 中国发展高层论坛 2018 年会，2018 – 03 – 25.

方转移支付制度的意见》，要求加强转移支付管理，充分发挥中央和地方两个积极性，推进地区间基本公共服务均等化，促进经济社会持续健康协调发展，并提出了改革和完善转移支付制度的具体举措。2015 年正式实施的新《中华人民共和国预算法》将转移支付纳入政府预算管理，明确了一般转移支付与专项转移支付的法律地位以及法定划分方式。2017 年国务院印发《"十三五"推进基本公共服务均等化规划》，为推进基本公共服务均等化提出了具体目标和实施路径。

6.4　中国财政分权体制变迁的特点分析及其历史启示

6.4.1　中国财政分权体制变迁的特点分析

传统的财政分权理论根植于发达的市场经济国家，由于经济和政治制度的差异，中国的财政分权与西方国家存在较大的差异，我们将其称为中国式财政分权。中国式的财政分权在其变迁的历史过程中也具有中国特色。

1. 中国财政分权体制的变迁方式呈现出路径依赖的渐进式特点

制度变迁方式是制度创新主体为实现一定目标所采取的制度变迁形式、速度、突破口、实践路径等总和。在体制变迁的方式选择上，有两种可供选择的策略，渐进式改革与"休克疗法"。"休克疗法"是一种在短时间内完成规模较大体制变迁的大爆炸式的制度变迁方式，也称为"震荡疗法"。而渐进式改革则是一种分步走、演进式的制度变迁方式。由于路径依赖的影响，当人们对未来变革不置可否时会回头向已经存在的制度取经问道，在面对备选方案时，人们总是选择最接近于历史上已有的方案。中国的财政分权在路径依赖的影响下，也选择了渐进式的演变方式，在不破坏原有制度的基础上，在制度外围，进行增量变革，具有渐进式、体制外、增量型的特点。中国的财政分权改革，无论是包干制还是分税制，为保证新制度的顺利推行，都是在承认地方政府既得利益的基础上进行增量改革，以此来带动制度的整体变革。而且中国的财政分权变革都是在试点经验的基础上再逐步向全国推广，具有以点到面的特点。这样的体制变迁特点可以避免因利益格局调整力度过大引起的社会动荡，降低了改革的风险，保证了国家的稳定与发展。但这样的制度变迁容易保留旧体制的遗留问题，不利于进一步的改革，而且变迁的时间较长。

2. 中国财政分权的演进是"自上而下"的强制性变迁

新制度经济学根据制度变迁主体的差异将制度变迁分为诱致型制度变迁和强制型制度变迁。诱致型制度变迁是由一部分群体在响应获利机会时自发倡导和组织的制度变迁；而强制型制度变迁则是由政府命令或法律引入实行的制度变迁。中国的财政分权体制变迁呈现出的是一种"自上而下"的强制性制度变迁方式。我国历次的财政分权历程基本上都是迫于改变现有经济困境和财政压力，从财政包干制到分税制财政体制，我国财政分权的各项改革措施都是由中央制定政策，是制度供给的主要来源，地方政府负责执行。

3. 中国的财政分权是经济上的分权与政治上的集权并存

中国的财政分权是建立在中央与下级政府委任制的基础上的，与西方财政分权不同，中国的财政分权仅仅是在经济上分权，在政治上却是高度集权的。因此，传统分权理论中"用手投票"机制在中国基本无效，而且，在城乡二元结构体制下居民难以发挥"用脚投票"的约束和监督作用。

4. 中国的财政分权法制基础薄弱

马斯格雷夫（1959）认为，应该以宪法和其他法律形式明确政府间财政关系，通过立法对地方财政的自主程度和中央以下各级政府的行政管理加以规定，以明确划分各级政府的支出责任和收入范围。西方市场经济国家，都以法律来划分中央与地方收支的具体事项。德国基本法和美国宪法将政府的财政收支规定于其中。但在我国，有效的财政分权所需的法律框架依然缺失，我国有关政府间财政关系的调整基本都是根据中央的"决定"和"通知"下达并执行的。宪法和有关法律规定对各级政府的事权划分只是作了原则性的规定，并没有法律对政府间财政支出责任划分进行明确界定。而在法律约束缺失的情况下，会面临中央政府单方面改变制度安排以及地方政府讨价还价的局面，政府间的财政关系不稳定。

6.4.2　中国财政分权体制嬗变的历史启示

中国的财政分权体制根植于中国特殊的政治经济环境，在其变迁过程中呈现出中国特色的演进轨迹。中国财政分权体制变迁中的一些做法，有些是我们在后续改革中仍应保持，有些则是要加以避免的。

1. 深化财政体制变革要在坚持渐进式改革道路的前提下，处理好渐进与突变的关系

我国特殊的国情决定了我国的财政分权改革在兼顾各方利益关系，降低改革阻力与成本的基础上走"渐进式"道路。改革初期，我国没有完全打破传统的财政管理体制，而是通过放权让利逐步化解旧体制的矛盾和弊端。这样可以降低改革的阻力，打开进一步深化改革的空寂，保证了改革的顺利推进。随着社会主义市场经济目标模式的确立，人们对改革的认识和适应程度进一步提高，财政分权力度加大，于 1994 年确立了分税制的财政体制，实现了我国财政分权体制上的突破。但当时的改革依然采取"存量不动，增量调整"的"渐进式"的变革路径。虽然这样保证了制度的顺利推进，但在分税制的改革过程中回避了关键性的问题，带有明显的过渡色彩。近年来，我国已经对分税制进行不断的调整和完善，如收入分享改革，出口退税负担机制改革等，但采取的仍是减少阻力的过渡性措施。这样的体制变迁方式虽然保证了经济的平稳运行，但致使分税制在运行中难以取得突破性进展，改革中回避的关键问题在后面体制的运行中不断显现并对经济的发展形成体制性障碍。

财政分权体制变迁的实践证明，走渐进式改革道路是适合中国国情的，这是财政分权改革取得成功的战略保障。但在今后进一步深化改革过程中，在坚持渐进式道路的过程中，要正确处理好"渐进"与"突变"的关系。特别在分税制进一步改革中，要进行大幅度的调整，而不能局限于小修小补，要着眼于建立规范彻底的分税分级的财政体制。但在突破中要注意处理好各方面关系，争取平滑过渡，避免大起大落，保证财政体制改革的顺利实施。

2. 在变革过程中要充分发挥地方政府的主动性

我国的财政分权基本上是实行"自上而下"的强制性变迁，国家通过通知与公告颁布相关政策，地方政府负责执行。这样的财政体制变迁具有收效快的特点，但由于无法考虑不同地区的差异，在政策执行的效果上差异较大。因而，在财政体制的变迁中，应发挥地方政府的主观能动性，个体通过相应获利机会来自主倡导变革。我国现在推行倡导的"省直管县"就是在总结地方政府探索经验的基础上提出的。新中国成立以来，浙江省一直实行"省直管县"，1994年分税制改革以来，浙江省也保持省与县财政直接结算的做法。自20世纪90年代以来，浙江省于1992年、1997年、2002年三次实施"强县扩权"，将省直管县体制由财政扩大到其他层面。浙江省的做法对于进一步理顺省、市、县三级政府权责关系，实行扁平化行政管理模式是有益的尝试，能够较好减少行政层级，提高行政效能，缓解基础财政困难。因此，这样的管理模式得到中央的认可并逐步在全国推广。2009年财政部发布的《关于推进省直接管理县财政改革的意见》明确了改革的总体目标，力争在2012年底前，在全国除民族自治地区外全面推进省直管县，鼓励有条件的省份率先减少行政层级。因此，在进一步深化财政体制改革的过程中应不断发挥地方政府的主观能动性、积极创新，及时总结经验并加以推广。

3. 要完善我国财政收支划分法体系

在明确界定政府与市场、公共事务与民间事务的基础上，各国主要是通过宪法和相关法律明确划分中央和地方的财权和事权，以此来明确各自的职责和收支范围，防止各级政府间互相推诿的情况。由于我国财政收支划分法体系的缺失，我国的财政体制经常是在国家的政策和指令下执行，存在讨价还价和互相推诿的空间。财政收支划分法是确定各级财政收支范围和管理权限，处理中央与地方各级政府之间分配关系的法律规范的总称。要建立我国的财政收支划分法体系，应从以下几个方面进行。一是修改《预算法》或制定《财政基本法》，规范财政收支的基本框架。我国的宪法仅对财政划分进行了原则性规定且不明确，1994年颁布的《预算法》也并未解决财政收支划分中的实体性问题。2015年新颁布实施的新《预算法》也只是进行原则性的规定，并未解决实质性问题。我国应该在较高层次的法律上对财政收支的划分进行宏观规定。二是制定《税收基本法》，规范税收收入权。我国的分税制是通过划分税种来确定中央和地方的财权与财力。而我国分税制所依据的《国务院关于实行分税制财政管理体制的决定》已经不能适应法制和经济发展的需要，应当制定《税收基本法》对中央和地方税种的划分及比例分享作出明确的规定。三是制定《财政收支划分法》，明晰事权。支出划分的合理性及规范化有赖于明晰的事情划分，通过制定《财政收支划分法》，对于构建财政收支划分体系尤为重要。四是制定规范的《转移支付法》，促进财政公平。我国幅员辽阔，各地区间经济发展不平衡，需要建立规范科学的转移支付法来保证分税制的有效运行。而我国现行的转移支付是财政部颁布的规章制度，没有明确的法律规定，且在方法的制定上不够科学，随意性大。

第 7 章

财政分权体制下城镇
公共产品的供给

改革开放以来，中国经济取得了举世瞩目的巨大成就，2021 年中国经济总量已经超过 100 万亿元。诸多学者认为，在未来，城市化是继工业化之后推动经济发展的新引擎。新型城镇化的发展离不开城镇公共产品的供给，其供给的质量和水平直接影响到新型城镇化的建设质量。财政分权体制对地方政府的财政支出有着重要影响，直接决定着城镇公共产品的供给状况，影响到新型城镇化的建设质量，左右着中国经济的发展。本章从财政体制变迁的角度梳理城镇公共产品的供给历史与现状，了解财政分权体制对城镇公共产品供给的影响，在此基础上了解我国城镇化建设状况。

7.1 财政分权体制变迁中的城镇公共产品供给历史

中国的城镇化发展很大程度上是在政府主导下进行的，地方政府的财政状况对城镇公共产品的供给有着重要的影响。财政分权体制的变迁必然影响着城镇公共产品的供给，影响到城镇化的建设状况。本节笔者将梳理财政分权体制下城镇公共产品的供给历史，进而了解城镇化建设进程。需要指出的是，由于现有文献缺乏对城市公共产品供给历史的系统梳理，本节可能在有些方面不是很全面。

笔者将财政分权体制下城镇公共产品的供给分为两个时期，即计划经济时期及市场经济时期。

7.1.1 计划经济时期城镇公共产品供给（新中国成立至 20 世纪 80 年代）

在改革开放前的计划经济时期，我国城镇公共产品的供给处在一种不均衡的状态。在城镇的基础设施方面，社会主义经济理论将其划分为非生产性建设，是不创造产值的"单纯消费"。因此，在重工业优先发展战略指导下，城镇的基础设施只能安排在生产性建设之后，长期得不到发展。同时，城市政府是基础设施建设的唯一投资者，投资主体和融资渠道单一，建设资金来源匮乏。

在社会保障支出方面，城镇职工所在的企业为计划经济时期的城镇居民构筑了较为完备的社会保障体系。计划经济时期，为了确保重工业优先发展战略的顺利实施，国家通过低工资、低物价人为压低了生活费用和社会保障费用，通过全国统一的工资政策和生活待遇标准保证了国营企业和行政事业单位不会在社会保障方面花费过多而挤占重工业发展资金。因此，这一时期的社会保障职能隐藏于微观经济单位和行政事业单位。社会保障支出基本交由各单位自己解决，职工的生老病死基本上由所在单位承包，由职工所在国营企业的生产成本或职工福利费中开支，或者由职工所在行政事业单位、部队、团体从经费中拨付，形成了企业办社会的格局。

在文化教育、卫生事业方面也有相当一部分由职工所在企业和行政事业单位兴办。许多企业和行政事业单位都有自己的附属学校、医院、图书馆等设施，作为职工的集体福利。而且，一些本应该由公、检、法机构提供的公共服务也由职工单位承担了。许多企事业单位和行政机关都设有自己的治安、保卫组织和人员，负责本单位的公共安全和秩序。

因此，在计划经济时期，国家财政体制高度集中，但其并没有承担起提供城镇公共产品的责任，而是由城镇职工所在的国营企业或行政事业单位承担起相应的责任。在当时的历史条件下，企事业单位为城镇居民构建了低水平但较为完备的公共服务体系，但在企事业单位范围外的其他城市公共产品的供给比较匮乏。

7.1.2 市场经济时期城镇公共产品供给（20世纪80年代至今）

改革开放后，随着经济改革尤其是国有企业改革的推进，原来依附于国有企事业单位的社会保障也逐渐剥离，进入去单位化时代。而同时，我国的财政体制改革也进入了财政分权的转折时期。

1. 财政包干时期（1980～1993年）

1980～1993年的"财政包干"体制是我国财政分权体制的转折时期，这一财政体制打破了财政权力高度集中的状况，地方政府扩大了财政自主权。在城镇公共产品的供给上，地方政府也有意识地对中央政府"包得过多、统得过死"的做法进行改革，逐步减轻了其在地方公共事务中负担过重的局面。这一方面减轻了地方政府的财政负担，另一方面也造成地方公共产品供给不足。以城镇职工医疗保险为例，20世纪50年代初期，我国建立起面向机关事业单位职工的公费医疗制度和面向国有企业职工的劳保医疗制度，其经费由各级财政拨款。这在当时的历史条件下是正确的，但随着国家进入全面建设社会主义的新时期，国家包得过多、过死，医疗单位、享受单位和享受人员缺乏必要的经济责任，浪费严重。因此，80年代初期，地方政府开始进行改革探索，将公费医疗费用与个人适当挂钩，减轻地方政府负担，但也造成了医疗保障社会化程度过低，影响了职工的医疗保障（见表7-1）。

表7-1　　　　　　　　1986年城市居民医疗保障调查情况

医疗制度	大城市		中城市		小城市		合计	
	调查人数	占比（%）	调查人数	占比（%）	调查人数	占比（%）	调查人数	占比（%）
公费医疗	9029	16.53	4956	15.53	1699	16.83	15684	16.23
劳保医疗	26367	48.28	14206	44.51	3532	34.98	44105	45.64
部分免费	13445	24.61	7860	24.63	2065	20.45	23370	24.18
自费医疗	5775	10.57	4898	15.34	2801	27.74	13474	13.94
合计	54616	100	31920	100	10097	100	96633	100

注：由于计算的四舍五入，各项之和与合计略有差异。

资料来源：中国卫生年鉴（1986）[M].北京：人民卫生出版社，1987：526.

2. 分税制时期（1994 年至今）

分税制的改革意在合理划分中央与地方的财权与事权，这一改革有其重要的历史功绩，但却造成了基层财政困难。地方财政的收支动机既有通过投资增加收入，又有推诿支出责任的特征。城镇公共产品在分税制改革后的一段时间内处于缺失状态，大部分城镇公共产品供给体系的建立是在 1998 年公共财政框架提出后形成的，具体如表 7 - 2 所示。

表 7 - 2　　　　　　　　　城镇公共产品供给制度的进展

类别	主要进展
教育	1998 年以来，提高教育服务水平逐渐成为教育政策的重点：《面向二十一世纪教育振兴行动计划》（1998）；国家助学贷款试点开始（1999）；修订《中华人民共和国义务教育法》（2006），规定了义务教育实行国务院领导，省、自治区、直辖市人民政府统筹规划实施，县级人民政府为主管理的体制；《国务院关于做好免除城市义务教育阶段学生学杂费工作的通知》（2008）；2012 年实现财政性教育支出占 GDP 比重为 4% 目标的提出（2010）；印发《关于新型城镇化背景下统筹推进城乡义务教育一体化发展的若干意见》，加快缩小城乡教育差距（2016）；国务院、教育部等四部门联合下发《高中阶段教育普及攻坚计划（2017—2020 年）》，重点解决贫困地区教育资源不足和职业教育招生比例持续下降等问题（2017）；出台《关于实施中西部高等教育振兴计划升级版的指导意见》，以保障义务教育为核心，稳步提升贫困地区教育基本公共服务能力；打造中西部高等教育振兴计划升级版（2019）
社会保障	1997 年以来，中国社会保障制度改革步伐加快：《关于建立统一的企业职工基本养老保险制度的决定》（1997）；《关于建立城镇职工基本医疗保险制度的决定》（1998）；《失业保险条例》1999；《社会保险费征缴暂行条例》（1999）；《城市最低生活保障条例》（1999）；1998 年劳动和社会保障部成立；《工伤保险条例》（2004）；《国务院关于完善企业职工基本养老保险制度的决定》（2005）；《关于推进企业职工基本养老保险省级统筹有关问题的通知》（2007）；《城乡养老保险制度衔接暂行办法》，城乡养老保险制度基本全面建立（2014）；《国务院关于机关事业单位工作人员养老保险制度改革的决定》，推进机关事业单位养老保险制度改革，建立与城镇职工统一的养老保险制度（2015）；《国务院办公厅关于全面放开养老服务市场提高养老服务质量的若干意见》（2016）；国务院印发《关于整合城乡居民基本医疗保险制度的意见》，建立统一的城乡居民医疗保险制度（2016）
公共卫生	1998 年以来，保障公众身体健康的公共卫生服务理念逐步发展：《突发公共卫生事件应急条例》（2003）；《国务院关于发展城市社区卫生服务的指导意见》（2006）；《中共中央 国务院关于深化医药卫生体制改革的意见》（2009）；国务院印发《深化医药卫生体制改革 2016 年重点工作任务》，加强顶层设计，加快制度建设，明确 2016 年医改重点工作（2016）

类别	主要进展
基础设施	20世纪90年代后，城市基础设施建设在改革中不断发展，并逐步走向市场化：《国务院关于固定资产投资项目试行资本金制度的通知》（1996），规定各种经营性投资项目必须首先落实资本金才能进行建设；《关于加强基层设施工程质量的通知》（1999），强调试行招投标制和工程监理制；《城市市政公用事业利用外资暂行规定》（2000）；《关于加快市政公用行业市场化进程的意见》（2002）；国家发展改革委、国家开发银行联合印发《国家发展改革委 国家开发银行关于推进开发性金融支持政府和社会资本合作有关工作的通知》，对发挥开发性金融的积极作用，推进PPP项目顺利进行提出具体要求（2015年3月）；正式施行《基础设施和公用事业特许经营管理办法》，确立了社会资本可参与特许经营的制度性创新（2015年6月）

3. 城镇公共产品的供给现状

近年来，落实以人为核心，切实保障和改善民生问题成为政府工作的重点，在这种共享式发展理念的影响下，城镇公共产品的建设不断深入推进。

（1）国家财政实力的增长为城镇公共产品的建设提供资金支持。中国财政收入规模一直以较快的速度增长，如图7-1所示，1999～2010年以年均20%的速度增长，到2010年，国家财政收入达到83101.5亿元，占GDP的比重由1999年的13%增长到20.1%。[①] 国家财政实力的提高为城镇公共产品的供给提供了强有力的资金支持，国家财政支出持续增长。1999～2010年，国家财政收入与支出占比都得到较大增长，二者在增长趋势上呈线性关系。

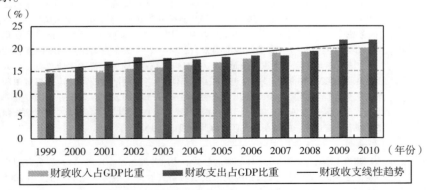

图7-1　1999～2010年财政收支占比情况

资料来源：根据历年《中国统计年鉴》及财政部网站财政支出数据统计绘制。

---

① 根据历年《中国统计年鉴》数据计算所得。

国家经济进入新常态之后，经济增长速度放缓，国家财政收入与支出增长速度也相应放缓，但仍高于 GDP 增长速度，二者占 GDP 的比重趋于稳定，但略有增长，如图 7 - 2 所示。2017 年我国年度财政收入达到 17259.8 亿元，在实行"营改增"改革措施并减税降费超过 1 万亿元的情况下，仍同比增长 7.4%。[①] 2020 年受疫情影响，全年财政收入约 18 万亿元，同比下滑 3.9%。[②]

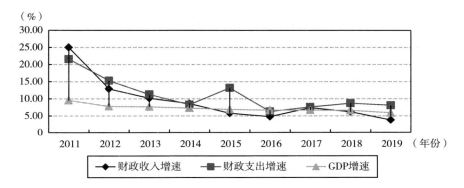

图 7 - 2　2011 ~ 2019 年财政收支增长趋势

资料来源：根据历年《中国统计年鉴》及财政部官网财政支出数据统计绘制。

（2）城镇居住环境日益改善，城镇市政公用设施供给情况得到显著提高。1998 年 7 月，《国务院关于进一步深化城镇住房制度改革加快住房建设的通知》发布，我国住房制度发生了根本性的转变。住房制度改革以来，中国城镇住宅建设规模不断扩大，1998 年 ~ 2006 年，城市人均住宅建设面积年均增长 1.05 平方米，从 18.7 平方米增加到 27.1 平方米，[③] 到 2009 年底，中国城镇居民人均住房面积接近 30 平方米。[④] 2009 年以来，国家不断重视住房保障工作，出台了一系列与住房保障相关的政策，增加保障房建设，扩大保障覆盖率。2014 年之后，各地公共租赁住房和廉租房并轨运行。党的十九大之后，"房住不炒"成为未来相当长一段时间内党和政府解决我国城镇住房问题的指导思想。建立多主体供给，多渠道保障，租购并举的住房制度，让全体人民

---

①　何欣 . 2017 年全国财政收入 17.2 万亿元 支出首超 20 万亿元 ［EB/OL］. 中国经济网，2018 - 01 - 26.

②　财政部国库司 . 2020 年财政收支情况 ［EB/OL］. 中华人民共和国财政部官网，2021 - 01 - 28.

③　董昕 . 中国政府住房保障范围的变迁与现状研究 ［J］. 当代财经，2011（5）：86.

④　住建部 . 中国城市人均住房建筑面积达 30 平方米 ［EB/OL］. 中新网，2010 - 12 - 30.

住有所居是新阶段住房事业发展的目标。2019 年底，我国城市建成区面积已达 60312.5 平方千米，城市城区面积达到 200569.5 平方千米。在城市建成区面积不断扩大的同时，我国城镇居住环境也得到明显改善。① 到 2019 年，全国城市用水普及率和燃气普及率达到 98.8% 和 97.3%，人均公园绿地面积达到 14.4 平方米，每万人拥有公交车辆达到 13.1 标台，具体如表 7 - 3 所示。

表 7 - 3　　　　　　1990 ~ 2019 年中国城市公用设施发展情况

项目	1990年	1995年	2000年	2009年	2010年	2015年	2018年	2019年
用水普及率（%）	48.0	58.7	63.9	96.1	96.7	98.1	98.4	98.8
燃气普及率（%）	19.1	34.3	45.4	91.4	92.0	95.3	96.7	97.3
人均拥有道路面积（平方米）	3.1	4.4	6.1	12.8	13.2	15.6	16.7	17.4
每万人拥有公交车辆（标台）	2.2	3.6	5.3	11.1	9.7	12.2	13.1	13.1
人均公园绿地面积（平方米）	1.8	2.5	3.7	10.7	11.2	13.35	14.1	14.4

资料来源：根据历年《中国统计年鉴》数据整理。

（3）财政支出结构日益优化，民生性公共产品供给水平持续提高。随着经济的发展，我国财政支出结构也不断趋于优化，用于经济建设和行政管理方面的支出呈现下降趋势，而用于医疗保健、教育、社会保障等方面的支出呈现明显的上升趋势。2007 年我国实施财政收支分类改革，将"行政管理费用"调整为"一般公共服务"，随着政府职能转变，政府机构改革以及中央八项规定的落实，政府"一般公共服务"支出呈现明显下降趋势，从 2008 年的 15.7% 下降到 2019 年的 8.5%。同时，财政用于民生性的支出不断增加，2007 ~ 2019 年，全国医疗卫生、社会保障和就业、教育财政支出的比重相对稳定并逐步提高（见图 7 - 3），城镇教育、医疗卫生以及社会保障等民生性公共产品供给状况得到改善。

总体来说，分税制以来，特别是 1998 年提出建立公共财政框架体制后，我国城镇公共产品的供给状况得到较大的改善，建立了较为完善的供给体系。但随着城镇规模的扩大，进城务工人员的增多，城镇公共产品的供给也面临着严峻挑战，大城市交通拥堵现象严重，房价上涨过快，城镇养老医疗体系难以满足需求，城镇环境质量以及农民工融入城镇等问题都给新型城镇化的进一步发展带来影响。

---

① 根据历年《中国统计年鉴》数据整理。

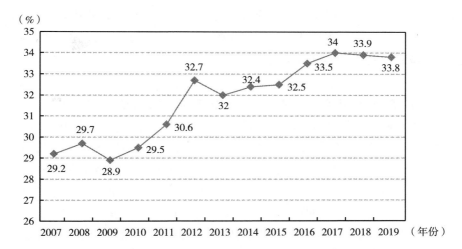

图 7 – 3 2007～2019 年民生财政支出占比

注：财政民生支出包括医疗卫生、社会保障和就业、教育三个领域。

资料来源：根据历年《中国统计年鉴》及财政部网站财政支出数据统计绘制。

7.2 财政分权体制下城镇公共产品供给的特点分析

本节将对财政分权体制下，城镇公共产品的供给层级、供给结构及供给的区域特点进行分析。需要说明的是，在数据的选取上，由于 2007 年收支分类改革以后，国家财政统计口径发生了较大变化，原先的一些支出项目难以在后面的统计年鉴中找到对应的内容，故在分析过程中以 2006 年前的数据为主，2007 年及以后的数据，本节将在实证部分处理后进行分析。另外，在公共产品供给量的衡量上，本节主要以各级财政的支出来说明。由于各个城市的支出数据难以获取，而地方各级政府的支出一般情况下会以城市为主，因此，本节对财政分权体制下城市公共产品的特点分析，以地方各级政府的支出数据来近似说明问题。

7.2.1 城镇公共产品供给的层级特点

1994 年的分税制改革并没有对省以下的分权体制进行具体规定，如前所述，分税制下财权层层上收，而事权逐级下放，造成了基层财政困难。城镇公共产品的供给主体是城镇政府，因此各级政府在公共产品上的支出状况说明了城镇公共产品供给的层级特点。

1. 地方各级财政支出呈增长趋势，地方财政支出弹性大

改革开放以来，地方财政支出数额不断增大，占全国财政支出的比重不断提高。1978 年地方财政支出为 587.97 亿元，占全国财政支出比重为52.6%，到 1985 年地方财政支出绝对额比 1978 年翻了一番。到 2010 年，地方财政支出 73884.43 亿元，是 1978 年的 100 多倍，其占全国财政支出的比重达到了 82.2%。[①] 1998 年以后，地方各级的财政支出比重都发生了变化，省级财政支出占地方财政支出的比重呈下降趋势，而地级和县级的财政支出比重则呈持续增长，如表 7-4 所示。

表 7-4　　　　　　　　1998～2006 年地方各级财政支出及其支出弹性

年份	地方各级财政支出占全国财政支出比重（%）			地方各级财政支出增长率（%）			地方各级 GDP增长率（%）			地方各级财政支出弹性		
	省级	地级	县级	省级	地级	县级	省级	地级	县级	省级	地级	县级
1998	22.41	24.09	24.55	14.50	19.15	10.91	9.26	5.67	6.42	1.57	3.38	1.70
1999	19.59	20.61	28.31	17.76	4.46	40.87	8.44	-6.47	31.16	2.10	-0.69	1.31
2000	18.71	20.11	26.43	14.73	17.58	12.45	9.22	12.57	5.09	1.60	1.40	2.45
2001	20.71	20.98	27.79	26.70	24.12	25.11	9.48	22.54	13.51	2.82	1.07	1.86
2002	19.64	21.03	28.63	16.35	16.91	20.18	10.41	3.32	7.85	1.57	5.09	2.57
2003	18.47	21.56	29.86	12.75	14.60	16.61	11.85	9.78	17.65	1.08	1.49	0.94
2004	18.75	22.20	31.35	19.52	18.98	21.29	13.10	8.60	24.89	1.49	2.21	0.86
2005	18.88	22.67	32.58	22.15	21.64	23.81	12.65	12.57	21.60	1.75	1.72	1.10
2006	18.33	22.54	34.41	20.98	18.48	25.82	13.25	—	26.64	1.58	—	0.97

注：支出弹性＝本级财政支出增长率/本级 GDP 增长率。

资料来源：根据历年《中国统计年鉴》《中国财政年鉴》《全国地市县财政统计资料》数据计算所得。

---

① 根据历年《中国财政年鉴》数据计算所得。

从表 7 - 4 中我们还可以看到，1998 年以来，大多数年份地方各级财政支出增长率都高于 GDP 增长率，其支出弹性基本上都大于 1。如图 7 - 4 所示，除了 1999 年和 2006 年地级财政支出弹性小于 1 外，其他年份各级财政的支出弹性都大于 1。这说明财政分权体制下地方各级政府对公共产品的支出相对于各级政府的经济实力而言增长较快，但各年间的波动较大。

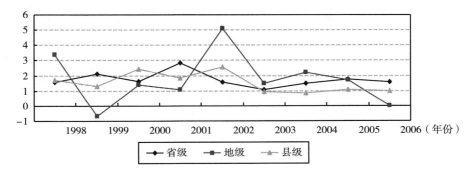

图 7 - 4　1998～2005 年地方各级财政支出弹性

2. 地方各级财政承担了较多的公共产品供给责任

相对于中央政府而言，我国各级地方政府占全国财政支出的比重在 1994 年分税制改革以后呈持续增长趋势，大大超过中央政府的支出比重，在公共产品的供给上，地方政府承担了较多的责任。从表 7 - 4 中我们可以看到，地方各级政府提供了 70% 以上的公共产品，而地县两级政府提供了公共产品的 50%。分税制改革提高了中央政府的财政实力，中央财政收入占全国财政收入的比重不断增长，但其却将大部分的支出责任下放到地方政府，特别是省以下的地级与县级政府。与世界其他国家相比，我国地方政府在财政支出上，承担了过多的责任。从表 7 - 5 中可以看出，在单一制国家中，中央政府承担了主要的支出责任，中央财政支出占全国财政支出的比重平均水平为 72.90%。联邦制国家中央财政支出比重的平均水平为 58.00%，虽然与单一制国家相比地方各级的政府承担了较多的责任，但中央政府提供的公共产品还是达到 50% 以上。

表7-5　　　　　　　　世界其他国家地方财政支出占总支出比重情况

国家结构形式	国家	各级政府支出占总支出比重（%）		
		中央	州政府	地方政府
联邦制国家	美国	60.30	17.30	22.40
	德国	58.70	21.50	17.90
	加拿大	41.30	40.30	18.40
	奥地利	70.40	13.70	16.90
	澳大利亚	52.90	40.40	6.80
	南非	74.80	12.50	17.00
	瑞士	47.50	28.30	24.20
	加权平均	58.00	24.90	17.00
单一制国家	比利时	85.90	—	11.90
	芬兰	54.70	—	45.30
	法国	82.20	—	16.50
	英国	70.10	—	29.90
	荷兰	70.90	—	27.20
	爱尔兰	72.50	—	27.50
	卢森堡	81.30	—	25.90
	挪威	66.40	—	33.60
	瑞典	59.80	—	40.20
	丹麦	44.90	—	52.90
	肯尼亚	94.30	—	5.90
	泰国	92.30	—	7.70
	加权平均	72.90	—	27.00

资料来源：转引并整理自黄佩华，迪帕克．中国：国家发展与地方财政［M］．北京：中信出版社，2003：76-79．

3. 地方各级政府预算外资金难以监控

由于中央政府将大部分公共产品的供给责任下放给地方政府，地方政府负担过重，为满足政府运作的需要，地方政府不得不极力扩大预算外收支。如表7-6所示，分税制以后，我国地方政府的预算外收支比重增长迅速，并保持在90%左右的水平。另外，从预算外支出与本级财政支出的比重来看，预算外支出在地方财政支出中占1/3左右，地方政府本级财政支出难以满足公共产品支出需要，对预算外资金的依赖性较强。如此庞大的预算外资金的存在，表明我国地方财政管理体制不规范，且预算外资金难以得到有效监控，这样预算外支出难以形成有效的公共产品供给，影响地方公共产品的供给效率。

表7－6　　　　　　　　1986～2009年中央与地方预算外收支及其比重

年份	预算外收入					预算外支出				
	全国（亿元）	中央（亿元）	地方（亿元）	比重（%）中央	比重（%）地方	全国（亿元）	中央（亿元）	地方（亿元）	比重（%）中央	比重（%）地方
1986	1737.31	716.63	1020.68	41.2	58.8	1578.37	640.94	937.43	40.6	59.4
1987	2028.80	828.03	1200.77	40.8	59.2	1840.75	741.61	1099.14	40.3	59.7
1988	2360.77	907.15	1453.62	38.4	61.6	2145.27	842.86	1302.41	39.3	60.7
1989	2658.83	1072.28	1586.55	40.3	59.7	2503.10	975.87	1527.23	39.0	61.0
1990	2708.64	1073.28	1635.36	39.6	60.4	2707.06	1037.69	1669.37	38.3	61.7
1991	3243.30	1381.10	1862.20	42.6	57.4	3092.26	1263.27	1828.99	40.9	59.1
1992	3854.92	1707.73	2147.19	44.3	55.7	3649.90	1592.81	2057.09	43.6	56.4
1993	1432.54	245.90	1186.64	17.2	82.8	1314.30	198.87	1115.43	15.1	84.9
1994	1862.53	283.32	1579.21	15.2	84.8	1710.39	225.02	1485.37	13.2	86.8
1995	2406.50	317.57	2088.93	13.2	86.8	2331.26	351.38	1979.88	15.1	84.9
1996	3893.34	947.66	2945.68	24.3	75.7	3838.32	1034.92	2803.40	27.0	73.0
1997	2826.00	145.08	2680.92	5.1	94.9	2685.54	143.91	2541.63	5.4	94.6
1998	3082.29	164.15	2918.14	5.3	94.7	2918.31	139.74	2778.57	4.8	95.2
1999	3385.17	230.45	3154.72	6.8	93.2	3139.14	164.82	2974.32	5.3	94.7
2000	3826.43	247.63	3578.79	6.5	93.5	3529.01	210.74	3318.28	6.0	94.0
2001	4300.00	347.00	3953.00	8.1	91.9	3850.00	258.13	3591.87	6.7	93.3
2002	4479.00	440.00	4039.00	9.8	90.2	3831.00	259.00	3572.00	6.8	93.2
2003	4566.80	379.37	4187.43	8.3	91.7	4156.36	329.32	3827.04	7.9	92.1
2004	4699.18	350.69	4348.49	7.5	92.5	4351.73	389.50	3962.23	9.0	91.0
2005	5544.16	402.58	5141.58	7.3	92.7	5242.48	458.34	4784.14	8.7	91.3
2006	6407.88	467.11	5940.77	7.3	92.7	5866.95	377.72	5489.23	6.4	93.6
2007	6820.32	530.37	6289.95	7.8	92.2	6112.42	453.34	5659.08	7.4	92.6
2008	6617.25	492.09	6125.16	7.4	92.6	6346.36	402.13	5944.23	6.3	93.7
2009	6414.65	352.01	6062.64	5.5	94.5	6228.29	459.20	5769.09	7.4	92.6

资料来源：国家统计局.中国统计年鉴（2011）［M］.北京：中国统计出版社，2011.

7.2.2 城镇公共产品供给的结构特点

根据历年《中国统计年鉴》《中国财政年鉴》《全国地市县财政统计资料》，本节将地方公共产品按照用途分为经济建设类、行政管理类、文教科卫类、社会保障类及其他。经济建设支出主要包括基本建设支出、挖潜改造和科技三项费用，工业、交通、流通部门事业费，城市建设维护支出等；行政管理支出主要包括行政管理费、公检法支出以及外交外事支出等；文教科卫类包括科学教育事业费及卫生支出；社会保障类支出体现的是收入再分配作用，具体包括抚恤和社会福利救济费、社会保障补助支出等；其他不能划归以上支出的将其列为其他支出项目。本节将从财政支出结构及各级地方政府在各类公共产品的支出份额上综合分析城市公共产品的结构特点。

1. 从地方财政的支出结构上看

如表 7 - 7 中所示，我们可以看到 1998 ~ 2006 年各类支出的数额及其在地方财政支出中所占的比重。

表 7 - 7　　　　　1998 ~ 2006 年地方各类财政支出费用及其比重

年份	经济建设类		行政管理类		文教科卫类		社会保障类		其他	
	数额（亿元）	比重（%）	数额（亿元）	比重（%）	数额（亿元）	比重（%）	数额（亿元）	比重（%）	数额（亿元）	比重（%）
1998	2305	30. 0	1602	20. 9	1912	24. 9	571	7. 4	1282	16. 8
1999	2696	30. 0	1837	20. 4	2150	23. 9	863	9. 6	1445	16. 1
2000	3118	29. 8	2159	20. 7	2451	23. 4	1199	11. 5	1527	14. 6
2001	3997	30. 4	2707	20. 6	3001	22. 8	1581	12. 0	1849	14. 1
2002	4497	29. 4	3295	21. 6	3532	23. 1	2037	13. 3	1921	12. 6
2003	4776	27. 7	3832	22. 2	3998	23. 2	2417	14. 0	2208	12. 8
2004	5951	28. 9	4541	22. 1	4623	22. 5	2817	13. 7	2660	12. 9
2005	7185	28. 6	5431	21. 6	5517	21. 9	3358	13. 3	3664	14. 6
2006	8275	27. 2	6419	21. 1	6707	22. 0	4006	13. 2	5025	16. 5

资料来源：根据历年《中国统计年鉴》数据整理计算得出。

但由于各类支出所占的份额及增长趋势并不规律，我们从图 7 - 5 的直观呈现中来归纳下地方财政支出的结构特点。一是经济建设类支出在地方财政支出中一直占主要份额。我们可以看到，虽然在 2001 年以后，经济建设类支出的份额出现了波动性下降的趋势，但其支出比重仍高于其他类支出。经济建设支出特别是其中的基本建设支出是拉动经济短期增长的最有效手段，因此，地方各级政府在经济增长的导向下，偏向于将有限的资金投入经济建设。二是社会保障类支出呈持续增长态势，但增速有所减缓。从图 7 - 5 中我们可以看到，近年来社会保障类支出在地方财政支出中的比重不断提高。随着经济的发展，社会公平问题已经成为影响社会和谐发展的主要矛盾，而社会保障是实现收入再分配功能的主要工具，持续增长的社会保障支出对于促进社会和谐发展具有现实意义。但与其他国家相比，我国的社会保障支出仍处于较低水平，远远低于发达国家，而且还低于发展中国家的平均水平。三是行政管理类比重较高。行政管理类在地方财政支出中的比重波动性比较大，但保持在 20% 以上。而美国地方政府用于行政管理的支出合计比重为8.8%，其中州政府占 3.4%，州以下地方政府占 5.4%，[①] 这说明我国地方政府机构臃肿，管理效率低下，巨额的行政管理费用挤占了有限的财政资金。四是文教科卫类比重较高且波动较大，呈下降趋势。教育事业由于其重要程度为政府所重视，特别是其中的基础教育，因此，这类支出的比重一直较高。但随着对其他公共产品投入的增加，特别是中央政府对社会保障体系建设的重视，地方政府用于文教科卫类的支出有所下降，但幅度不大。

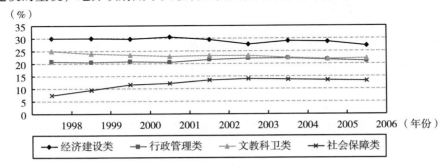

图 7 - 5　1998 ~ 2006 年地方财政各类支出比重

资料来源：根据历年《中国财政年鉴》数据绘制。

---

　　① National Priorities. Taxes and Revenue［DB/OL］. https：//www. nationalpriorities. org/works - on/taxes - revenue/.

2. 从各级政府在各类支出的份额来看

前文我们已经分析了地方政府在各类公共产品上的支出特点，但本节考察的是财政分权体制下城市公共产品的供给，各级地方政府在各类公共产品上的支出责任应该也有差异。因此，我们有必要对地方各级政府对各类支出的比重进行分析。

从表7-8中我们可以看到各级财政在各类财政支出中所占比重，我们分别来分析各类公共产品的支出特点。一是经济建设类支出。省级与地级所占比重较高，但如果从增长速度来看，1994～2006年，县级财政中基本建设支出的平均增长率为40.88%，而省级和地级分别为24.45%、22.58%。①这些数据表明我国地方财政支出并没有摆脱经济建设的色彩，各级政府特别是处于基层的县级政府通过增加基本建设投资发展经济的积极性较高。二是行政管理类支出。我国各级政府用于行政管理的支出比重呈下降趋势，从层级来看，县级政府的行政管理费用支出份额高于省级和地级，说明我国基层特别是县级政府的机构臃肿，冗员繁多，行政开支庞大。三是文教科卫类支出。我们可以看到，在文教科卫类支出中，县级政府在各级政府中占主要份额，我国的基层政府承担了教育卫生事业的主要责任，教育投入的层级过低。四是社会保障类支出。从表7-8中我们可以看到，各级政府在社会保障类的支出份额都比较低，但都呈现持续增长态势，这与我国近年来重视社会保障收入再分配功能有关。从各级政府投入的增长速度来看，1998～2006年，县级年平均增长率为52.96%，高于省级（43.30%）和地级（39.65%）。②

表7-8　　　　1998～2006年地方各级政府在各类支出中所占比重　　　单位：%

年份	经济建设类支出占本级财政支出比重			行政管理类支出占本级财政支出比重			文教科卫类支出占本级财政支出比重			社会保障类支出占本级财政支出比重		
	省级	地级	县级	省级	地级	县级	省级	地级	县级	省级	地级	县级
1998	10.14	11.99	1.66	9.21	8.67	14.00	15.12	11.60	24.92	1.77	2.27	0.82
1999	11.26	12.62	3.22	8.82	7.66	13.48	14.87	10.07	24.08	3.60	5.07	1.08
2000	11.27	11.78	3.21	9.04	7.80	13.65	15.70	9.89	24.40	5.33	6.22	2.16

①② 根据历年《中国统计年鉴》《中国财政年鉴》《全国地市县财政统计资料》数据计算所得。

年份	经济建设类支出占本级财政支出比重			行政管理类支出占本级财政支出比重			文教科卫类支出占本级财政支出比重			社会保障类支出占本级财政支出比重		
	省级	地级	县级	省级	地级	县级	省级	地级	县级	省级	地级	县级
2001	12.54	13.77	4.63	8.98	7.92	13.65	15.50	9.90	24.76	5.69	7.14	2.37
2002	12.37	14.06	4.93	9.39	8.31	13.66	15.90	9.94	25.00	6.29	7.75	2.98
2003	11.07	14.08	4.97	9.62	8.52	13.43	15.70	9.71	23.79	6.49	7.51	3.02
2004	10.17	14.16	4.8	9.69	8.78	13.21	15.30	9.50	22.91	6.45	7.77	3.23
2005	10.64	12.91	5.76	9.62	8.62	13.04	14.80	9.43	21.49	6.28	7.64	3.12
2006	9.55	12.51	5.39	9.51	8.70	12.52	17.74	9.51	20.87	6.19	7.53	3.11

资料来源：根据历年《中国统计年鉴》《中国财政年鉴》《全国地市县财政统计资料》数据计算所得。

第 8 章

财政分权对中国新型城镇化
影响的实证研究

　　新型城镇化的发展离不开城镇公共产品的供给，离不开公共财政的支持，城镇公共产品的供给状况直接影响到新型城镇化的建设情况。中国财政分权的制度特点对地方财政在公共产品的供给上是否会产生特殊的影响？在本书的第 5 章，我们就已经对财政分权的理论进行了梳理，构建了财政分权体制与地方公共产品供给的分析框架，并通过理论模型综合考察了财政分权体制下地方公共产品供给的质和量。前文的模型推导中，认为分权程度的增加对经济增长及公共产品投资的影响在经济发达与不发达地区所产生的影响是不同的，具体结论详见第 5 章。但前文也强调过，该结论仅是从模型中推导出的，并未考虑各个国家具体的政治经济环境，也未经实证检验。本章基于中国财政分权的实际情况，实证分析财政分权对中国城镇公共产品的供给影响。在此基础上，通过前文构建的新型城镇化指标体系实证分析财政分权、城镇公共产品供给对新型城镇化的推进影响。

8.1　财政分权对中国城镇公共产品
供给的实证分析

　　财政分权理论指出，地方政府比中央政府在提供地方公共产品上更有效率，但同时也指出地方公共产品的有效供给有赖于财政分权体制下如何设计出一套机制以实现对公共政策制定者的激励。因此，不同政治体制下财政分权的实施对公共产品的供给将产生不同的作用。那么中国财政分权制度对公共产品的供给影响如何？本节将选取相应指标进行实证分析。

8.1.1　理论假设

在第 5 章中，我们通过模型分析得出，在分权下，只有好的项目能够得到融资，而在集权情况下，不管项目的好或差，都能得到融资。财政分权对于经济发达地区而言，分权程度的增加对经济增长及公共品投资具有正向的激励作用，政府的职务消费会受到一定程度的抑制；而对经济不发达地区而言，分权使得政府的职务消费增加，但难以刺激有效公共产品的增加，即分权程度会刺激经济不发达地区的腐败行为。

而在财政分权体制下，一是从政策、人文及历史层面考虑，中国在现阶段并不具备分权体制促进地方政府提高公共产品的人口流动与民主投票机制，分权效果对公共产品供给的促进作用受到抑制；二是中国官员的晋升激励机制放大了地方政府追求 GDP 增长的欲望，促进经济增长的短期项目供给比较充足；三是中国财政分权本身的制度缺陷所带来的问题，一方面是基层政府的财权与事权不对称，另一方面是转移支付制度难以弥补纵向与横向的公共产品供给不平衡。

基于以上分析，本章试图探讨并证实如下问题。

（1）总体上，纵向考察我国的财政分权对地方政府支出行为的影响，即从市场经济时期我国实行财政包干体制以来，地方政府的支出行为随财政分权程度的变化发生怎样的变化。以便从总体上了解中国财政分权对地方公共产品，包括城镇公共产品产生的影响，假设财政分权程度的增加将促进地方政府的支出行为。

（2）从层级和结构上综合考察财政分权程度对城市公共产品供给的影响。首先，按照传统三分法分东部、中部及西部三个经济发展程度不同地区来考察不同层级城镇公共产品的供给。其次，在此基础上分项目考察财政分权程度对不同类别公共产品供给的影响。假设，层级越高的地区其城镇公共产品的供给越充分，且随着财政分权程度的增加，软性公共产品的供给越多；层级越低的地区，其在公共产品的供给上相对不足，且财政分权程度的增加并未促进软性公共产品的增加。

8.1.2 财政分权对地方政府支出行为的实证分析

本节将分两部分对前文的理论假设进行实证分析，由于理论假设是从两个层面考察财政分权对公共产品的影响，因此在指标选取上，同一个考察变量由于实证方法的不同可能采用不同的衡量指标。

1. 实证分析的指标选取

（1）财政分权度。研究财政分权与公共产品供给之间的关系，最复杂的是财政分权指标的选取。国际上比较常用的分权指标是采用预算内数据，用地方政府支出（或收入）占全部支出（或收入）的比重、净政府转移支付来近似表示财政分权程度。但由于财政分权是多维度的，因此，很多学者在进行指标选取时都各不相同。而鉴于中国财政分权的特殊性，研究文献关于中国财政分权度的指标选取也是见仁见智，没有统一的标准。张和邹（Zhang and Zou，1996）以人均省级政府支出与中央总支出的比值等来衡量财政分权水平，地方政府的支出水平高说明分权程度大。刘和林（Liu and Lin，2000）采用边际分成率衡量财政分权，充分考虑到了分权的激励效应，是一个创新，但其对考察 1994 年以后的财政分权水平意义不大。乔宝云（2005）以人均省级财政支出与人均总支出的比值衡量财政分权，张晏和龚六堂（2005）采用通过设计一套综合指标来衡量财政分权度。

笔者认为，指标选取与研究方法的选择有着莫大的关系，有些变量考察指标在某一研究模型中存在数据问题，但选择其他研究方法后，有些数据问题便可以克服。本节在借鉴其他学者方法的基础上，从实际分析需要及数据的可得性出发，选取以下指标衡量财政分权程度。

第一，支出分权指标（Dec-exp）＝本级财政支出/上级财政支出。地方政府作为独立地区，其支出水平与上级地方政府支出的比值说明了地方政府在支出上的自足权。

第二，收入分权指标（Dec-income）＝本级财政收入/上级财政收入。说明地方政府在收入上的自主程度。

第三，财政自给率分权指标（Self-supporting）＝本级财政收入/本级财政支出。各地区的自给程度越高，说明其对上级地方政府的依赖性越小，而自主程度自然就越高。

有学者认为直接以本级财政收支与上级财政收支作为财政分权的度量指标会忽视人口和经济规模对财政分权的影响，同时由于分母相同容易产生共线性问题。需要说明的是，此处是从纵向上总体考察财政分权对地方政府的影响，不涉及具体省份，因此不存在共线性问题，而且在实证分析上采用相关分析，并不涉及具体省份的人口与经济问题，因此在财政分权对财政支出行为的总体考察中，本节用以上指标作为财政分权的衡量指标。在下文涉及具体省份的支出行为考察中，将对该衡量指标进行调整。

（2）地方政府支出行为。地方政府支出行为直接关系到公共产品的供给，地方政府公共财政支出越多，在一定程度上说明公共产品的供给越多。同时，改革开放以来，地方政府财政支出绝对数值基本上呈增长趋势，绝对数值的观测分析不够明显，本节将同时借助地方财政支出增长率来考察财政分权与地方支出行为的关系。

2. 检验方法

本节运用 SPSS 统计方法中的相关分析来测度改革开放以来中国财政分权与地方政府支出行为间的统计关系。统计关系是两事物间存在一定的关系，但这些关系却不能像函数那样可以用一个确定的数学关系描述。地方政府的支出行为受到各方面因素的影响，从理论上分析，财政分权程度会对地方政府的支出行为产生影响，但由于外在因素的不确定性，我们只能采用相关分析来对二者之间相关性的强弱进行判断。在变量的选取上，以历年来地方政府的支出数额以及增长率来说明其支出行为，在分权指标上则选取前文所列的收入分权（地方财政收入/国家财政收入）、支出分权（地方财政支出/国家财政支出）、财政自给率（地方财政收入/地方财政支出）。

对不同类型的变量采取不同的相关系数来度量，本节采用 Pearson 相关系数来分析。其数学定义为

$$r = \frac{\sum (\chi_i - \bar{\chi})(y_i - \bar{y})}{\sqrt{\sum_{i=1}^{n} (\chi_i - \bar{\chi})^2 \sum (y_i - \bar{y})^2}}$$

式中，n 为样本数，χ_i、y_i 分别为两变量的变量值，化简公式可得

$$r = \frac{1}{n} \sum \left(\frac{\chi_i - \bar{\chi}}{S_\chi}\right)\left(\frac{y_i - \bar{y}}{S_y}\right)$$

相关系数 r 的取值在 $-1 \sim 1$ 之间，$r < 0$，表示两变量间存在负的相关性；$r > 0$，表示两变量间存在正的相关性；$|r| > 0.8$ 表示两变量间具有较强的线性关系；$|r| < 0.3$ 表示两变量间的线性关系较弱。同时，SPSS 将对线性相关的显著性水平进行检验。

3. 实证分析的结论与说明

（1）变量的描述与说明。表 8 - 1 列出了改革开放以来中国财政分权与地方政府支出的具体数值。

表 8 - 1   1978 ~ 2019 年中国财政分权与地方政府支出情况

年份	地方财政支出（亿元）	地方财政支出增长率（%）	收入分权	支出分权	财政自给率
1978	589.97	0.06	0.84	0.53	1.62
1980	562.02	-0.10	0.75	0.46	1.56
1985	1209.00	0.50	0.62	0.60	1.02
1990	2079.12	0.07	0.66	0.67	0.94
1991	2295.81	0.10	0.70	0.68	0.96
1992	2571.76	0.12	0.72	0.69	0.97
1993	3330.24	0.29	0.78	0.72	1.02
1994	4038.19	0.21	0.44	0.70	0.57
1995	4828.33	0.20	0.48	0.71	0.62
1996	5786.28	0.20	0.51	0.73	0.65
1997	6701.06	0.16	0.51	0.73	0.66
1998	7672.58	0.14	0.50	0.71	0.65
1999	9035.34	0.18	0.49	0.69	0.62
2000	10366.65	0.15	0.48	0.65	0.62
2001	13134.56	0.27	0.48	0.69	0.59
2002	15281.45	0.16	0.45	0.69	0.56
2003	17229.85	0.13	0.45	0.70	0.57
2004	20592.81	0.20	0.45	0.72	0.58

续表

年份	地方财政支出（亿元）	地方财政支出增长率（%）	收入分权	支出分权	财政自给率
2005	25154.31	0.22	0.48	0.74	0.60
2006	30431.33	0.21	0.47	0.75	0.60
2007	38339.29	0.26	0.46	0.77	0.61
2008	49248.49	0.28	0.47	0.79	0.58
2009	61044.14	0.24	0.48	0.80	0.53
2010	73884.43	0.21	0.49	0.82	0.55
2011	92733.68	0.26	0.51	0.85	0.57
2012	107188.34	0.16	0.52	0.85	0.57
2013	119740.34	0.12	0.53	0.85	0.58
2014	129215.49	0.08	0.54	0.85	0.59
2015	150335.62	0.16	0.55	0.85	0.55
2016	160351.36	0.07	0.55	0.85	0.54
2017	173228.34	0.08	0.53	0.85	0.53
2018	188196.32	0.09	0.53	0.85	0.52
2019	203743.22	0.08	0.53	0.85	0.50

资料来源：根据《中国统计年鉴（2020）》数据计算。

首先，从时间序列来看。从表 8-1 中我们可以看出，地方财政支出数额呈增长趋势，这与我国日益发展的经济水平有关，但在 1994 年分税制改革后，其增长趋势有所放缓。从收入分权和支出分权来看，支出的分权程度一直大于收入的分权程度，特别是在 1994 年分税制改革以后，中央政府对财政收入的控制程度加大，收入的分权程度由 0.78 迅速下滑至 0.44，其后数值一直在 0.45 上下波动，近年来，收入的分权程度维持在 0.55 左右。而从支出分权看，改革开放后我国的支出分权度除了个别年份有所波动外，总体呈现逐渐增大趋势。收入和支出不同的分权趋势造成我国地方政府的财政自给率呈逐年下降的趋势，这也从另一个侧面说明了我国地方政府财权与事权不对称的现实问题，图 8-1 较为直观地呈现了改革开放以来我国财政分权度的变化趋势。

另外，表 8-2 对样本的描述分析也从数值上说明了问题，收入分权的均值为 0.57，明显小于支出分权的 0.70（见表 8-2）。

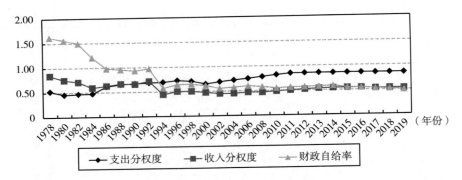

图 8 - 1　1978 ~ 2016 年财政分权趋势

资料来源：根据《中国统计年鉴（2020）》数据计算。

表 8 - 2　　　　　　　　　　　**中国财政分权的样本统计**

项目	观察期	最小值	最大值	均值	样本标准差
收入分权	42	0.44	0.84	0.57	0.11
支出分权	42	0.45	0.85	0.70	0.12
财政自给率	42	0.50	1.69	0.81	0.35

　　其次，从横截面比较来看。本节从 1980 ~ 1994 年 IMF 的 GFS 数据库选取了 15 个发展中国家和 17 个工业化国家的分权数据进行横向比较，表 8 - 3 给出了代表性国家的具体数值。从表 8 - 3 中可以看出，不管是发展中国家还是工业化国家，其支出分权都大于收入分权，而且工业化国家的收入分权和支出分权都大于发展中国家。在发展中国家和工业化国家内部，各个国家间的差异比较大。相比较而言，中国的收入分权度为 0.55，远远高于发展中国家的 0.15 和工业化国家的 0.27；而在支出分权上，中国的均值为 0.70，相对于发展中国家的 0.20 和工业化国家的 0.32，中国的支出分权度远高于世界平均水平。

表 8 - 3　　　　　　　　　　　**财政分权的国际比较**

国家 （地区）	收入分权				支出分权			
	均值	最小值	最大值	标准差	均值	最小值	最大值	标准差
中国	0.55	0.44	0.84	0.12	0.70	0.46	0.82	0.08
发展中国家	0.15	0.11	0.18	0.023	0.20	0.15	0.25	0.03
智利	0.06	0.03	0.07	0.01	0.08	0.04	0.10	0.01

续表

国家 （地区）	收入分权				支出分权			
	均值	最小值	最大值	标准差	均值	最小值	最大值	标准差
阿根廷	0.33	0.17	0.42	0.09	0.38	0.22	0.47	0.07
印度	0.33	0.31	0.36	0.01	0.46	0.43	0.48	0.01
南非	0.14	0.10	0.17	0.02	0.25	0.18	0.37	0.06
巴拉圭	0.03	0.01	0.05	0.02	0.04	0.02	0.06	0.02
工业化国家	0.27	0.25	0.20	0.02	0.32	0.29	0.35	0.02
澳大利亚	0.28	0.24	0.34	0.04	0.41	0.39	0.44	0.01
法国	0.12	0.10	0.14	0.01	0.19	0.16	0.28	0.04
加拿大	0.52	0.45	0.53	0.02	0.57	0.49	0.58	0.02
卢森堡	0.09	0.07	0.11	0.01	0.15	0.13	0.17	0.02
美国	0.40	0.36	0.43	0.02	0.44	0.41	0.47	0.02

（2）实证分析的结论与说明。根据上面的实证方法，本节将地方财政支出量与地方财政支出增长率分别与收入分权、支出分权和财政自给率进行相关分析，其结果如表 8-4 所示。

表 8-4　　　　　地方政府支出行为与财政分权的相关分析

项目	分析方法	收入分权	支出分权	财政自给率
地方财政 支出量	Pearson 相关性	-0.032*	0.730**	-0.519**
	显著性（双侧）	0.039	0.000	0.000
地方财政 支出增长率	Pearson 相关性	-0.386*	0.230	-0.380*
	显著性（双侧）	0.013	0.148	0.014
	N	42	42	42

注：*、** 分别表示在 10%、5% 水平上统计显著。

从实证分析的结果来看，除了地方财政支出增长率与支出分权相关性不显著外，地方政府的支出行为与测度财政分权选取的三个指标均呈现相关关系，且具有统计上的显著性。

第一，不管是从地方财政支出总量还是增长率来看，收入分权与地方财政支出行为都呈负相关性，即收入权越集中，地方政府的财政支出越少。

第二，从支出分权与地方财政支出行为来看，支出分权与地方财政支出总量呈正相关性，即支出分权度越大，地方政府的财政支出越多。但从地方财政支出的增长率来看，二者相关性不显著，原因在于 2010 年之后，受经济发展新常态影响，地方财政支出增长率较小，支出分权度也基本维持不变，使得二者间的相关性并不明显。

第三，不管是从地方财政支出总量还是增长率来看，财政自给率与地方财政支出呈负相关性，地方政府的财政自给率越高，而地方政府的财政支出越少。

本部分的实证分析意在从总体上分析我国财政分权体制对地方政府支出行为的影响。从分析的结果看，前两条结论与我们的假设和常理推断相一致，但结论三则有悖常理。理论上讲，地方政府财政自给率越高，其对中央政府的依赖程度越低，应该更有能力供给地方的支出，但结论却显示二者呈负相关性。笔者认为，造成这一结论的原因在于我国财政分权的不对称性。我国的财政分权在收入上自从 1994 年分税制改革后一直处于相对集中状态，但在支出上，其分权程度则呈增长趋势。这样不对称的分权体制造成了地方政府财权与事权极度不匹配，地方政府的财政自给程度越来越低，但仍要承受地方公共产品的支出需要。

8.1.3 财政分权对城镇公共产品层级与结构影响的实证分析

前文通过相关分析确定了财政分权与地方政府支出行为存在相关关系，即财政分权度的大小与地方政府的支出行为存在明显的相关关系。那么这种相关关系在多大程度上影响了城镇公共产品的供给？财政分权对不同类型城镇公共产品影响效应如何？不同地区的影响效应是否相同？财政分权对城镇公共产品结构以及层级的影响效应是需要进一步探讨的问题。

1. 实证分析的指标选取

（1）财政分权度。在前文财政分权度与政府支出行为的相关分析中，由于不涉及具体省份，直接以本级财政收支与上级财政收支作为财政分权的度量指标在相关分析的实证分析中不会产生数据的共线性问题，不会影响实证结果的客观性与可信度。这部分的实证分析将涉及具体省份的情况，继续采用原先的财政分权指标将会产生共线性问题，这里将对财政分权度衡量指标进行调整。

现有文献对财政分权指标的选取主要从收入和支出两个维度进行衡量，即收入分权度和支出分权度，不同学者根据研究的不同目的选择不同的维度进行衡量。由于城镇公共产品的供给直接受财政支出影响，本节从支出分权度来衡量财政分权。在综合分析现有文献指标选取的基础上，考虑到不同省份人口和经济的差异以及数据的可获得性，本节借鉴乔宝云等（2005）使用各省份人均预算内财政支出与全国预算内人均财政支出比值来衡量财政分权，即

财政分权度＝各省份人均预算内财政支出/全国预算内人均财政支出

（2）公共产品供给。在公共产品供给状况的衡量上，以往的研究多采用公共产品的供给总量进行衡量。本节也采用各省份公共产品供给总量来衡量各地区公共产品供给状况。从前文的分析中我们知道，财政分权体制会影响公共产品的供给结构，中国财政分权有其特殊性，财政分权对中国公共产品供给结构的影响如何是需要我们进一步证实的问题。从公共产品的结构来看，本节从基础设施、教育、医疗、社会保障以及文化传媒五个方面考察公共产品的供给状况，其指标选取如表8－5所示。

表8－5　　　　　　　　　公共产品供给结构指标选取

公共产品供给	指标选取
教育	义务教育阶段生师比（教师＝1）
医疗	城镇每千人口卫生技术人员（人）
社会保障	城镇职工养老保险参保率（％）
基础设施	人均道路面积（平方米）
文化传媒	人均拥有图书馆藏数量（册）

2. 模型构建

面板数据是同时包含若干个体成员和时期的二维数据，其能同时反映变量在截面和时间二维空间上的变化规律和特征，具有纯时间序列和纯截面数据不可比拟的优点。本节以2014～2019年31个省份公共产品供给的面板数据构建变截距模型进行分析。

根据对截面个体影响形式的不同设定，变截距模型分为固定效应和随机效应变截距模型。固定效应模型假设模型中不随时间变化的非观测效应与误差项相关，其表达式为

$$y_{it} = \alpha_i + \sum_{i=1}^{k} \beta_i x_{it} + v_{it}$$

其中，$i=1,2,\cdots,N$，表示个体成员；$t=1,2,\cdots,T$，代表时间跨度。对于固定效应模型，通常的处理方法是使用 OLS 估计方法或使用最小二乘虚拟变量法（least squares dummy variable，LSDV）。

　　随机效应模型假设模型中不随时间变化的非观测效应与误差项不相关，其表达式为

$$y_{it} = \alpha_i + \sum_{i=1}^{k} \beta_i x_{it} + u_i + v_{it}$$

随机效应模型，一般使用 GLS 方法进行估计。至于选用固定效应模型还是随机效应模型进行检验，一般通过 Hausman 检验进行分析。

3. 实证分析结果

　　（1）财政分权对公共产品结构的影响分析。本节从教育、医疗、社会保障、基础设施以及文化传媒五个方面考察财政分权对公共产品供给结构的影响，实证分析的结果与我们的假设基本一致。

　　根据 Hausman 检验结果，对医疗采用固定效应模型，教育、社会保障、基础设施以及文化传媒采用随机效应模型。从表 8 - 6 的实证分析结果来看，财政分权对教育、医疗、社会保障这些较高层级的软性公共产品的影响系数分别为 - 1.4016、- 3.9043、- 8.3509，且都在 1% 的水平上统计显著，即财政分权并不能促进这些软性公共产品的供给。但在影响系数上，三者存在差异，1.4016 < 3.9043 < 8.3509，说明随着财政分权度的提高，在这三类公共产品的供给意愿上，地方政府最愿意提供的是基础教育，然后是医疗，最后是社会保障。财政分权对基础设施和文化传媒的影响系数为正，但文化传媒并没有通过显著性检验，说明财政分权对以"人均拥有图书馆藏数量（册）"为衡量指标的影响并不显著。财政分权度的提高，地方政府在公共产品的供给上，仍偏重于基础设施类的公共产品，这与我们前面的假设基本一致。

表 8 – 6 财政分权对公共产品结构的面板回归结果

项目	解释变量				
	教育	医疗	社会保障	基础设施	文化传媒
财政分权	– 1.4016 ***	– 3.9043 ***	– 8.3509 ***	0.1304 *	0.512
	(0.0004)	(0.0022)	(0.00487)	(0.0997)	(0.4678)
Hausman 检验	0.5700	0.0001	0.7470	0.3174	0.0770
采用模型	随机效应模型	固定效应模型	随机效应模型	随机效应模型	随机效应模型

注:"财政分权"为被解释变量;括号内的为 t 统计量, * 、 *** 分别表示在 10% 、 1% 水平上统计显著,样本数为 217。

(2) 财政分权对公共产品影响的层级差异分析。前文我们构建面板数据分析了财政分权对公共产品结构的影响,实证分析结果显示,随着地方财政分权度的提高,地方政府更偏重于基础设施类的公共产品,那么这种结构性的偏好是否呈现地区差异,经济发展程度不同的地区,其偏好程度是否一致?本节在全国面板数据分析的基础上,将样本数据分东部、中部及西部,比较财政分权对不同地区不同公共产品的影响系数。实证分析的指标选择与模型方法与前文相同,实证分析结果如表 8 – 7 所示。

表 8 – 7 分地区财政分权对公共产品结构的面板回归结果

地区	项目	解释变量				
		教育	医疗	社会保障	基础设施	文化传媒
东部	财政分权	– 1.773922	– 0.490623	– 2.084193	3.057450	0.110535
		(0.0004) ***	(0.06935) *	(0.0889) *	(0.1478)	(0.5191)
	Hausman 检验	0.4620	0.0358	0.020	0.0007	0.0117
	采用模型	随机效应模型	固定效应模型	随机效应模型	固定效应模型	固定效应模型
中部	财政分权	– 5.116883	– 1.911876	– 9.828297	10.45174	– 0.427044
		(0.0627) *	(0.0650) *	(0.0878) *	(0.1171)	(0.2331)
	Hausman 检验	0.0418	0.9136	0.3523	0.5042	0.0000
	采用模型	固定效应模型	随机效应模型	随机效应模型	随机效应模型	固定效应模型
西部	财政分权	– 0.999005	– 9.136921	– 13.65975	0.796524	0.031215
		(0.0826) *	(0.0004) ***	(0.0057) ***	(0.6951)	(0.5980)
	Hausman 检验	0.5372	0.0001	0.1167	0.6328	0.5887
	采用模型	随机效应模型	固定效应模型	随机效应模型	随机效应模型	随机效应模型

分地区来看，东部地区财政分权对教育、医疗、社会保障三类软性公共产品的影响系数为负数，在影响程度上有所差异，随着财政分权度的提高，其在供给意愿上医疗＞教育＞社会保障。东部地区，财政分权对基础设施与文化传媒的影响为正，但都没有通过显著性检验，即其对二者的影响并不明显。

中部地区财政分权对教育、医疗、社会保障三类软性公共产品的影响系数同样为负，且随着财政分权度的提高，其最先愿意供给的是医疗，然后是教育，最后是社会保障。中部地区财政分权对基础设施的影响为正，但这一影响并不明显，其对文化传媒的影响为负，但同样没有通过显著性检验。

从西部地区实证结果来看，财政分权对教育、医疗、社会保障三类软性公共产品的影响系数同样为负数，在供给意愿上，西部地区呈现教育＞医疗＞社会保障。而在对基础设施与文化传媒的影响上，影响系数为主，但同样都没能通过显著性检验。

分类别来看，财政分权对同类公共产品的供给，在不同地区也呈现差异性。财政分权对教育、医疗、社会保障的供给意愿影响为负数，绝对值越大，其供给意愿越弱。从图8－2可以看出，在教育、医疗、社会保障的供给意愿上，大体上呈现东部＞中部＞西部的趋势，在教育供给意愿上有些不同，中部大于东部。

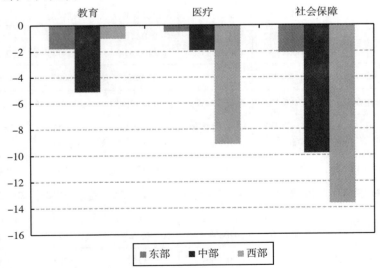

图8－2　分地区公共产品供给意愿差异

8.1.4 财政分权对城镇公共产品供给影响的实证分析总结

（1）财政分权与地方政府支出行为纵向总体实证分析。我国自实行财政包干体制以来，随着财政分权度的提高，地方政府对公共产品的支出总量大体上呈正相关，但采用不同的测度指标得出的结论有些差异。收入分权与支出分权的相关分析支持理论假设：收入分权度越高，地方政府的财政支出越少；支出分权度越高，地方政府的财政支出越多。但财政自给率却与地方政府支出呈负相关，笔者认为，这与我国财权与事权不匹配的财政体制有关。1994 年分税制改革之后，收入相对集中，但支出分权仍在增长，地方政府的财政自给率越来越低，但仍要满足不断增长的支出需求。

（2）财政分权对不同类型公共产品影响的实证分析。从实证分析的结果来看，财政分权对文化传媒的影响并不显著，对基础设施类公共产品的影响系数为正，对教育、医疗、社会保障等软性公共产品的影响为负。这证实了我们的理论假设：在财政分权体制下，由于受外部环境、激励机制以及制度设计的影响，地方政府仍倾向于提供基础设施类的硬性公共产品，对软性公共产品的供给意愿不足。且随着财政分权度的提高，地方政府最愿意提供的是基础教育，然后是医疗，最后是社会保障。

（3）不同地区财政分权对公共产品影响的差异分析。从分地区实证分析结果来看，东部、中部、西部地区财政分权对不同类型公共产品的影响结果与全国情况基本一致，但在影响程度上呈现地区差异。在教育、医疗、社会保障三类软性公共产品的供给意愿上，大体上呈现东部 > 中部 > 西部的趋势。

8.2 财政分权对新型城镇化影响的实证分析

本书第 4 章明确了新型城镇化的基本概念，并在此基础上构建了衡量新型城镇化的指标体系。在第 4 章的分析中发现，新型城镇化指标的实现以及实现的质量和水平与公共产品的供给有着莫大的关系，财政分权体制必然会影响中国新型城镇化的建设进程。本章前两节在理论分析的基础上，通过实证分析证实了财政分权对不同地区、不同类型公共产品的影响差异。那么，新型城镇化衡量指标体系下，我国的新型城镇化的实现程度如何？财政分权体制对其实现程度的影响如何是本节进一步探讨的问题。

8.2.1 中国新型城镇化的推进现状

以人为核心的新型城镇化自中共十八届三中全会提出以来，各部门各地区都在积极推进新型城镇化的建设。学术界也对新型城镇化的内涵和外延进行了深入研究，在构建新型城镇化衡量指标体系上也积累了较多的前期成果。本书第4章，笔者从"以人为本，四化同步，布局优化，生态文明"四个基本特征入手，在借鉴前人研究成果的基础上，遵循"目标导向，注重内涵，综合评价"的思路，构建了包括4个一级指标，10个二级指标，30个三、四级指标在内的新型城镇化衡量指标体系（具体见第4章表4-3）。

1. 新型城镇化综合评价模型

在实践过程中，确定权重的方法有很多，主要有主观赋值评价法法和客观赋值评价法。主观赋值法主要有层次分析法、模糊分析法和专家打分法，客观性较差，依赖主观判断的有效性。客观赋值法主要有因子分析法、主成分分析法和熵值法，这些方法能够减少主观因素，回避权重选择上的人为影响。在进行新型城镇化指数合成时，为消除指标的不确定性以及避免赋值过程中的人为因素，本节采用熵值法来进行赋值。熵值法是利用模糊综合评价矩阵和各个指标的输出熵来确定各因素的权重，能够避免赋值过程中的主观性。"熵"是对不确定性的度量，所含信息量越大，熵值越小，不确定性也越小。其具体计算过程如下。

（1）进行数据的标准化处理。

正向指标：

$$X_{ij} = \frac{a_{ij} - \min\{a_{ij}\}}{\max\{a_{ij}\} - \min\{a_{ij}\}}, (i = 1, 2, \cdots, m; j = 1, 2, \cdots, n)$$

逆向指标：

$$X_{ij} = \frac{\max\{a_{ij}\} - a_{ij}}{\max\{a_{ij}\} - \min\{a_{ij}\}}, (i = 1, 2 \cdots, m; j = 1, 2, \cdots, n)$$

（2）计算第 i 个指标在第 j 项指标中所占比重：

$$p_{ij} = \frac{x_{ij}}{\sum\limits_{i=1}^{m} x_{ij}}$$

（3）确定第 j 项的指标值：

$$e_{ij} = -\frac{1}{\ln N} \sum\limits_{i=1}^{m} (p_{ij}\ln p_{ij})$$

其中，N 为地区个数且 $e_j \subseteq [0,1]$。

得到比重后，计算 j 项指标的值：

$$g_j = 1 - e_j$$

（4）计算第 j 项指标权重：

$$W_j = \frac{g_j}{\sum\limits_{j=1}^{n} g_j}$$

（5）合成新型城镇化指数：

$$Nurb_i = \sum\limits_{j=1}^{m} w_j a_{ij}$$

2. 各省域新型城镇化指数

城镇化建设由来已久，以人为核心的新型城镇化在 2013 年中共十八届三中全会上正式提出，因此本节选取的数据为 2013～2019 年 31 个省、自治区、直辖市的指标数据，数据来源为《中国统计年鉴》（2014～2020 年）、《中国财政统计年鉴》（2014～2020 年）。用熵值法进行新型城镇化的指数合成后，本节用 SPSS 23.0 进行分析。

（1）新型城镇化指数描述性统计。采用熵值法进行指标赋值后，合成 2013～2019 年各省域新型城镇化指数，如表 8－8 所示。

表 8－8　　　　　　2013～2019 年各省域新型城镇化合成指数

省（区、市）	2013 年	2014 年	2015 年	2016 年	2017 年	2018 年	2019 年
北京	0.5599	0.5646	0.5744	0.5751	0.5629	0.5881	0.5840
天津	0.4387	0.4389	0.4410	0.4246	0.4187	0.4417	0.4697
河北	0.3497	0.3581	0.3358	0.3277	0.3438	0.3761	0.3918

省（区、市）	2013 年	2014 年	2015 年	2016 年	2017 年	2018 年	2019 年
山西	0.3901	0.3773	0.3806	0.3980	0.3879	0.4166	0.3908
内蒙古	0.3760	0.3595	0.3378	0.3710	0.3663	0.4100	0.3848
辽宁	0.3856	0.3858	0.3742	0.3780	0.3819	0.3894	0.3808
吉林	0.3360	0.2994	0.3032	0.3016	0.2737	0.2991	0.2993
黑龙江	0.3441	0.3478	0.3626	0.3558	0.3471	0.3442	0.3221
上海	0.5618	0.5763	0.5902	0.5957	0.5472	0.5603	0.5531
江苏	0.5245	0.5023	0.5270	0.5364	0.4651	0.4818	0.5051
浙江	0.5036	0.5035	0.5214	0.5231	0.4971	0.5304	0.5224
安徽	0.3034	0.2768	0.2830	0.2929	0.2839	0.3133	0.3314
福建	0.4055	0.3921	0.3909	0.3689	0.3622	0.3857	0.3771
江西	0.3493	0.3453	0.3468	0.3442	0.3419	0.3572	0.3550
山东	0.4460	0.4402	0.4360	0.4638	0.4526	0.4717	0.4863
河南	0.3356	0.3501	0.3418	0.3576	0.3405	0.3697	0.3531
湖北	0.3370	0.3316	0.3410	0.3672	0.3511	0.3705	0.3476
湖南	0.3254	0.3187	0.3206	0.3289	0.3349	0.3596	0.3689
广东	0.5541	0.5448	0.5480	0.5566	0.5515	0.5533	0.5393
广西	0.2859	0.2777	0.2847	0.2892	0.3055	0.3362	0.3369
海南	0.4073	0.3890	0.3795	0.4007	0.3856	0.4169	0.4154
重庆	0.2971	0.3005	0.3046	0.2934	0.2952	0.3170	0.3062
四川	0.3101	0.3074	0.2900	0.3059	0.3278	0.3601	0.3607
贵州	0.3000	0.2880	0.3033	0.2854	0.2957	0.2790	0.2810
云南	0.2991	0.2907	0.3070	0.3053	0.2952	0.3052	0.3069
西藏	0.2804	0.2936	0.3003	0.2734	0.2361	0.2211	0.2085
陕西	0.3547	0.3407	0.3069	0.3182	0.3062	0.3245	0.3090
甘肃	0.2777	0.2622	0.2562	0.2839	0.2827	0.3011	0.2836
青海	0.2708	0.2704	0.2938	0.3012	0.3026	0.2810	0.2704
宁夏	0.3491	0.3424	0.3134	0.3399	0.3156	0.3465	0.3664
新疆	0.3741	0.3896	0.3382	0.3421	0.3283	0.3799	0.3848

从表 8 - 8 中我们可以大体看出，2013 年以来各省域新型城镇化合成指数大体上呈逐步增长趋势，虽然个别省域个别年份有反复，但总体趋势并未

改变。表 8 – 9 各省域新型城镇化指数的描述性统计中我们可以看到 2013 ~ 2019 年新型城镇化指数均值总体上呈现不断增长的态势，这从图 8 – 3 的变化趋势中我们也可以直观看出。

表 8 – 9　　　　　2013 ~ 2019 年各省域新型城镇化指数描述性统计

年份	最小值	最大值	平均值	标准差
2013	0.2708	0.5618	0.375243	0.0867552
2014	0.2622	0.5763	0.369851	0.0887578
2015	0.2562	0.5902	0.368848	0.0924854
2016	0.2734	0.5957	0.374371	0.0932321
2017	0.2361	0.5629	0.364093	0.0853021
2018	0.2211	0.5881	0.383463	0.0885763
2019	0.2085	0.5840	0.380403	0.0907841

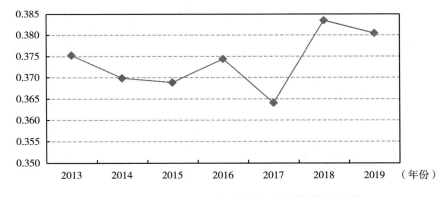

图 8 – 3　2013 ~ 2019 年各省域新型城镇化指数趋势

（2）新型城镇化指数分区域等级分布情况。从上面的描述性统计我们可以看出各省域自 2013 年以来新型城镇化指数的变化趋势，但在区域及等级分布上还需要进一步分析。根据各省域新型城镇化指数的分情况分布，本书将其进行等级划分，以便我们能够更深入分析。将新型城镇化指数得分 ≥ 0.5 的划分为 "好"，0.5 < 新型城镇化指数得分 ≤ 0.4 的划分为 "较好"，0.4 < 新型城镇化指数得分 ≤ 0.3 的划分为 "一般"，新型城镇化指数在 0.3 以下的划分为 "较差"。将各省域 2013 ~ 2019 年新型城镇化指数进行划分后的等级分布如表 8 – 10 所示。

表 8 - 10   2013 ~ 2019 年各省域新型城镇化合成指数等级划分

省（区、市）	2013 年	2014 年	2015 年	2016 年	2017 年	2018 年	2019 年
北京	好	好	好	好	好	好	好
天津	较好	较好	较好	较好	较好	较好	较好
河北	一般	一般	一般	一般	一般	一般	一般
山西	一般	一般	一般	一般	一般	较好	一般
内蒙古	一般	一般	一般	一般	一般	较好	一般
辽宁	一般	一般	一般	一般	一般	一般	一般
吉林	一般	较差	一般	一般	较差	较差	较差
黑龙江	一般	一般	一般	一般	一般	一般	一般
上海	好	好	好	好	好	好	好
江苏	好	好	好	好	较好	较好	好
浙江	好	好	好	好	较好	好	好
安徽	一般	较差	较差	较差	较差	一般	一般
福建	较好	一般	一般	一般	一般	一般	一般
江西	一般	一般	一般	一般	一般	一般	一般
山东	较好	较好	较好	较好	较好	较好	较好
河南	一般	一般	一般	一般	一般	一般	较好
湖北	一般	一般	一般	一般	一般	一般	较好
湖南	一般	一般	一般	一般	一般	一般	较好
广东	好	好	好	好	好	好	好
广西	较差	较差	较差	较差	一般	一般	一般
海南	较好	一般	一般	较好	一般	较好	较好
重庆	较差	一般	一般	较差	较差	一般	一般
四川	一般	一般	较差	一般	一般	一般	一般
贵州	一般	较差	一般	较差	较差	较差	较差
云南	较差	较差	一般	一般	较差	一般	一般
西藏	较差	较差	一般	较差	较差	较差	较差
陕西	一般	一般	一般	一般	一般	一般	一般
甘肃	较差	较差	较差	较差	较差	一般	较差
青海	较差	较差	较差	一般	一般	较差	较差
宁夏	一般	一般	一般	一般	一般	一般	一般
新疆	一般	一般	一般	一般	一般	一般	一般

　　为进一步分析新型城镇化指数等级与区域关系，我们将 31 个省（区、市）2013～2019 年的 217 个样本数按地区以及等级进行交叉列联分析。交叉列联是两个或两个以上的变量交叉分组后形成的频数分布表。通过交叉列联分析，我们不仅可以得到样本数据交叉后的频数分布，还能对两两变量间是否存在一定的相关性进行分析（见表 8－11）。

表 8－11　　　　　　　　　　所在区域新型城镇化等级交叉

项目			新型城镇化等级				合计
			好	较好	一般	较差	
所在区域	东部	计数	32	21	24	0	77
		占所在区域的百分比	41.6	27.3	31.2	0.0	100.0
		占新型城镇化等级的百分比	100.0	80.8	20.3	0.0	35.5*
	中部	计数	0	4	44	8	56
		占所在区域的百分比	0.0	7.1	78.6	14.3	100.0
		占新型城镇化等级的百分比	0.0	15.4	37.3	19.5	25.8*
	西部	计数	0	1	50	33	84
		占所在区域的百分比	0.0	1.2	59.5	39.3	100.0
		占新型城镇化等级的百分比	0.0	3.8	42.4	80.5	38.7*
总计		计数	32	26	118	41	217
		占所在区域的百分比	14.7	12.0	54.4	18.9	100.0
		占新型城镇化等级的百分比	100.0	100.0	100.0	100.0	100.0

　　注：由于四舍五入原因，各地区之和与合计略有差异；＊表示各地区样本数占总样本数的百分比。

　　表 8－11 为所在区域与新型城镇化等级的交叉表。

　　首先，总体上看。我国新型城镇化的情况并不乐观，31 个省（区、市）2013～2019 年的 217 个样本数据中，新型城镇化指数等级"好"和"较好"的占比分别为 14.7% 和 12.0%，合计占比低于 30%，大部分样本等级为"一般"，占比 54.4%。

　　其次，分区域来看。东部地区新型城镇化等级"好"的占比 41.6%，占等级为"好"的样本 100%，即所有等级"好"的样本全部分布在东部地区。"较好"等级样本占比 27.3%，占等级为"较好"的样本 80.8%。可见，为数不多的新型城镇化指数等级为"好"及"较好"的样本绝大多数分布在东部地区。从中部地区来看，多数样本的等级为"一般"，占比

78.6%。西部地区样本数 84 个,"较好"等级占比 1.2%,"一般"等级占比 59.5%,"较差"等级占比 39.3%。图 8-4 直观呈现了各区域新型城镇化的等级分布情况。

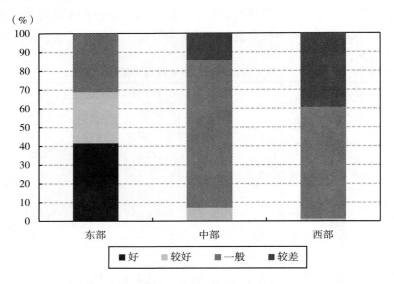

图 8-4 新型城镇化指数等级分区域分布

再其次,从区域与新型城镇化等级两个变量的相关性来看。区域与新型城镇化指数等级的卡方检验如表 8-12 所示,两者的 Pearson 卡方值为 130.196,显著性为 0.000,通过了 1% 的显著性检验。因此,我们要拒绝原假设,判定行列变量间存在相关性,即新型城镇化的等级分布与所在区域存在相关性,等级"好"及"较好"样本多分布在东部地区,中部及西部地区样本等级多为"一般"与"较差"。

表 8-12　　　　　　　　　　卡方检验

项目	值	自由度	渐进显著性(双侧)
皮尔逊卡方	130.196ᵃ	6	0.000
似然比	150.656	6	0.000
线性关联	102.707	1	0.000
有效个案数	217		

注:a. 0 个单元格(0.0%)的期望计数小于 5,最小期望计数为 6.71。

8.2.2　财政分权对新型城镇化影响的实证分析

从前文的分析中我们可以看到，财政分权对公共产品供给的类型和层次都会产生影响，也呈现出地区的差异性。而在新型城镇化合成指数的地区分析中，我们同样看到了新型城镇化等级分布存在较明显的地区差异。可见，财政分权对公共产品的供给产生影响，进而会影响到各地区新型城镇化的实现程度。在选取了更为系统全面的新型城镇化指标体系后，财政分权对中国新型城镇化的影响程度及趋势是需要进一步探讨的问题。

1. 实证分析的指标选取

（1）财政分权度。财政分权度的衡量指标，此处选择与前文分省域实证分析的度量指标，使用各省份人均预算内财政支出与全国预算内人均财政支出比值来衡量财政分权，即

财政分权度（fd）= 各省份人均预算内财政支出/全国预算内人均财政支出

（2）新型城镇化。本节在构建新型城镇化综合评价指标体系后，利用"熵"值法得出新型城镇化合成指数（czh），具体方法及数据在前文已经详细论述。

2. 实证方法

向量自回归模型（vector autoregression，VAR）是经济学研究中经常使用的计量模型，其建模思想是把每一个外生变量作为所有内生变量滞后值的函数来构造模型，是用非结构性方法建立各个变量之间的动态联系，其不需要先验的理论基础，是分析多个指标相关关系的较为简便的模型，在经济研究中被广泛应用。但在 VAR 模型估计中，由于待估参数较多，如果样本容量过小会耗损模型的自由度，因此通常要求模型中时间序列长度足够长。1988 年，霍尔茨－埃金通过增加截面来扩大样本的长度，建立了面板向量自回归模型（panel vector autoregression，PVAR）。后来经过其他学者的拓展，PVAR 模型已经趋于成熟，其继承了 VAR 模型不区分内外生变量的特点。PVAR 模型结合了时间序列 VAR 模型和面板数据模型，并能通过脉冲相应函数、方差分解获得冲击情况。

因此，本节采用 2013 ~ 2019 年 31 个省（区、市）面板数据，构建 PVAR 模型分析财政分权与新型城镇化之间的动态关系。实证分析过程主要涉及以下几个内容：

第一，PVAR 模型构建及稳定性检验，通过模型拟合程度以及单位特征根检验，分析财政分权度与新型城镇化之间是否存在互动关系，二者间的互动关系是否存在稳定性；

第二，格兰杰因果检验，在构建 PVAR 模型的基础上，通过格兰杰因果关系检验财政分权与新型城镇化是否互为因果关系；

第三，方差分解，系数只是反映了一个局部的动态关系，借助方差分解可以了解每个扰动项因素影响 PVAR 模型内各个变量的相对程度。

3. 实证分析结果

（1）PVAR 模构建及稳定性检验。本节分析的是财政分权与新型城镇化两个变量间的动态关系，在构建模型进行分析之前，需要对变量取对数，以消除异方差的影响，为 $\ln fd$、$\ln czh$。

PVAR 模型的参数估计结果如表 8 – 13 所示，本节有财政分权度与新型城镇化两个变量，因此有两个回归方程构成 PVAR 模型。同时，PVAR 模型不会因为变量的滞后期不显著而将其去掉，而是会为每个方程保留这些变量。表 8 – 14 输出了 PVAR 模型中每个方程的检验统计量和 PVAR 模型整体的检验统计量结果。各个方程的检验统计量含有各个方程的 R 平方、调整后的 R 平方、残差平方和、F 统计量等。从统计结果来看，财政分权度和新型城镇化的拟合程度都在 0.9 以上，财政分权度方程的拟合程度 0.98 会比新型城镇化方程的拟合度 0.94 更优一些。

表 8 – 13　　　　　　　　　PVAR 模型的参数估计结果

变量		被解释变量	被解释变量
		$\ln fd$	$\ln czh$
内生解释变量	$\ln fd$（−1）	1. 087049 （0. 08297） ［13. 1022］	− 0. 061575 （0. 08735） ［− 0. 70494］
	$\ln fd$（−2）	− 0. 103396 （0. 08314） ［− 1. 24364］	0. 031824 （0. 08753） ［0. 36358］

续表

变量		被解释变量	被解释变量
		ln*fd*	ln*czh*
内生解释 变量	ln*czh*（−1）	−0.037455 （0.07570） [−0.49477]	0.824474 （0.07970） [10.3448]
	ln*czh*（−2）	0.058544 （0.07683） [0.76196]	0.172234 （0.08089） [2.12918]
外生解释变量	*C*	0.017239 （0.01917） [0.89929]	0.001782 （0.02018） [0.08831]

表 8 − 14　　　　　　　　　　PVAR 模型的检验统计量结果

检验	ln*fd*	ln*czh*
R 平方	0.985890	0.947579
调整后的 R 平方	0.985513	0.946181
残差平方和	0.367665	0.407523
方程标准误差	0.049509	0.052123
F 统计值	2620.142	677.8634
极大似然值	248.4752	240.4984
AIC 值	−3.141616	−3.038690
SC 值	−3.043441	−2.940515
因变量均值	−0.030112	−1.008107
因变量标准差	0.411337	0.224680

在 PVAR 模型的稳定性检验上，所有特征根的倒数的模都小于 1（位于单位圆内），说明建立的 PVAR 模型是稳定的，特征根的检验结果如表 8 − 15 所示。

表 8 − 15　　　　　　　　　　PVAR 模型的稳定性检验结果

Root（特征根的倒数）	Modulus（特征根的倒数的模）
0.989955 − 0.023430i	0.990232
0.989955 + 0.023430i	0.990232
−0.179900	0.179900
0.111514	0.111514

注：单元外没有根；PVAR 满足稳定性条件。

（2）格兰杰因果检验。格兰杰因果关系利用 PVAR 模型来检验某个变量的所有滞后性是否会对其他变量的当期值产生影响。从表 8 – 16 格兰杰因果关系检验结果来看，新型城镇化方程中新型城镇化合成指数（lnczh）作为被解释变量对其他解释变量财政分权度（lnfd）进行格兰杰因果检验，财政分权度（lnfd）的联合统计量值是 8.480458 且在 1% 的水平上构成对新型城镇化合成指数（lnczh）的格兰杰因果关系。但在财政分权度（lnfd）方程中，新型城镇化合成指数（lnczh）的概率值为 0.4457，不构成对财政分权度的格兰杰因果关系。从格兰杰因果检验的结果来看，财政分权度会影响新型城镇化合成指数，而新型城镇化合成指数并不引起财政分权的变化。

表 8 – 16　　　　　　　　　　格兰杰因果关系检验结果

被解释变量			被解释变量		
lnczh			lnfd		
排除的变量	卡方值	自由度	检验 P 值	排除的变量	卡方值	自由度	检验 P 值

排除的变量	卡方值	自由度	检验 P 值	排除的变量	卡方值	自由度	检验 P 值
lnfd	8.480458	2	0.0144	lnczh	1.616378	2	0.4457
All	8.480458	2	0.0144	All	1.616378	2	0.4457

（3）方差分解。为了进一步了解新型城镇化与财政分权度之间的动态关系，本书借助方差分解来进一步刻画两者间的影响程度。通过格兰杰因果关系检验，发现财政分权度构成新型城镇化的格兰杰因果关系，而新型城镇化并不构成财政分权度的格兰杰因果关系。因此，此处方差分解也只呈现新型城镇化受财政分权度影响的动态变化。图 8 – 5 显示的是新型城镇化变动方差由财政分权度导致的部分。随着期数的增加，新型城镇化变化由财政分权度解释的部分不断增多，在第十期达到峰值，比例在 5% 左右。

8.2.3　简要的分析结论

（1）关于新型城镇化的发展状况。本节在构建新型城镇化衡量指标体系后，利用"熵"值法综合测度了我国新型城镇化的发展程度。总体上看，2013 年以来，各省（区、市）新型城镇化发展总体上呈上升趋势，但总体质量并不高。一半以上样本的新型城镇化发展等级为"一般"、"好"与"较好"等级，合计占比不足 30%。

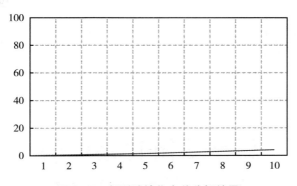

图 8 - 5   新型城镇化方差分解结果

（2）关于新型城镇化的区域分布。实证分析的结果显示，新型城镇化的发展与区域分布存在明显的相关性，绝大多数新型城镇化发展等级较好的样本分布在东部地区，中部及西部地区样本等级多数为"一般"与"较差"。

（3）关于财政分权度与新型城镇化发展的关系分析。财政分权度会影响公共产品的供给，进而影响新型城镇化的实现程度。通过构建财政分权与新型城镇化的 PVAR 模型发现，财政分权构成新型城镇化的格兰杰因果关系。通过方差分解，发现随着时间的推移，新型城镇化变化由财政分权度解释的部分不断增多，在第十期达到峰值，比例在 5% 左右。

第 9 章

新型城镇化建设的
资金需求与供给

通过第 8 章的实证分析我们知道，我国新型城镇化的推进总体上呈增长趋势，但从新型城镇化合成指数的等级分布状况来看，我国新型城镇化推进的整体质量有待提升。而实证分析的结果也证实了，财政分权体制影响下我国公共产品的供给状况直接影响了新型城镇化的推进质量。总体资金投入不足，财权事权不匹配造成的土地财政、地方融资平台债务问题严重影响了新型城镇化的推进进程和质量。如何解决新型城镇化的资金需求问题是推进新型城镇化的关键问题。本章将从新型城镇化建设的资金需求和供给来分析二者的供需矛盾。

资金的需求和供给作为建设中的核心问题对城镇化的健康持续发展具有重要影响。著名的"纳瑟姆曲线"揭示了城市化发展的进程：整体上看城镇化发展是一个正弦波曲线上升的过程，当城市化水平超过 30% 而低于 70% 时，表明这个国家城镇化发展进入快速增长阶段，对资金的需求迅速增加。2018 年我国城镇化率达到 59.58%，意味着我国处于城镇化高速发展阶段，国家发展和改革委员会主任何立峰指出，城镇化率每提高 1 个百分点就有大约 1400 万人从农村转移到城市。[①] 人口转移释放了庞大的消费潜力，不仅是对基础公共设施投入需求的增大，而且引发了大量的衣食住行等消费需求。如果庞大的消费需求可以得到满足，那么城镇化可以实现健康发展，

---

① 何立峰. 城镇化率每提高 1 个百分点 就有近 1400 万人从农村转入城镇 [EB/OL]. 中国新闻网，2019 - 03 - 06.

但是如果城镇化建设过程中资金链断裂，消费需求无法得到满足，则可能造成严重的"城市病"，例如人口大量集中于城市而城市基础设施短缺，或者空间过度城镇化，耕地消失、破坏生态环境等。资金畅通是城镇化健康发展的保障，分析新型城镇化建设的资金供需问题能够促进目前我国城镇化建设中存在的资金供需矛盾难题的解决。本章在分析新型城镇化建设的资金需求和供给现状的基础上总结资金支持体系存在的问题，为后文完善资金支持体系的政策建议提供研究依据。

9.1　新型城镇化建设的资金需求预测

城镇化建设是一项系统性的战略工程，时间跨度大，涉及内容多，影响范围广，不仅包括社会基础设施等硬件建设，也包括对社会环境的软件建设，方方面面无不是需要庞大资金的持续支持。在传统城镇化模式下，物的城镇化被重点关注，大量资金投资于土地扩张和基础设施建设，而新型城镇化则是在物的城镇化的基础上把重心转向人的城镇化，重点在于提高转入人口的生活质量，使农民的生活方式逐渐向城市市民靠拢。相比于物的城镇化，人的城镇化是一种更高成本的城镇化，在前期需要大量资金的持续投入，而资金收益回收期却非常缓慢（石忆邵，2013）。新型城镇化的发展必然伴随着大量农民的市民化，而农民的市民化则意味着巨大消费潜力的释放，特别是市民化中农民享用公共服务需求的增加，触发了对城市基础设施、公共服务设施和住宅、医疗保障等大型投资项目的巨大资金需求。中国社科院（2014）在相关研究中提出当前我国平均每个农业人口转化为市民的过程中就需要投入 13 万元左右的公共成本。①

9.1.1　新型城镇化建设资金需求分类

新型城镇化在传统城镇化的基础上强调人口、产业和资源环境城镇化的协同发展，注重各方面的相互联系相互影响，是一项庞大而复杂的系统性工程。人口城镇化、产业城镇化和生态环境城镇化相互制约相互促进，缺一不

---

① 中国社会科学院 . 中国农业转移人口市民化进程报告［R］. 2014：58.

可，各方面的建设都需要大量的资金支持。

1. 空间城镇化的资金需求

空间集聚是城镇化的基本特征，也是早期城镇化建设的追求目标。城镇化发展的初始阶段必然是土地开发利用，土地从非城镇状态被开发为城镇化状态，经历土地规模扩张，城镇建成区面积扩大，再在土地上规划公共基础设施建设等一系列过程。为把基础设施落后的地区建成具有城市功能的城镇需要相当大的工程量，其中基础设施建设必不可少，是生产生活的物质基础，其需求量庞大，相关的设施包括方方面面，涵盖了公共交通、水电供暖、能源通信、垃圾处理等城市运营、居民生活和环境维护等方面，可以概括为三大方面，即生产性基础设施、生活性基础设施以及社会性基础设施。总结以往的资金筹集经验，基础设施建设的资金来源主要有地方政府财政拨款、自筹资金和贷款。随着城镇化的发展，未来的空间城镇化将不再仅仅聚焦于土地规模的扩张，而要向土地和空间集约化发展转变，政府自有资金已经无法满足其资金需求，需要更加灵活多样的融资模式。

2. 人口城镇化的资金需求

人口城镇化的本质在于人口市民化，也就是在推进城镇化的过程中逐渐改变农民的传统生活方式和乡土情结，培养城市居民的生活方式和思维习惯，提升人口的最终素质。人口城镇化包括人口空间转移和身份转换两个阶段。首先要实现的是人口的空间转移，也就是在城镇化早期的农村人口向城镇流动的过程，这也是城镇化最明显的标志之一。而人口身份转移则是在人口迁移后在潜移默化中实现人口身份的转变。人口身份转换是隐蔽而缓慢的，需要一定的条件，农民只有在城镇实现就业，拥有稳定的收入，得到社会认可才能在城市扎稳脚跟，真正融入城市，享受和城市居民同等的社会保障，走上良性发展道路。

相关研究预测，到 2030 年全国将会有 3.9 亿农民工要向市民化转变，[①]如此庞大的市民化重任需要大量的资金支持。首先，大量人口转移到城市，对城镇基础设施需求爆发式增长，必须聚集社会闲散资金投入城市交通、住

---

① 潘家华，魏后凯. 中国城市发展报告 NO.6：农业转移人口的市民化 ［M］. 北京：社会科学文献出版社，2013：26－28.

房、医疗、教育等领域，提高城镇的人口承载力；其次，人口身份转换需要城市创造一定的条件，新增农民工职业培训增加农民职业技能，提高劳动能力；最后，医疗保险、失业补助、养老保险等未来生活保障的资金投入大大增加，提高转移人口生活质量和转移人口的未来生活预期。

3. 产业城镇化的资金需求

产业城镇化是一个比较新的概念，是在我国新型城镇化建设逐步推进和产业发展转型的共同背景下提出的，可以简单理解为在新型城镇化建设中促进产业结构优化升级。经济发展具有一定的规律，随着经济的发展一个地区的产业也要经历从第一产业向第二产业再向第三产业升级的过程。具体来看，产业城镇化包含了产业结构合理化和产业结构高级化两大内容。产业结构合理化即意味着三大产业在社会中占据合理比重，随着经济的发展，第一、第二产业的比重逐渐降低，第三产业比重提高，经济贡献值增加；产业结构高级化即要求各个产业内部资源利用率不断提升，注重技术创新，提升经济附加值，向现代化发展转变。

在促进产业结构合理化的过程中要发挥社会资金的引导作用以协调三大产业布局，资金更多投向发展潜力大、收益预期好的关键性部门，引导产业发展方式的转型，特别是改变传统的过分支持工业和生产领域，而对农业和服务业支持不够的情况。融资约束阻碍了工业化的进程和大量中小服务企业的发展，农业机械设备的普及、生物技术的推广、新生代农民工的技术培训等都存在大量的资金需求潜力。而我国服务业里有许多中小型企业，规模小融资难，对小额贷款金融产品需求旺盛。在促进产业结构高级化的过程中则需要增加资金投入以支持企业技术研发、推动产业部门融合和新兴产业的发展。企业技术创新活动具有高风险和不确定收益的特点，为了降低企业研发风险、鼓励企业开展创新活动，需要相应的风险投资基金为企业分担风险；产业融合需要大量资金投入支持，如产业内部重组需要大量资金的投入；新兴产业是潜在的明星产业，发展潜力大但是未来收益不确定，因此也难以获得融资，需要大量资金支持其早期发展。

4. 资源环境城镇化的资金需求

在生态环境问题越来越受到重视的情况下，单纯用经济指标衡量城市发展不符合新型城镇化的建设要求。在人口和产业不断城镇化的过程中，对城镇空间承载力的要求不断提升，必然对环境造成压力。促进资源环境城镇化要遵循国家的发展规划，从整体上坚持采用生态补偿和资源有偿使用的思路严格监管环境，对超标排放污染物的企业追究刑事责任并实行赔偿制度，对已经被破坏的生态环境，追究破坏者责任并增加生态修复投入。具体来说，应该从以下三个方面着手：首先，人口和经济活动增加带来的垃圾污染问题，需要通过政府支持或金融机构融资等方式建立垃圾处理相关基础设施，鼓励居民进行垃圾分类等，比如福建省为 13 个垃圾分类示范区发放补助资金各 400 万元；其次，工业垃圾要在源头制止，通过为企业提供融资等鼓励企业改进生产技术，严格监控企业对有害气体和液体的排放标准，发展绿色、循环、节能经济；最后，对于已经被破坏的地区和生态环境脆弱的地区要及时增加生态修复投入，遏制生态环境的恶化，促进生态环境改善。

9.1.2 新型城镇化资金需求特点

旧城镇化建设主要是在政府主导下完成的，建设重点在于空间的扩张，大量的资源投入基础设施建设。而强调人的市民化的新型城镇化则意味着空间、人口、环境等多方面城镇化建设的协同推进，特别是对于被旧城镇化模式忽视的人口城镇化和环境城镇化给予更多关注，由此对城镇化建设资金需求提出许多新的要求，在资金需求方便表现出新特点，具体来看表现在以下几个方面。

1. 新型城镇化资金建设需求的规模大

基础设施是一个城市存在和发展的基础条件。城镇化建设本就是空间基础设施不断完善的过程，而新型城镇化建设中的人口城镇化不仅依赖于基础设施的完善，而且还会反过来引致更大的基础设施建设需求。一方面，城镇化建设中基础设施的建设不仅要求基础设施涉及范围广涵盖基本生活条件的方方面面，也要求基础设施的承载力要与人口的增长相适应。比如一个城市的交通、供水、供电、垃圾处理以及光纤电缆的建设等无不随着人口的增加而对其承载力提出更高的要求。另一方面，人口市民化意味着提高居民生活水平，包括消费水平以及医疗、教育、就业、养老等一系列社会保障、社会福利水平，这部分需求伴随着相应公共基础设施的建设。因此新型城镇化模式下的基础设施建设具有更加广泛的含义，是包括社会福利领域的"社会基础设施建设",如人口老龄化带来的养老保险资金保障等,这部分的社保资金需求必然需要在城镇化建设期间被提前考虑和事先安排。因此城镇化社会基础设施建设的资金需求量极其庞大。

2. 新型城镇化资金需求的多元化

新型城镇化的定义得到了充实和完善,从空间面貌到居民生活内涵全面转向城镇化,相应的需要资金投入的项目从公共设施到居民生活小事,囊括的资金需求项目各种各样,资金需求的规模、期限、风险、成本、报酬等千差万别。具体来说可以分为以下几个方面:首先,大型公共基础设施建设,这类型项目需要的初始投入资金量大,且建设项目期长、资金回收缓慢,但是收益稳定、风险较小,如能源电力等大型水利工程的建设等;其次,大型非营利性基础设施建设,同样是资金量大、回收期长,但是这类型项目收益小甚至是完全公益性的,如城市交通、公园绿化等建设;再其次,成长型或者新兴的企业投融资需求,这类型需求资金量较大、收益不稳定、风险高;最后,居民生活中的各类生活资金需求,这类需求资金数额小、需求主体分散、需求频率高,如居民投资理财、资金汇兑等。资金需求越来越多样化,需要多元化的融资产品才能满足。

3. 新型城镇化资金需求的公益性

公共服务项目的建设是新型城镇化建设的重要内容,一个城市的公共交通、文化娱乐等基础设施工程量庞大而收益甚微,此类项目不能完全交由市场负责,市场也无法全面供应此类项目,因此这类项目还是由政府筹资建设。除了此类项目外,还有涉及公共福利保障的医疗、教育、养老等公共事业,其公益性远大于营利性,与公共服务项目一样其融资特点就在于投资收益低且回收期长,在资金需求上有很强的公益性。公共服务和公共事业涉及的资金需求量庞大,仅仅依靠政府无法实现产品的全覆盖,因此这种资金的公益性需要政府和市场共同发力,在公益性强的领域发挥政府主导作用,而在竞争性强的领域发挥市场的资源配置功能。

4. 新型城镇化建设资金需求的区域差异性

全国各省份经济发展水平、人口数量结构、资源条件、历史文化环境等的不同导致城镇化质量发展表现出较大的差异性。按地区划分,东部地区综合城镇化水平最高，其后依次是中部地区、东北部地区、西部地区；按省域划分，直辖市城镇化水平最高，其后依次是东部沿海城市和西部城市（李雪涛和吴清扬，2020）。各地城镇化发展的不均衡状态导致各地城镇化发展对资金的需求特点不同。对于城镇化质量高的省份可以以自身投资建设为主，对于城镇化质量中等的省份则应给予适度资金补助，对于低质量省份则要重点给予资金支持。

9.1.3 新型城镇化建设资金需求预测

新型城镇化建设的资金需求可以分为投资需求和消费需求。投资需求主要测算固定资产投资的需求，包括企业、公共服务设施、市政公用事业等涵盖各方面的城镇化的总体固定资产投资需求。消费需求主要测算新增城镇人口市民化带来的消费需求，即居民生活水平随着城镇化提高而提高带来的消费支出的增加。

1. 投资需求测算

固定资产投资是我国经济增长的重要推动力量，特别是在近年我国经济转型背景下，消费和出口增长乏力，固定资产投资的经济拉动作用更加显著。《中国统计年鉴》相关数据显示，2020年地方政府财政收入100123.84亿元，城镇固定资产总投资726752.68亿元，其中国家预算内资金投资51036.94亿元，占地方财政总收入的50.97%，是财政收入投资的重点领域。已有的相关研究显示，城镇固定资产投资对于农民转型具有显著作用（张丹璞，2017），根据灰色关联度研究固定资产与城镇化率密切相关，不同投资形式影响程度不同。

利用2001~2020年城镇化率和城镇固定资产投资额相关数据，运用SPSS软件分析得到线性回归方程：$FRI = 2976335.387 \times CITY - 1176115$（$FRI$为固定资产投资额，$CITY$为城镇化率），模型拟合度97.2%，模型显著。2010~2020年我国城镇化率分别为49.95%、51.83%、53.10%、54.49%、55.75%、57.33%、58.84%、60.24%、61.50%、62.71%和63.89%，城镇化增长速度逐渐趋近于1%，整体城镇化速度略有放缓。未来我国城镇化的发展趋势是稳中求进，提高城镇化的发展质量，据此假设未来十年我国城镇化将以每年1%的速度增长，至2030年城镇化率为73.89%，固定资产投资需求额为 1023107.14 亿元（见表 9 - 1）。

表 9 - 1　　　　　　　　2021~2030 年城镇固定资产投资预测

年份	城镇化率（%）	固定资产投资需求预测（亿元）
2021	64.89	755236.96
2022	65.89	785000.31
2023	66.89	814763.66
2024	67.89	844527.02
2025	68.89	874290.37
2026	69.89	904053.72
2027	70.89	933817.08
2028	71.89	963580.43
2029	72.89	993343.79
2030	73.89	1023107.14

资料来源：历年《中国统计年鉴》。

2. 消费需求测算

在对城市居民消费需求作出估算前先预设三个条件：第一，假定居民消费是稳定的，居民的支出与收入的消费函数满足一元线性方程；第二，根据《国家人口发展规划（2016—2030 年）》，2030 年我国总人口达到 14.5 亿人左右，2020 年城镇化率为 63.89%，城镇人口有 9.02 亿人，根据前文预测至 2030 年我国城镇化率为 73.89%，则 2030 年城镇人口有 10.71 亿人；第三，假设 2020~2030 年城镇人口平均增长，则每年增加城镇人口 1694 万人。利用 2013~2020 年新口径下的城镇居民人均可支配收入和人均消费数据进行回归分析，得到回归方程：$CONS = 0.54REVNU + 4613.92$（其中 $CONS$ 表示城镇居民人均消费，$REVNU$ 表示城镇居民人均可支配收入）。同时城镇人均可支配收入呈增长趋势，根据平均几何增长率预测人均可支配收入，公式为 $x = (a_n/a_0)^{(1/n)} - 1$（其中 a_n 为第 n 期的数据，a_0 为基期的数据，n 为第 n 期至基期的总期数），运用该公式可以求出城镇人均可支配收入的平均几何增长率为 6.51%。根据 $a_n = a_0(1 + x)^n$ 计算 2021~2030 年城镇人均可支配收入。据此可以预测 2021~2030 年城镇居民的人均消费情况（见表 9 - 2）。

表 9 - 2   2021～2030 年新增城镇人口消费总需求预测

年份	人均可支配收入预测（元）	人均消费支出预测（元）	新增城镇人口（万人）	总消费需求（亿元）
2021	46687.37	29825.10	1694	5052.37
2022	49726.48	31466.22	1694	5330.38
2023	52963.42	33214.17	1694	5626.48
2024	56411.06	35075.89	1694	5941.86
2025	60083.14	37058.81	1694	6277.76
2026	63994.24	39170.81	1694	6635.54
2027	68159.94	41420.29	1694	7016.60
2028	72596.80	43816.19	1694	7422.46
2029	77322.48	46368.06	1694	7854.75
2030	82355.78	49086.04	1694	8315.18

9.2　新型城镇化建设的资金供给预测

随着城镇化的持续推进，对资金的需求量越来越庞大，若资金供给侧不能有效满足资金需求将大大延迟城镇化进程。伴随着城镇化的发展，城镇化建设资金供给机制也在不断完善。源源不断的资金投入为城镇化建设提供了不竭动力，促进社会进步与发展。但是，城镇化资金供给仍存在一些不足，供给与需求之间存在严重矛盾，尚未形成一个社会各方面资金充分参与城镇化建设的多元化格局。

9.2.1　新型城镇化建设资金供给特点

1. 政府是资金供给主体，市场化机制不足

在传统的城镇化模式下，城镇化建设资金供给完全依靠政府，资金使用由政府控制。伴随着城镇化的发展，资金需求表现出新的特点，政府主导的早期城镇化融资模式问题逐渐凸显，市场也逐渐参与城镇化的投融资，但是总体而言我国城镇化资金建设仍是以政府资金为主导。一方面，地方政府对城镇化建设的资金投入审批程序复杂，而且政府对市场敏感度低，对市场了解并不够，导致资金利用率低，资源浪费严重，因此亟须建立起经营城市基础设施的市场化运营管理体系规范政府的资金使用。另一方面，虽然市场开始积极参与城镇化建设，但是总体上市场化融资渠道有限，目前主要还局限于发行企业债和信贷投资，金融产品无法满足多样化的资金需求，而民间资本难以融入城镇化建设的资金支持体系，市场资源和城镇建设资金缺少匹配机制，制约城镇化的进一步发展。

2. 供给渠道以银行信贷为主，资本市场欠发达

目前金融机构支持城镇化的融资方式主要是银行信贷，这与城镇化建设资金需求特点和我国金融工具发育情况有关。新型城镇化建设要解决人口对公共产品和公共服务的需求，如公共设施建设、医疗健康服务等，该类产品和服务所需融资规模大、投资周期长，投资收益较为稳定，但是投资回报率低于社会平均利润水平，本身难以吸引市场资金投入，而且城镇地区金融工具种类有限，金融衍生工具发展不足，市场资金活力难以充分调动，不具有化解和规避市场风险的强大能力，只有金融机构传统的信贷融资模式能够稍微满足此类资金需求，但是依然不能完全满足此类项目的长期融资需求。再加上此类产品的公共属性使得政府不得不严格管控该类商品的运营，民间资本难以进入该类商品融资选择的范围，虽然近年政府逐渐改变融资模式，鼓励民间资本参与公共项目的建设，但是我国企业的识别、监控和风险披露功能存在较大缺陷，并不具有承接此类投资项目的条件。因此城镇化建设中的资金供给除了财政转移支付之外，信贷融资是该类项目资金的重要来源。

3. 供给方式缺乏规范性，潜在债务风险增加

我国处于人口城镇化高速发展阶段，大量公共事务和公共需求产生，为满足城镇化资金建设需求，地方政府融资不可避免。在当前财政体制下地方政府预算内资金和应承担的事务不相匹配，地方政府需要在预算外筹集资金以支持当地的建设。如果预算外的资金还不能填补资金缺口，地方政府就不得不通过举债融资弥补资金缺口，通常是以地方所属专业投资公司代表地方政府发行企业债券的方式获得资金。据财政部门统计，2020 年全国发行地方政府新增债券 45525 亿元，其中一般债券 9506 亿元，发行专项债券 36019 亿元。截至 2020 年末，全国地方政府债务余额 256615 亿元，约占当年国内生产总值的 1/4，是地方一般公共预算收入的 2.6 倍。① 地方政府庞大的资金债务存在巨大的风险，我国政府预算软约束的情况下，中央政府为了地方政府的延续会兜底地方债务，这就使得地方政府在举债中顾虑较小，债务规模不断增长。地方政府借贷不规范，偿债意识和偿付责任薄弱，造成了潜在财政风险和市场风险。

9.2.2 新型城镇化建设资金供给渠道

随着新型城镇化的逐步推进，城镇化建设的资金需求多样化特征越来越明显，传统的资金供给方式显然无法满足新型城镇化建设的资金需求，因此许多新型融资模式应运而生。现有的资金供给渠道主要包括政府财政、金融市场和社会资本，每个供给渠道下又有多种融资模式。具体来看，主要有以下几个方面。

1. 政府财政资金

城市建设资金支持体系经历了多个阶段，由早期完全依赖于"财政拨款"，到 20 世纪 80 年代后逐渐转改变为"拨改贷"，再到当前市场化程度相对较高的支持模式。政府资金在其中所占的比重有所下降，但是依然是城镇化建设的主要资金来源。政府财政资金供给渠道主要有预算内资金和预算外资金，随着我国财政收入占国内生产总值的比重的下降，财政资金支持新型城镇化建设逐渐入不敷出，建设资金缺口逐渐显现。完全依靠预算内资金无法满足新型城镇化的建设需要，地方政府不得不转向预算外资金。"土地财政"是地方政府预算外资金的主要来源，地方政府可以从出让土地使用权中获取土地出让金以及各种相关税收收入。"土地财政"在特定阶段极大满足了地方政府建设新型城镇化的资金需要，但该方式并不具有可持续性，随着时间推移政府经营土地的弊端越来越明显，成为地方政府债务的潜在风险来源。"土地财政"难以为继，地方政府收不抵支，只能通过发行债券筹集资金，我国政府从 1997 年开始发行企业债券为市政建设融资。为了规范地方政府的举债行为，加强对筹集资金的管理，地方政府融资平台应运而生，该平台受政府控制，以政府信用为担保，可以向政策性银行申请期限

---

① 2021 年 12 月地方政府债券发行和债务余额情况［EB/OL］. 财政部网站，2022 – 02 – 10.

长、额度大的"软贷款",有效缓解了地方政府财政资金供给不足的压力。

2. 金融市场

随着我国市场体制的建立,市场在资金供给方面的作用越来越凸显。以银行为主导的金融体系在新型城镇化建设中的融资作用越来越重要。银行信贷是传统城镇化建设中最基本的融资渠道,促进了城镇化的早期发展,但是银行信贷本身是一种中短期贷款,且其商业本质使其在融资中追求利润,而城镇化建设周期长、收益低,这与银行信贷的特点不相匹配。而且我国信用体系还不够完善,阻碍信贷融资继续发挥融资作用。再加上现阶段我国市场化融资体制还没有完全放开,地方政府融资手段单一,依靠银行贷款的融资方式带有一定的行政色彩,因此银行信贷在新型城镇化基础设施建设方面的融资效率比较低。股票市场融资是资本市场的主要融资方式之一,我国公用设施类企业,如交通建设、水电供给、通信等行业,在股票市场上占有一定的比重。这些企业大多规模大、收益稳定,可以为基础设施建设获取更多融资资金,但是从统计数据来看,这部分资金供给在整个城镇化建设中的比重非常小,股票融资市场还有很大的发展空间。

3. 社会资本

社会资本是潜在的资金来源,其在新型城镇化中的作用越来越受重视。社会资本参与新型城镇化建设的项目融资方式是近些年兴起的一种融资手段,是市场机制和政府干预相结合的产物,该方式的一大特点即是引入民间资本。项目融资模式下会成立专门的项目公司为项目融资发放贷款。不像传统的融资方式需要投资者以资产和信用进行担保,又或者以政府部门出具的还款承诺作为担保,此模式以项目的资产和未来收益作为抵押来获取资金,大大降低了相应项目的融资门槛,使项目融资方式更加便捷灵活。针对不同领域项目的不同特点,目前主要有四种项目融资方式。建设—经营—转让(build-operate-transfer,BOT)融资模式是私营企业参与基础设施建设,向社会提供公共服务的一种方式,我国也称其为"特许权";移交—经营—移交(transfer-operate-transfer,TOT)融资模式是政府与投资者签订特许经营权协议,政府将已经投产运营的公共设施项目移交民间投资者经营,特许权经营期满后再把设施无偿移交给政府管理;政府和社会资本合作(PPP)融资模式则是公共部门和私人企业合作的模式,主要是用于公共基础设施的融资;

资产证券化（asset backed securitization，ABS）融资模式即是资产收益证券化的融资模式，以项目资产的预期收益作为保证在资本市场发行债券募集资金的一种融资方式。项目融资模式为缓解新型城镇化建设资金供给不足问题提供了一种创新的融资方式，有效缓解新型城镇化建设资金供给紧张的现状。

9.2.3　新型城镇化建设资金供给测算

按照新型城镇化建设资金的供给渠道，结合国家统计年鉴公布的相关数据，把我国固定资产投资资金来源具体分为国家预算内资金、国内贷款、利用外资、自筹资金和其他资金。国家预算资金包括一般预算、政府性基金预算、国有资本经营预算和社保基金预算中用于固定资产投资的部分，各级政府债券也在该项目中核算；国内贷款指固定资产投资单位向银行或非银行金融机构借入的用于固定资产投资的各种国内借款；利用外资是指报告期收到的用于固定资产投资的境外资金；自筹资金指各企业、事业单位筹集的用于固定资产投资的资金，主要是单位的自有资金和从其他单位借入的资金，但是不包括筹集到的各类财政性资金、从各金融机构借入资金和国外资金；其他资金，是除以上集中资金来源外的资金，包括社会集资、个人资金、个人捐赠的资金及其他单位拨入的资金。运用平均几何增长率公式和回归模型等方法对以上五种资金进行供给测算。根据《中国统计年鉴》的数据得到2001～2020年我国固定资产投资按构成分构成分类如表9-3所示。

表9-3　　　　2001～2020年我国城镇固定资产资金来源结构　　　　单位：亿元

年份	国家预算内资金	国内贷款	利用外资	自筹资金	其他资金
2001	2261.74	6672.49	1570.50	13708.53	6561.44
2002	2750.81	8167.51	1825.83	16567.70	7723.91
2003	2360.14	11223.89	2211.70	23617.35	9448.21
2004	2855.60	12842.90	2706.59	32196.07	12514.50
2005	3637.87	15363.86	3386.41	44154.51	14369.67
2006	4438.74	18814.82	3811.05	56547.51	18147.02
2007	5464.13	22136.08	4549.02	74520.88	24073.34

续表

年份	国家预算内资金	国内贷款	利用外资	自筹资金	其他资金
2008	7377.01	25466.01	4695.79	97846.45	23194.42
2009	11493.63	37634.14	3983.55	127557.67	38117.69
2010	13104.67	45104.70	4339.64	165751.97	44823.61
2011	14843.29	46034.83	5061.99	220860.23	50094.76
2012	18958.66	51292.37	4468.78	268560.22	56555.02
2013	22305.26	59056.31	4319.44	324431.50	70953.34
2014	26745.42	64512.22	4052.86	369964.69	67449.58
2015	30924.28	60756.64	2854.45	405008.73	74244.86
2016	36211.67	66767.09	2270.34	404766.82	96952.66
2017	38741.71	72148.90	2146.32	408822.95	107955.09
2018	38780.45	67675.67	2088.37	424767.05	116591.50
2019	38431.43	69164.53	2783.80	431988.08	129882.93
2020	51036.94	69302.86	2661.31	464387.19	139364.38

资料来源：历年《中国统计年鉴》。

从表9-3可以看出，新型城镇化建设中我国固定资产投资的来源中，自筹资金是其主要来源。以2020年为例，国家预算资金、国内贷款、利用外资、自筹资金和其他资金在固定资产投资中所占的比重分别达到了7.02%、9.54%、0.37%、63.90%和19.18%，在资金来源中自筹资金占了其中的一半以上，其次是其他资金、国内贷款和国家预算资金，外资资金来源最少。

（1）国家预算内资金供给测算。通过分析2001~2020年我国国家预算内资金投资固定资产的投资数据可以看出国家预算内资金呈现出不断上升的趋势。平均几何增长率公式为 $x = (a_n / a_0)^{(1/n)} - 1$（其中 a_n 为第 n 期的数据，a_0 为基期的数据，n 为第 n 期至基期的总期数），运用该公式可以求出国家预算内资金投资额的平均几何增长率为16.86%。根据 $a_n = a_0(1+x)^n$ 计算2021~2030年国家预算内资金投资固定资产的金额，如表9-4所示。

表 9 – 4　　　　　2021～2030 年国家预算内资金投资固定资产能力预测　　　单位：亿元

年份	资金预测	年份	资金预测
2021	59642.62	2026	129992.16
2022	69699.36	2027	151911.01
2023	81451.84	2028	177525.75
2024	95185.98	2029	207459.56
2025	111235.93	2030	242440.71

（2）国内贷款资金供给预测。考虑到国内贷款和 GDP 的相关系数较高，因此对国内贷款资金测算选用回归方法。利用 2001～2020 年国内贷款和国内生产总值的数据代入 SPSS 做回归分析，得到当期国内贷款和当期国内生产总值的相关系数为 0.075，在 1% 水平下显著，模型拟合度为 90.7%，模型显著，得到回归方程：$Y_t = 0.075X_t + 5486.38$（其中 Y_t 为 t 期国内贷款固定资产投资额，X_t 为 t 期国内生产总值）。按照"十三五"规划，GDP 增速保持在 6.5% 以上，而"十四五"规划对经济增长的目标以定性描述，没有给出定量描述，中共十九届五中全会提出到 2035 年人均 GDP 达到中等发达国家水平，蕴含着未来 15 年我国 GDP 增速需要保持在合理区间。鉴于我国经济处于转型期，且受新冠疫情影响，经济很难在近年内有以往那样高的增长速度，因此假设未来五年我国 GDP 平均增长率保持在 6%，进而可以推算出 2021～2030 年国内贷款资金供给，如表 9 – 5 所示。

表 9 – 5　　　　　2021～2030 年国内贷款投资固定资产能力预测　　　单位：亿元

年份	预测资金	年份	预测资金
2021	86257.28	2026	113576.07
2022	91103.54	2027	120061.45
2023	96240.57	2028	126935.95
2024	101685.82	2029	134222.93
2025	107457.78	2030	141947.12

（3）利用外资资金供给预测。对 2001～2020 年我国利用外资投资固定资产的投资数据进行分析，利用外资资金呈现出不断上升的趋势。平均几何

增长率公式为 $x = (a_n/a_0)^{\wedge}(1/n) - 1$（其中 a_n 为第 n 期的数据，a_0 为基期的数据，n 为第 n 期至基期的总期数），运用该公式可以求出利用外资投资固定资产投资额的平均几何增长率为 1.39%。根据 $a_n = a_0(1+x)^n$ 计算 2021 ~ 2030 年利用外资投资固定资产的金额，如表 9 - 6 所示。

表 9 - 6　　　　　2021 ~ 2030 年利用外资投资固定资产能力预测　　　　单位：亿元

年份	预测资金	年份	预测资金
2021	2732. 42	2026	3117. 54
2022	2805. 44	2027	3200. 85
2023	2880. 41	2028	3286. 38
2024	2957. 38	2029	3374. 20
2025	3036. 41	2030	3464. 37

（4）自筹资金供给测算。根据问题要求设定回归方程：$Y_t = \beta_0 + \beta_1 Y_{t-1}$，其中，$Y_t$ 表示 t 年自筹资金供给量，Y_{t-1} 为 $t-1$ 年的自筹资金供给量，β_0、β_1 为参数。运用 2001 ~ 2020 年的数据进行回归分析得到结果，当期自筹资金与上一期自筹资金的相关关系系数为 1.014，在 1% 水平下显著，整个模型拟合度为 98.7%，模型显著，得到回归方程：$Y_t = 1.014Y_{t-1} + 20932.62$。通过 $t-1$ 年的自筹资金数据，即可求解出 t 年的自筹资金，得到 2021 ~ 2030 年的自筹资金，如表 9 - 7 所示。

表 9 - 7　　　　　　2021 ~ 2030 年自筹资金供给测算　　　　　单位：亿元

年份	预测资金	年份	预测资金
2021	491821. 23	2026	634861. 26
2022	519639. 35	2027	664681. 94
2023	547846. 92	2028	694920. 11
2024	576449. 40	2029	725581. 61
2025	605452. 31	2030	756672. 37

（5）其他资金供给测算。对 2001 ~ 2020 年我国其他资金投资固定资产的投资数据进行分析，其他资金投资固定资产数额上升，平均几何增长率公

式为 $x = (a_n/a_0)^{\wedge}(1/n) - 1$（其中 a_n 为第 n 期的数据，a_0 为基期的数据，n 为第 n 期至基期的总期数），运用该公式可以求出国家预算内资金投资额的平均几何增长率为 16.51%。根据 $a_n = a_0(1 + x)^n$ 公式计算 2021～2030 年其他资金投资固定资产的金额，如表 9－8 所示。

表 9－8　　　　　2021～2030 年其他资金供给测算　　　　单位：亿元

年份	预测资金	年份	预测资金
2021	162371.36	2026	348576.08
2022	189176.44	2027	406120.78
2023	220406.65	2028	473165.25
2024	256792.49	2029	551277.76
2025	299185.09	2030	642285.48

（6）新型城镇化建设固定资产投资总供给测算。由上述可知，2021～2030 年我国新型城镇化建设固定资产投资资金供给测算如表 9－9 所示。资金供给总额不断增长，至 2030 年投资固定资产供给金额达到 178.68 万亿元。

表 9－9　　　　　2020～2025 年固定资产资金供给测算　　　　单位：亿元

年份	国家预算内资金	国内贷款	利用外资	自筹资金	其他资金	合计
2021	59642.62	86257.28	2732.42	491821.23	162371.36	802824.91
2022	69699.36	91103.54	2805.44	519639.35	189176.44	872424.13
2023	81451.84	96240.57	2880.41	547846.92	220406.65	948826.38
2024	95185.98	101685.82	2957.38	576449.40	256792.49	1033071.06
2025	111235.93	107457.78	3036.41	605452.31	299185.09	1126367.51
2026	129992.16	113576.07	3117.54	634861.26	348576.08	1230123.11
2027	151911.01	120061.45	3200.85	664681.94	406120.78	1345976.03
2028	177525.75	126935.95	3286.38	694920.11	473165.25	1475833.45
2029	207459.56	134222.93	3374.20	725581.61	551277.76	1621916.06
2030	242440.71	141947.12	3464.37	756672.37	642285.48	1786810.05

9.3　新型城镇化资金支持体系的问题分析

从前文城镇化资金需求和供给的分析预测中可以看出，我国城镇化资金需求旺盛而供给不足，供需间的矛盾主要表现在以下两个方面：一是供求总量间的矛盾，总体上看城镇化资金需求大于供给，供求缺口大且缺口有逐渐扩大的趋势；二是供求结构间的矛盾，资金供给主体、手段、形式单一，难以满足多元化需求。资金供求矛盾是资金支持体系存在问题的直接表现，要平衡资金供求间的关系要准确认识资金支持体系存在的问题，对症下药。国务院在《国家新型城镇化规划（2014—2020 年）》中提出要创新型城镇化资金保证机制，通过财税体制改革、投融资机制创新、金融服务创新和放开市场准入等措施逐步建立多元化、可持续的城镇化资金保障机制。

整体上来看，我国城镇化资金支持体系主要包括政府财政、金融市场和社会资本支持三个部分，政府资金支持是传统的资金供给渠道，金融机构既保留了传统的融资手段，也随着社会的发展创造出了一些创新增长性的金融产品。社会资本参与是比较新兴的一种融资手段，无论是哪一种资金支持渠道都在城镇化发展的相应阶段发挥出不同的作用。随着城镇化建设不断发展，问题日益复杂，建设要求不断提高，资金支持体系也需要不断完善以适应新时期的城镇化建设。目前的城镇化资金支持体系和新型城镇化建设不相协调，具体来说，表现在以下五个方面。

9.3.1　传统资金来源枯竭，地方政府债务危机凸显

地方政府在我国新型城镇化建设资金支持中发挥了主要作用，传统城镇化建设资金主要由政府投入，而长期的城镇化建设资金支出使政府累积了大量债务。

首先，"土地财政"不可持续。"土地财政"是地方政府预算外资金的重要来源，由于地方政府有任期和晋升机制，且其任期通常短于土地买断的年限，一般土地买断都在十几年以上，这就造成了地方政府寅吃卯粮，这种方式难以持续维持。其次，政府存量债务面临流动性风险。银行借贷是政府资金的重要来源，但是银行信贷期限通常比基础设施建设时间要短，因此

存在大量"短借长投"问题，流动性危机严重，政府只能"借新还旧"，如此循环往复，地方政府隐性债务严重。而且，政府对银行的许多债务没有实质性担保，只有政府威信下的"政府兜底"保障，银行和政府风险捆绑，信贷资金在财政体系内流转，财银不分问题凸显，危及金融支持的可持续性。最后，地方财政收支监管失效。我国地方政府存在预算软约束，预算外资金是政府财政的有力补充，这在特定历史时期为城镇化建设提供了有力的资金支持，但是这部分资金游离于财政监管体系之外，形成了大量的存量债务。这些传统的融资手段都在早期城镇化建设中发挥重要作用，但是由于缺乏系统性规划，随着城镇化建设的推进，潜在的问题逐渐累积，债务危机日益凸显，对新型城镇化资金支持的可持续性造成严重威胁。

9.3.2 资金支持主体单一，融资手段缺乏多元化

城镇基础设施的公共产品属性使得商业性金融大多不愿意参与投资，因此基础设施建设主要依靠政府投资，在建设预算资金中，财政拨款所占比例达到9/10以上，但是地方政府债务问题逐渐凸显，地方财政收入占地方生产总值比重下降，政府资金支持力度逐渐减弱。政府融资无法满足城镇化建设需求，而传统金融机构的金融工具缺乏多元性，适应城镇化建设的金融产品和金融服务的开发和提供并不充分。从整体上看，目前在金融市场中适合基础设施建设融资特点的金融工具主要还是银行信贷，但是不完善的社会信用体系阻碍了信贷融资的进一步发展。除此之外，金融市场中金融工具发展不充分和衍生金融工具发展落后难以适应城镇化的融资需求。从具体产品和服务的提供上来看，首先，金融产品同质化竞争严峻。城镇化资金需求的特点之一就是多样性，不同规模企业、项目在发展的不同阶段的融资需求是具有差异性的，但是当前金融机构提供的产品雷同，资金大多流向大企业、大项目，而那些中小企业、收益较低的项目以及新兴的资金需求项目难以获得资金。其次，城镇金融机构规模小、数量少。城乡金融体系分布失衡，许多大型金融机构聚集在大城市，农村银行网点覆盖率低，农村信用社和邮政储蓄银行虽然主要向农村提供金融业务，但是由于县域信息落后、交易成本高、信贷风险分担机制缺失导致服务效率低下。而且小型金融机构，如小贷公司、信托、担保等新兴金融机构规模小，缺乏制度保障、抗风险能力弱，

难以提供稳定的资金供给。最后，资金获取门槛高。人口城镇化带来居民大量的生活消费贷款需求，但是县域信用体系相对缺失，商业性银行不愿意开展信贷业务，再加上金融机构贷款流程复杂，手续烦琐，抵押困难，使得居民对住房、出行等的消费需求得不到满足。

9.3.3　资源配置功能紊乱，中小微企业融资难

资源配置紊乱是新型城镇化建设中资金供给的问题之一，主要表现在大中型企业融资供给过剩，生产规模大、产能过剩，低水平重复建设多，而中小微企业却面临融资困境，企业发展陷入困境。中小微企业是我国实体经济的主体，对产业城镇化的经济发展具有不可替代的作用，但是中小微企业融资需求长期难以得到满足。中小微企业融资难的主要原因有以下几点。首先，中小微企业资质不够。现行《公司法》和《证券法》对企业上市资质做了严格的规定，符合条件的企业非常少，债权市场基本还没有向中小微企业开放，股权融资市场又难以进入。其次，中小微企业融资需求与银行信贷经营思路存在差异。中小微企业数量庞大，资金需求多，但是每个企业需求量小，而且中小微企业治理结构不完善，管理不够规范，债权人权益保障机制和信用体系缺失，经营风险大，而商业银行在发放贷款时要综合考量资金收益和借款人的偿还能力，因此银行对中小微企业多是"惜贷""惧贷"。最后，国家缺乏对中小微企业融资的制度支持。城市商业银行和农村信用社对服务对象的定位是本地企业和居民，但是这类企业经营范围小、产品单一，风险承受能力弱，并不能完全符合中小微企业的融资需求，再加上在实际经营过程中该类金融机构逐渐偏离功能定位，追求更高收益和更低风险，实际的经营范围与目标定位并不相符。综上，新型城镇化建设中资金配置不合理，资金使用效率低，制约城镇化的发展。

9.3.4　县域金融环境欠佳，农村城镇化支持不足

城镇化是一个经济社会动态演化的过程，包括了农村城镇化和城市发展。中央政府把统筹城乡发展作为新型城镇化的任务之一。这就需要金融支持向农村倾斜。在多年的城镇化发展中，我国形成了一套相应的农村金融体系，但在该体系中各类金融机构比例失衡导致金融功能缺失，农村地区资源

配置效率低下，农村城镇化发展缓慢。首先，政策性银行功能缺位。农业发展银行依靠政府资金建设，经营多受政府控制，其经营目标定位为助力农村农业，但是该类银行资金规模小，经营的业务范围有限，主要针对的是农产品收购、调配方面的融资需求，对农村农业资金需求的异质性关注不够。其次，商业银行逐渐退出农村市场。商业银行的经营目标是营利，看中风险和收益的对等性，而大部分农村融资收益低、风险高，农村金融业务不符合商业银行的成本收益对等原则，从 1998 年以来商业银行即裁撤了大量县以下分支机构，农村地区的商业银行覆盖率大大降低。再其次，农信社和邮储银行资金支持有限。农信社虽然是针对农村融资的金融主体，但是相比于大型国有商业银行，农信社股本单一，资金实力不足，且经营中信息化滞后，发展不规范，金融服务效率低，而邮储银行主要经营存款业务，而不发放贷款，农村很多资金被用于储蓄，没能发挥出消费和投资作用。最后，农业保险力度不够。虽然在现代技术的帮助下，农业发展逐渐摆脱了"靠天吃饭"的局面，但是种植业和养殖业在生产销售过程中仍有很大的自然条件限制，容易遭受自然灾害，也容易因为保存条件不佳而损失，因此农业保险需求量大。目前我国农业保险主要是以专业性农业保险公司为主，商业保险也逐渐进入市场起到补充作用，但总体而言农业保险涉及的业务范围窄，保险手段单一，保险资金规模小，对于大量的农业保险需求来说远远不够，农业保障不完善进一步阻碍了农业现代化的发展。

9.3.5　金融发展与产业转型不协调

金融发展应服务于产业转型发展，未来我国产业结构将转向以服务业为主，但是目前金融机构倾向于将资金投资于工业和生产领域，忽略了服务业和消费领域的大量潜在需求，这样的投资方向与产业城镇化中产业转型升级的发展趋势并不一致。在资金的畸形流动下，第二产业规模持续扩张，而服务业为主的第三产业则发展艰难，产业转型升级面临困难，延缓了产业城镇化的步伐。首先，金融系统过度支持第二产业，造成产能过剩。大型公共基础设施建设是早期城镇化建设中最显著的需求，这些项目资金需求规模大，对城市 GDP 增长带动快，是政府青睐的建设项目，资金大量在此类重资产的工业企业集中，带来企业产能过剩问题甚至造成部分重复建设，大大降低资金利用率。其次，金融资产配置倾向于生产领域。银行对生产领域的资金支持相对过多，而对消费领域的支持偏少，加剧了生产和消费之间的偏离。实际上，新型城镇化的发展初步释放了大量的消费潜力，这些消费需求在金融的支持下可以发挥出巨大的经济带动作用。特别是随着城镇化水平的提高，居民生活方式逐渐改变，居民的消费需求大大提升，除了吃穿住行的日常消费需求外，对外来生活保障的需求也日益增加，对教育、医疗、养老的关注更是潜在的需求。而当前针对居民资产配置需要的金融产品的开发推广则基本处于初步阶段，以消费为导向的金融支持力度显著小于以投资为导向的金融支持（巴曙松和杨现领，2012）。

第 10 章

国外城镇化发展实践的
经验借鉴与启示

　　世界上不少发达国家在工业革命的推动下，率先实现了工业化和城镇化的转型，进一步促进了国家现代化的发展。从其实施的过程和成果来看，这些国家城镇化的发展均遵循了一定的发展规律并取得了阶段性的成功。当前我国正处于新型城镇化稳步发展阶段，探索和学习发达国家成功的经验是重要的一环。本章将从国际视角展开，在研究主要发达国家城镇化发展成功经验的基础上，从财政支持、金融体系构建等方面归纳总结主要做法，以期为解决我国新型城镇化发展的资金问题提供先进的经验借鉴与成熟的路径选择。

10.1　主要发达国家城镇化发展的经验

　　比较世界各国的城镇化建设与发展状况，本节选取美国、德国、日本、韩国四个在城镇化发展上拥有成熟经验的代表性发达国家，在回顾这四个国家城镇化发展的阶段状况及主要做法的基础上，着重阐述其城镇化发展的财政支持及金融体系构建经验，从而为当前我国的新型城镇化转型与发展提供有价值、有针对性的借鉴思路。

10.1.1　美国

1. 美国城镇化的发展状况与主要经验

美国的城镇化发展高度发达，其城镇化发展阶段与工业化发展阶段的步调基本一致。美国城镇化进程可被归结为以下三个阶段：一是起步阶段（19 世纪 30 年代至 80 年代），在工业革命开始的同时，美国的城镇化出现萌芽，得到初步发展，城市化率由 8.8% 上升 17.6%，达 26.4%；二是加速阶段（19 世纪 80 年代至 20 世纪 50 年代），其间美国工业化推进速度不断加快，城镇化发展率也直线上升到 64%；三是成熟阶段（20 世纪 50 年代以后），美国制造业发展呈现出下降趋势，服务业的发展使城镇居民的数量略有上升，自步入 21 世纪以来，美国城镇化进程虽开始放缓，但已超过 80%。①

　　美国城镇化发展取得一定的效果主要依赖于以下几个方面。第一，市场主导的同时政府积极进行宏观调控。尽管市场主导是其城镇化发展的主线，但辅以政府的规划使城镇化发展成效更为显著。在城镇化发展的起步和加速阶段，美国联邦政府没有实施强有力的控制，主要依靠市场的自我调节，由此而导致了城镇化的结构性失衡、过度郊区化、生态破坏等问题。因而，在发展成熟的后期阶段，行政力量加入。美国政府针对国家产业和城市的发展制定了科学合理的规划，逐渐形成了发展机制，推动了上述问题的有效解决。第二，注重大城市与中小城市的协调发展。初期以优先发展大城市为主，随后利用大城市的发展带动周边地区小城镇的发展，同时完善小城镇及农村的基础设施建设，将大量的人口分流，推动了城镇化的转型与发展。第三，建立了多层次的城镇体系。美国在构建城镇体系时，从整体出发，不仅建立了国际性的大都市，还打破了区域发展的界限，建立了众多的中心城市和地方中心镇，从上到下构建了不同层次的城镇体系，使得城镇间能够相互联系，共同发展（肖万春，2003）。第四，不断完善交通运输体系。交通运输业的发展是美国城镇化加速的重要力量，它不仅直接促进了美国大中小城市及农村地区的人口流动，也刺激了工业的发展，从而间接地推进美国城镇化的发展进程。第五，重视教育投入。美国的教育投入始终居于世界前列，教育在其城镇化进程中发挥着不可忽视的作用。大部分农民能够通过接受教育提高自身的素质，并助力其在城镇寻求合适的工作岗位，从而在整体上推动美国农业人口向非农业人口的转变。

2. 美国城镇化发展的财政及金融支持经验

　　美国城镇化得以快速发展与其充足的资金支持是密不可分的。通过分析

---

① 王海燕. 美国城镇化发展的特点和启示［J］. 经济参考研究，2013（36）：5 – 10.

其城镇化建设过程中的资金来源，可得出如下特点。

（1）财政分权特征明显，各级政府分工明确。美国是典型的联邦制国家，财政分权特征明显，各级政府职能各有侧重，分工明确。美国共有50个州和1个哥伦比亚特区，相当于我国的省级政府，地方又分为市政府、县政府、市镇及乡政府。美国宪法规定共同防御和基本福利由联邦政府负责提供，并规定凡未授予联邦政府，或未明确禁止州政府行为的权利，都应属于州政府或公民（费雪，2000）。实践中，地方政府主要承担地方受益范围的项目，而由中央政府和地方政府共同承担具有外溢性的服务。

教育和公共福利一直以来都是美国地方政府的主要支出项目，特别是公共福利，近年来增长较快。而这种具有一定收入再分配功能性质的支出主要由较高级的州政府来承担，其目的在于防止地方财力差距降低再分配功能。在教育支出上，由于高等教育流动性强，外溢性较大，因此州政府在高等教育上承担主要责任，而地方政府则主要承担中小学教育支出责任。消防、排污和垃圾处理、住房和社区发展等受益范围局限于地方的支出基本由州以下的地方政府来承担。美国各级政府的支出职责各有侧重，分工明确，较好地实现了财政职能。

（2）积极推进公共事业投融资体制改革，以市场资金支持为主。作为典型的市场经济体制国家，美国崇尚自由经济理论，政府对国家经济的干预较少。因而在其城镇化发展过程中，市场机制是主导，尤其是商业性的金融系统成为金融支持城镇化发展的主要力量。金融机构发放大量贷款能够有效满足不同主体的资金需求，政府无须进行过多的投资。政府财政支出主要倾向于重点领域与行业，通常情况下，在全社会的总投资额当中，财政资金所占比例的最高上限为10%。

（3）市政债券是美国地方政府融资的重要渠道。市政债券这种融资方式贯穿于美国工业化与城镇化发展的始终，目前这种利用资本市场进行直接融资的方式已经形成一套成熟的发展机制，为经济和城镇化发展做出了巨大贡献。由于市政债券多为长期债券，发行时间平均在15～20年，其带来的税收优惠鼓励了市政债券的发展。同时，市政债券的类型也可供选择。一种没有特定的发行目的，以地方的财政收入和税收为担保；另一种常与特定的基建工程相联系，以债券还款付息相关的服务费为担保。这不仅体现了"谁使用谁付费"的原则，也有利于避免大额财政赤字的出现，确保地方政府实现财政收支的平衡。

（4）应用差异化的金融政策，缩小区域差距。美国不仅设置国家一级联邦储备委员会来保证国家经济发展宏观上的统一性，同时还设置了 12 个地区性的联邦储备银行来减小区域之间的发展差距。这些地区的联邦储备银行具有一定的独立性与自主性，可在自己的管辖区域内实施具有差异化的货币政策。例如，依据地区发展状况的不同，设置不同水平的法定准备金率。尽管设置了区域性的联邦储备银行，但整体上这种区域差异的消除还是有赖于市场在资源配置中的作用。

（5）构建了完善的农业金融支持体系。美国农业现代化所需的资金主要来源于美国完善的农业金融体制。这一体制的形成不仅有相关法律作为保障，还为美国的农村金融机构提供了大量的优惠。例如，美国在实施西部大开发战略时，设立了联邦土地银行提供不动产抵押贷款业务；建立合作银行系统为部分业务提供资金支持；开办联邦中信银行、生产信用协会为农村居民及水产品经营商提供短期、中期贷款。同时部分人寿保险公司、金融中介均有发放贷款以支持美国农业的发展。

10.1.2　德国

1. 德国城镇化的发展状况与主要经验

德国城镇化的发展略早于美国。在 19 世纪初，德国就已步入城镇化发展的准备期，其间城镇人口的自然增长率是城镇化率的重要组成部分。1834年德意志关税同盟的成立促使德国的产业结构发生显著变化，德国人口开始不断增加，其城镇化步入启动阶段（19 世纪 40 年代至 70 年代）。在交通运输不断便捷，农业生产率持续提高后，德国工业化实现高速发展，同时其城镇化进入飞速发展阶段（19 世纪 70 年代至 20 世纪 10 年代）。1910 年后，德国的城镇化发展开始进入完善期。德国的经济结构调整基本结束，其工业服务业的比重大幅增加，尤其是第二次世界大战后，德国城镇化率从 69%持续上升，最高曾达到 96%，虽近年来有所放缓，但依旧维持在 70%以上。[①]

德国城镇化的发展过程中，政府的行政干预起到了极大的推动作用。第一，政府制定了科学合理的发展规划。德国政府积极配合欧盟为国家经济、环境、社会等未来的发展方向制定了指导性的方针。在其最新制定的 2014～2020 年发展规划中指出要注重边远地区的发展问题，优化产业发展结构，

---

① 蒋尉. 欧洲工业化、城镇化与农业劳动力流动［M］. 北京：社会科学文献出版社. 2013：114.

尤其要加快环保产业的发展，同时要持续推动城镇建设发展，尤其要加大对民生项目的投入力度（柳明花等，2016）。第二，德国的城镇化建设提倡社会服务的公平性。出于历史原因，德国西部城市发展水平与发展速度远远高于东部地区，为了使全国各地区实现同步发展，德国政府每年会额外下拨专项经费给东部地区。与此同时，德国也为农业的发展提供了大量的资金支持，以增加农民的收入，使社会福利政策在城镇和乡村地区都能有所惠及。第三，德国注重保护富有特色的小城镇。除了协调东西地区、城市与农村的发展，德国也比较注重建设特色小镇。在德国地方政府制定的七年规划中，以小城镇的发展为重点，不仅要提高小城镇的经济能力，也要保护和发扬小城镇的文化特色，从而使特色小镇的建设能够释放出大量的就业岗位，提高地方经济发展水平，也能契合人文底蕴，真正使城镇化得到可持续发展。

2. 德国城镇化发展的财政及金融支持经验

（1）以政府支持为主导。德国政府的主导作用体现在四个方面。一是德国的各级政府采取国家控股的方式直接投资于通信、水电、教育等一些国家重要的基础设施部门。二是在明确划分项目性质的基础上，有选择地进行投资。对于非经营性及社会效益重大的项目，政府完全提供资金；而对于经营类项目，民间资本则为项目运行提供了资金的来源。三是德国的中央政府与各级地方政府配合协调、分工合理：对于涉及不同省市间流动问题的水利、交通等设施的融资与建设项目由中央负责，而地区的基建项目由地方负责。表10-1列出了主要联邦制国家地方各级政府支出结构，可以看出德国在公共产品支出责任上，中央政府跟地方政府对不同事权的支出责任是比较明确的。四是德国政府在助力国家城镇化建设过程中具有前瞻意识，能够提前进行科学规划，进一步提高资金投资的集中性和有效性。

表10-1　　　　　　　　主要联邦制国家地方各级政府支出构成　　　　　　　单位：%

国家	一般公共服务		公共秩序与安全		教育		卫生		社会保障与福利		住房和社区服务	
	州	地方	州	地方	州	地方	州	地方	州	地方	州	地方
德国	37	12	71	20	71	26	3	2	13	11	34	44
美国	13	19	27	54	44	52	31	11	23	8	5	51
西班牙	17	40	15	26	65	6	60	3	4	2	19	74
加拿大	16	21	33	33	57	38	95	1	27	4	34	40
瑞士	27	31	67	26	55	35	25	19	15	8	24	61

资料来源：安沙文，乔宝云. 政府间财政关系国际经验评述 [M]. 北京：人民出版社，2006：79.

（2）政策性银行是德国城镇化建设资金提供的重要力量。处在德国金融体系核心地位的是德国的国家银行，特别是国家银行中的全能银行在第二次世界大战后期为德国的工业化和城镇化发展提供了全面的金融服务，不仅涉及商业银行业务、也将保险、证券、金融衍生等服务包含在内，实现了工业资本与银行资本的有机结合。而且 1984 年成立的德国复兴信贷银行，也为城镇化发展提供了大量的资金，其主要为中小企业提供长期优惠的信用贷款。这些贷款主要用于住房改革、环境保护等领域。德国农业银行的建立为农村农业发展提供信贷支持。这些政策性银行不以营利为目的，由政府出资和担保是促进德国区域发展的中坚力量。

（3）国家财政与金融实现一体化。由于德国政策性银行均由政府创立，且其治理结构、高级管理人员分别依靠政府的设计与指派，所以国家的金融体系与财政发展更为紧密。比如，德国城镇的用于解决环境和基础设施等问题发展基金在满足欧盟的申请条件之后，需经过德国复兴信贷银行的审核。同时，德国政府每年会有一定的财政预算款用于分配给银行机构，并且这些银行机构能够享受所得税优惠及特殊的股息优惠。在法律层面上，有明确的规定保证对这些政策性银行的亏损进行担保。

（4）发挥市场优势形成了融资租赁模式。德国建设城镇化所需要的资金不仅依赖于政府的支持，即政府直接投资、政府财政补贴，还发挥了市场的优势，利用市场形成了典型的融资租赁模式。这种模式在德国发展的速度极快，且在环保、基础设施等领域得到了广泛的应用。由于德国属于利率市场化的国家，开展融资租赁业务的公司通常筹资的成本较低，往往能够节约不少资金，进而以较低的融资成本获得融资支持。通常是先通过某些民营企业投资完成基础设施或环保项目，政府再以分期付款或融资的形式进行赎回，在这一过程中提高政府资金的利用效率。

10.1.3　日本

1. 日本城镇化的发展状况与主要经验

20 世纪 20 年代，日本的城镇化开始出现萌芽。自此至 50 年代的 30 年间日本处于城镇化的初步发展阶段，从最初的 18% 逐渐上升至 37% 左右。随后，日本不断推动农村工业化的发展，加之政府又开始实施土地税制的改革，进一步加快了日本城镇化建设的步伐。20 世纪 50 年代至 70 年代，日本的城镇化率开始呈现出大幅的上升趋势，至 1977 年，已高达 76%。从 1977 年后，日本步入后工业化时代，其城镇化率开始呈现稳步变动趋势，即在 70% 左右开始波动变化，2016 年末高达 93.9%。[①]

从农业国家转变为后工业化和城镇化国家，日本城镇化发展取得成功离不开国家采取的一系列措施。第一，政府对城镇化进程发挥关键的引导作用。日本的城镇化发展是自上而下展开的，在政府的政策带领下优先快速发展经济，用经济的发展带动城镇化发展。同时，为解决城镇化引发的一连串问题，政府会颁布相关的措施，对城镇化发展进行综合治理。第二，日本的城镇化依靠工业化带动。日本注重出口导向型经济的发展，使产业的发展向沿海城市靠近。日本全国十大城市集中分布于太平洋东岸，形成了沿海工业带、城镇连绵带。用工业吸引人口流动，使人口多聚集在这些区域，从而加快了城镇化的发展进程。第三，日本形成了高度紧凑的城镇化发展模式。由于日本国土面积狭窄，资源贫瘠，为使资源得到充分的利用，减少不必要的成本，日本的城镇化布局比较集中、紧凑，形成了以东京、大阪、名古屋三大都市为中心的同心圆式圈层结构（仇保兴，2005）。第四，日本的城镇化进程融合了生活方式、社会习俗等多重的文化因素。日本政府在指定城镇化发展政策时，不仅注重工业的发展，也考虑了个人的生活方式因素。例如，日本城镇化政策的制定以保障个人最低生活水平为基础，同时考虑区域之间生活方式的差异，使个体能够根据生活情况自主选择居所，从而利用本地的技术找到适宜的工作，以使地区形成独特的发展模式，就业匹配水平高。

2. 日本城镇化发展的财政金融支持经验

（1）中央和地方事权明确，中央政府大量转移支付满足地方财政支出需要。日本是单一制国家，但地方财政的支出仍占很大比重，甚至超过了联邦制国家，但中央政府和地方政府的财权和事权较为对称，地方公共产品的供给较为充足，这得益于明晰的财权事权以及中央中央政府大量的转移支付。

日本地方政府分为两级，市町村是最基层的政府，介于基层政府和中央政府之间的是都道府县。日本中央和地方政府在事权和支出责任的划分上比较明确，基层政府负责与居民关系最为密切的事务，如户籍管理、居民安

---

① 王建军. 日本城镇化快速发展阶段的整体态势与地区差异 [J]. 国际城市规划，2015，30 (3)：59 – 65.

全、中小学建设支出等。而一些超越基层政府管辖范围，需要统一处理的事务，如综合开发、维持义务教育等则由都道府县负责。日本各级地方政府间分工明确，事权清晰，较好发挥了地方政府的财政职能。

日本地方政府的大量支出都是依靠中央的转移支付来完成的，从表 10－2 我们可以看出，日本一般年份的转移支付资金都占 1/3 左右。其转移支付包括国库支出金、让与地方税、交付地方税等形式。其中国库支出金是根据一定目的和条件提供给地方政府，相当于我国的专项转移支付，而让与地方税、交付地方税则属于不指定用途的转移支付，与我国的一般性转移支付相似。日本的国库金支出在全国财政转移支付中占主要地位，有些年份达到了50%，具体如表 10－2 所示。

表 10－2　　　　　日本地方政府一般会计及中央转移支付情况

项目	1985 年	1990 年	1995 年	2000 年	2005 年
地方一般会计支出（十亿日元）	56293	78474	98945	97616	90697
占全国比重（%）	63	65	67	62	66
中央转移支付（十亿日元）	20334	27548	27391	29770	30123
其中：国库支出金（十亿日元）	10418	10629	14963	14350	11778

资料来源：根据《日本统计年鉴》2009 年英文版翻译计算整理。

（2）政府财政性融资为主支持城镇化发展。第二次世界大战后，为重焕日本经济发展的活力，日本建立了"财政投融资"制度。此制度是指政府基于有偿使用资金的原则，旨在支持公共事业和产业发展，从而实现政府直接进行投融资的一种制度。经过持续的发展积累，财政投融资资金占据了政府财政预算资金的41%左右。[①] 通常，使用财政投融资资金并非政府直接进行投资，而是通过财政投融资机构等中介商进行投资。而且，地方政府可依照《地方公债法》发行债券以募集资金，但必须要遵循严格的使用和管理制度，不仅要经过中央政府审批，同时要做好计划管理。

（3）注重吸引民间资本流入基础设施建设领域。为满足日本城镇化发

---

① 中国人民银行衡阳市中心支行课题组. 多重视角下金融支持新型城镇化比较与启示 [J]. 金融经济，2013（16）：182－184.

展的资金需求：一是为涉及基础设施领域的民间资本提供政策性的融资担保，以降低民间投资者的风险；二是采取多种方式鼓励民众将存在银行的自有资金转化为投资，如日本长期信用银行为使居民存款用于城镇的基础设施建设，通过抵押金融债券、转让债券等方式向日本银行贷款，间接提高民众的收益；三是政府鼓励民间企业和地方团体成为投资的共同参与方，且政府投出部分资金努力为民间资本创造条件；四是成立国营的日本电报电话公司为无力筹集资金或资金不足的基础设施部门提供资金。

（4）构建独特的农村合作金融体系。日本所形成的独具特色的农村金融体制由政府金融与合作金融构成。二者中占据主体地位的是农村合作机构，而政府政策性的金融机构只是起到了补充与辅助的作用。为发展农村合作金融，日本成立了农协系统。该系统在行政上不存在隶属关系，但在经济上，上级会对下级提供指导。它提供的资金多用于组织内部的资金调剂，通常不直接对外提供贷款，这在一定程度上保障了资金的安全。政府金融体系是非营利性的，其贷款利率低、期限短，为农村提供的资金支持只是农业城镇化发展的少量资金。

（5）形成多元化的城镇化融资模式。推动日本城镇化的发展的主体不仅包含日本的中央政府与地方各级政府，官方代理机构、私营机构等都纷纷为基础设施的投资贡献自身的力量。中央政府是城镇化建设的主要负责人，对基建项目负有直接的融资责任；各级地方政府融资的来源渠道主要是税收和市政债券，在其具体实施时，会利用财政投融资计划、公营企业金融公库等手段获取可靠的资金。同时，其他机构也通过不同的融资渠道为日本城镇化建设和基础设施项目的发展贡献自身的力量。

10.1.4　韩国

1. 韩国城镇化的发展状况与主要经验

韩国的城市化进程相对较为曲折，大致经历了以下四个阶段。一是起步阶段（19 世纪 70 年代至 20 世纪 40 年代），萌芽周期较长。1945 年前后，韩国的城镇化率处于 11% 左右。[①] 二是异常发展时期（20 世纪 40 年代中期至 60 年代初）。这一时期的人口增长并非来自工业化的拉动，而是战争的持续时间较长，波及范围广。第二次世界大战期间，大批难民回到韩国，大

---

① 马先标. 韩国城市化历史演变回顾 [J]. 中国名城，2018（1）：90－93.

大增加了韩国城镇人口的数量，使其城市化率达到27%。[1] 三是快速发展阶段（20世纪60年代初至80年代末），韩国的产业开始调整，逐渐由轻工业向重工业转变，其城镇化率上升至70%以上。[2] 四是高度城市化时期（20世纪90年代至今），期间韩国第三产业迅猛发展，同时也制定了出口导向的发展战略，推动国家工业化和城镇化的迅猛发展。

韩国城镇化发展成效显著，其主要的做法包含以下几个方面。第一，政府主导和调控城镇化发展方向。韩国政府在城镇化进程中针对劳动力制定了相对宽松的政策，对劳动力由农村流向城市不作限制，但对于工业的发展，强调其应集中在城市布局。同时，为增强城市的集聚功能，韩国政府积极引导建设公共基础设施，以促进城镇化的发展进程。第二，韩国注重首都圈的集中发展。在政府主导的经济增长战略下，韩国工业化的发展会率先带动部分大城市的发展，也会吸引一大批劳动力流向这些地区，进一步形成了人口高度集中的大城市集聚模式。第三，韩国政府关注城镇化的个性特色，倡导经济与城镇化发展的同时不可忽视民族文化的弘扬问题。韩国城镇化的发展政策与方案制定都会受到韩国民众的国民意识影响，也会在一定程度上考虑儒家文化的思想。第四，韩国发起了涉及范围较广、影响力较强的"新村运动"以解决城镇化进程中的诸多问题。新村运动的主要内容包括增加基础设施与福利，改善生态环境，启发民众精神，加强工厂建设等方面。整项运动进行过程中，韩国政府尤其强调要以教育和培训为核心。为了提高农民的素质与技能，韩国政府在中央和地方均建立了教育与培训机构，从意识改革、领导培养、技术推广等多方面入手开展素质教育和培训（赵隽逸，2015）。一系列的课程使韩国国民素质大幅提升，农村富余劳动力因此有资格转移到城市工作，安定生活。在教育和培训这一点上，韩国尤其值得我国学习。

2. 韩国城镇化发展的财政金融支持经验

（1）注重发挥政策性金融机构的职能。在韩国城镇化发展的提速期和巅峰期，韩国政府先后成立了水协银行、进出口银行、企业银行等五家政策性金融机构。这些政策性金融机构拥有清晰的定位以及明确的分工，从而助力其在不同的领域发挥职能。例如，农协银行的目标旨在支援农业农村建设，产业银行的支持领域是石化行业及出口导向性产业。同时，韩国各类政

---

①② 辜胜阻，朱农，等. 广东和韩国城镇化与经济发展的比较研究［J］. 人口学刊，1994（2）：3－11.

策性银行提供多样化的金融服务。例如，农协银行的业务涉及生产指导、结算、保险等众多方面，有利于进一步推动城乡基础设施的均等化。而且，这些政策性银行都有相应的法律和专门的机构加强监管。

（2）发挥市场主导，鼓励民间资本。为降低民间资本的投资成本，韩国设立了国民投资基金。该基金是一种新型的集合投融资工具，且由企业直接提供资金，常以股权投资或占债权投资的形式，极大地降低了公司的偿债压力，有利于为城镇化建设提供长期稳定的资金来源，从而进一步提高资本的使用效率。除此之外，韩国相继颁布了《基础设施引进民间资本促进法》《扩充基础设施对策》，从法律层面为投资于基础设施的民间企业提供权益保证，确保投资者能够在偿还完贷款利息后获得个人应得的收益。

（3）不同城镇化发展阶段融资来源的主要渠道有所差异。在韩国城镇化发展的起步阶段和异常发展阶段，主要依靠国家财政和政府融资，同时政策性金融机构发挥了一定的作用。在 20 世纪 90 年代以前，中央政府的转移支付多用于支持城镇化的发展，主要投向铁路、公路等交通领域，以及电力、煤炭等能源产业。而在城镇化快速发展的后期即城镇化率达到 75% 以上时，民间融资开始占据主导地位。国家财政融资、地方税收及政府债券这三个融资渠道的资金数额开始大幅减少。

10.2　国外城镇化发展的财政金融支持经验总结

从上述各国城镇化发展状况、主要经验以及与城镇化发展的财政金融支持经验可以看出，政府与市场在城镇化建设过程中依旧发挥着重要作用，二者间谁占主导地位在一定程度上决定了城镇化发展的模式。财政支持力度的大小，金融工具的发展与应用情况也关系到城镇化发展的资金风险。从前文的分析中，我们可以总结城镇化发展的财政金融支持经验。

10.2.1　国外城镇化发展的财政金融支持经验总结

1. 明确的事权是城镇化发展的基础

城镇化的发展有赖于公共产品的有效提供，明晰的财权事权是公共产品有效供给的基础，国外发达国家事权的划分一般都遵循了效率原则和法定原则。效率原则是从经济学角度出发适用于该级政府提供的。在地方性公共产品的供给上，由于地方政府能够掌握更多的需求信息，由地方政府提供更有效率。因此，不管在单一制或联邦制国家，城市的消费、排污、娱乐等方面的支出都由基层政府来承担。而在收入再分配功能上，各国基本上都由中央政府或较高级的地方政府承担，各国地方财政在收入分配上只起到次要作用。另外，一些外溢性较强的公共产品，各国在不同层级政府间进行分工合作。各国中央政府都希望通过有效的分权和良好的府际合作促进各级政府间的通力合作，以此促进城市的可持续发展。各国城市政府间通过签订协议等措施来解决跨区域的公共产品和公共服务的供给问题。而这些都有赖于事权划分、财权共享、管理责任明确的中央与地方政府间关系的形成。

同时，在事权的划分上，各国政府都制定了相应的法律进行明确。日本根据《地方自治法》及一些单行法对各级政府的财政职能进行分配，美国政府通过州宪法对州的财政职能和权利进行规定。这种事权法定的做法规范了各国地方政府的支出行为，减少了地方政府支出的随意性和不确定性。

2. 拓宽融资渠道，健全城镇化发展的金融体系

从国外城镇化发展的经验可以看出，各国的城镇化建设除了依靠国家财政支持外，基本上都进行了融资体制的改革，实现供给主体的多元化。引导民间资本参与建设是各国改革中普遍采取的做法，政府通过允许民间资本进入市政工程建设，提高了运营效率，也减少了对城市财政的依赖。同时，各国政府还通过完善产权制度、引入竞争机制来促进城市公共产品的供给效率。日本通过对国有企业的民营化，进行组织结构调整，而美国则是以民营企业为主导，政府进行监管。这样，各国实现了资源在公共物品与私人物品之间、政府部门与私营部门之间进行自由流动和优化组合。各国城市政府在财政资源紧张的情况下，投资主体的多元化为城市公共产品的有效供给提供了条件。

正如前文经验总结所述，城镇化的建设对资金需求较大，除了财政政策的支持，还要拓宽融资渠道，健全金融支持体系。我们要总结国外金融支持的主要模式和做法，为我国日后获得充足的城镇化资金、拓宽融资渠道提供有益的参考。

10.2.2　国外金融支持城镇化发展的主要模式

1. 以市场为主导的城镇化投融资模式

城镇化的发展采取以市场为主导的自由放任式城镇化投融资模式，就意味着国家将依靠自由的市场发展机制来推动国家获得城镇化建设的资金。该种投融资模式主要是在拥有完善的市场机制和规范的配套机制下运行。由此可见，采取该种模式的国家受政治体制、经济思想中自由元素的影响较大。因而美国成为该种模式下最为典型的代表，其进行融资的方式不仅包括市政债券、企业融资与项目融资等多重渠道，且没有忽视民间资本、社会资本的重要力量，不仅使融资的参与主体实现了多元化，也使融资渠道更加富有层次。同时，开设各类基金，实现银行储蓄到项目投资的有效转化，从而保证资金的供给和需求达到平衡水平。

2. 以政府为主导的城镇化投融资模式

城镇化的发展以政府为主导就代表着政府的行政调控力量会广泛地参与城镇化投融资管理的众多领域。该种模式主要分布在以德国、法国为代表的欧洲国家。法国与德国的做法较为相近，二者都根据城市基础设施的性质将其划分为非经营性和经营性两类。从社会效益层面上而言，非经营性项目远远大于经营性项目。它主要涉及城市道路、地铁等交通项目，且这些项目的资金完全来源于政府的财政预算收入。在资金数额仍不足以支撑项目运营的情况下，政府会选择向银行贷款，但其贷款的数额不会过大，通常会小于政府的长期财政预算收入，以使政府的偿还压力有所降低。针对供水、供电、垃圾处理等可收费的经营性项目，两国均允许私人企业投资。同时，政府会基于项目重要程度作出判断，从而提供不同数额的注册资本金。

3. 以政府和特殊法人团体为主导的城镇化投融资模式

以政府和特殊法人团体为主导的城镇化投融资模式强调以市场为基础，政府凭借国家信用的方式筹集资金，且筹集到的资金统一由国家财政授权与管理，并规定资金的去向和用途。该种模式以日本、韩国为主要代表。日本政府曾在20世纪50年代和60年代集中投资了电力、交通运输等领域的基础设施，时间长达8~15年。随后为实现经济的高速增长，特别规定公路、沿海港口等领域为国家的重点投资领域。而且为保障资金的持续获得，与韩国的做法相同，日本成立了专门的开发银行以提供长期的低息贷款，并以发行长期金融债券的方式鼓励民间资本投入，同时为降低资本的进入风险，日本政府专门为这些民间资本提供了财政和政策性的金融担保。

10.2.3　国外金融支持城镇化发展的主要工具

世界上许多发达国家获得城镇化发展的资金除了依靠传统金融工具——银行信贷外，还开创了许多新型的金融工具。这些金融工具的使用同样为国家城镇化基础设施的建设和发展提供了大量的资金。

1. 市政债券

无论大国的经济体制属于财政联邦制还是单一制，在其城镇化发展的初期、中期和后期，市政债券（或地方政府债券）都是国家获得资金支持的重要手段之一。在世界各国当中，美国对市政债券的运用最广泛，其发行规模最大。以市政债券的发行日期为依据进行分类，市政债券可被分为短期债券和长期债券。长期债券的发行时间在 1～30 年不等。在市政债券的投资项目上，其涵盖的范围包括交通、公用事业、福利事业及产业补贴在内的众多领域。以投资项目与债券的联系程度为依据进行分类，市政债券可分为一般责任债券和收入债券。通常情况下，与特定项目无关的属于一般责任债券，不仅能够获得发行机构的全部声誉和信用担保，在还本付息后也能得到税收的支持。与特定项目相关且联系紧密的属于收入债券，其还本付息主要依赖于项目自身的投资收费。世界银行的统计数据显示，全球债券总额中，市政债券或类似地方债券占据了 9%，是政府债券的 1/3。① 由美国市政债券的发展可以得出如下经验：一是要保证信息披露遵循严格的规则，政府财政具有高度透明性；二是要拥有成熟、完善的自律组织，如市政债券规则委员会；三是房产税是一般责任市政债券的稳定来源，而项目自身的现金流为收入债券提供偿还保障。

2. 资产证券化

发达国家获取城镇化发展资金的又一重要来源是资产证券化。以基础资产的不同为依据，资产证券化可被划分为三类：房屋抵押贷款支持证券、资产支持证券和担保债务凭证。资产证券化快速发展的必要条件包括：其发行

---

① 李世刚，曹玉瑾. 金融支持城镇化发展的国际经验及对我国的启示［J］. 中国物价，2017（4）：62－64.

量必须要稳定且其投资者基础必须足够雄厚，同时也要依靠一个发达的二级市场。作为一种证券化的融资方式，资产证券化以项目所属资产为基本支撑，具体而言，资产未来预期能够实现的收益是债券能够正常发行且筹集到足够资金的重要保证。资产证券化产品存在的意义在于一定程度上能够降低高级证券市场的门槛，使得部分信用较低的项目也能够拥有进入市场的资格。高级证券市场的筹资成本实际上相对较低，主要原因在于高级证券市场自身的安全性高、信用等级高、流动性强，且债券的利率水平较低。随着资本市场的不断发展，美国、德国、日本等国家的资产证券化产品规模都有了大幅度的提升，同时利用资产证券化产品被应用到自然资源、公共设施及消费贷款等众多项目中。

3. 专项基金

专项基金是指形成于特定来源并有专门用途的各种公共基金。这种融资工具在日本和韩国更为常见。日本政府所设立的财政投融资制度基于国家信用而展开。采取金融手段为城镇化建设和发展筹集公共资金，并提供给政府领导的投融资机构，从而提高资金的自主使用权，推动社会资本的发展，同时获得来自政府的有力支持，例如，日本的一些国营企业能够获得政府的担保。由于日本的一些国际银行在管理基础设施和实物资产基金上拥有丰富的经验，所以其进行投资的规模和数额较大，且关注基础设施资产的期限是否够长、现金流是否稳定，是否能够使基金投资者获得丰盈的回报，同时这种投资的退出安排是以基金上市而非项目上市。韩国政府则专门设立了国家投资基金。这些资金不仅来源于银行机构、保险公司及国民储蓄协会的强制性储蓄，还包括中央、各地方政府管理的公共基金和部分政府预算项目的金额。韩国政府明确规定金融机构存入国家投资基金的数额必须要占定期或活期存款增长额的13%以上，而国有储蓄协会所获得的全部资金都应当纳为国家基金，以助力城镇基础设施的发展。

4. 政府与社会资本合作（PPP 模式）

吴超和钟辉（2013）认为政府与社会资本之间的相互合作能够提高政府投资的效率，不断降低政府的投资成本。在 PPP 模式上，相较于上述四个国家，英国和澳大利亚的应用范围更广、效果更为明显、更具有代表性。数据显示，英国 PFI/PPP 项目从数量和金额上均占据了欧洲市场的一半以上，2009 年项目数量占 67.1%，项目金额占 52.5%。[①] 在英国的 PPP 合作中，英国政府为降低与私人部门合作的融资成本，还会通过信用违约互换、债务再融资以及股权转让等手段分散双方的风险。澳大利亚在 PPP 模式用于城镇化大型基础设施建设上处于世界领先地位。尽管其引入的时间与中国大致相同，但是发展速度明显更快，且运用更为成熟。澳大利亚的 PPP 模式采用了责任明细的问责制等先进的理念和原则，同时设定了专门的法案，成立了全国性的管理机构。最独特的是，澳大利亚的 PPP 模式形成了理性客观的事前评估。对项目的必要性和运营模式进行分析，极大地提高了项目资源配置的合理性和有效性（李晓慧等，2018）。

总体来看，世界上发达国家城镇化发展的金融模式与其政治体制息息相关，国家的政治特点贯穿于城镇化发展的整个过程当中。尤其是在公私合作、专业性投资基金及市政债券等方面，不少发达国家的实践丰富、经验成熟，值得我国学习与借鉴。同时，它们都注重城镇化发展融资是否具有可持续性，并在融资时高度关注将市场化主体和公益性主体的相互配合，这一点尤其需要我国在未来的城镇化发展中关注并进一步改进。

10.3　国外城镇化发展财政金融支持政策经验对我国的启示

目前，我国城镇化的发展阶段已经从加速推进阶段转变为平稳发展阶段，更加强调城镇化建设质量的提升。这一过程的实现不仅要依赖强大的财政实力，还要依托金融资金的大力支持。城镇化发展的融资需求不仅规模较大，期限较长，且融资结构复杂，并富有公益性的特点。因此，我国应当立足于国内城镇化发展的实际情况，在借鉴国际经验的基础上，综合考虑我国不同地区间的城镇化发展特点，采取多样化的措施以助力我国城镇化建设的发展。

财政是新型城镇化发展强大的支持，但新型城镇化大量的资金需求不能完全依赖财政，在完善财政体制的基础上，还要建立健全金融支持体系，拓宽融资渠道。

---

① European Investment Bank：Public – Private Partnerships in European – Before and During the Crisis [DS]．2009：P8．Sources：EIB，HM Treasury，Irish PPP Unit and various commercial databases.

1. 坚持利用市场机制，加快金融市场体制改革

与发达国家相比，我国推进城镇化发展的过程中更注重发挥政府的作用，在资金的投入上也更注重运用国家财政预算的资金，相对忽视了资本市场本身的力量，主要表现在借助资本市场进行融资的比例较低，而且通过发行债券获得资金的占比更低。因此，我国可学习和借鉴国际上其他国家的城镇化发展经验，充分发挥市政债券的作用，不断创新融资模式，逐步建立起地方市政债券的发行和交易机制，并在机制运行过程中不断完善，从而进一步为中长期的基础设施提供更加匹配的资金来源。首先，政府仍然要发挥必要的指导作用。该种指导作用主要体现在：为我国新型城镇化发展提供基本的公共服务与财政支持；制定配套的法律法规；加强地方政府之间的合作。其次，政府要建立一定数量的担保机构，不断推动地方信用担保体系的形成。再其次，城镇化投融资发展的过程是深化我国金融机构改革的重要组成部分。应当加快构建多层次、差异化的金融市场体系。为建立健全现代金融市场体系，要创新市场化的融资模式，拓宽融资渠道，进而增加直接融资的占比。而且要进一步整合与改革现有的金融体系，注重农村地区合作金融机构的发展，使其真正惠及县级企业，也可以考虑在银行设立专门的中小企业发展部，有针对性地为中小企业提供融资服务。最后，在体制机制层面，必须对原有的不合理的金融结构进行调整。例如，我国 2015 年推进的政策性金融改革使得国家开发银行和农业政策性银行都能够为自身服务的领域做出更大的贡献。

2. 积极推动融资主体的多元化和项目投资的合理化

从各发达国家的融资主体来看，中央政府并非获取城镇化发展资金的唯一主体，地方政府、私有部门以及国有企业等行为主体都参与其中，而且也抓住了在海外获取资金的机会。虽然德国、韩国、日本不像美国实行自由放任的城镇化模式，但在政府的引导之下多种社会力量都可以加入城镇化建设的筹资主体当中。通过推动融资主体的多元化能够尽可能地避免政府对众多行业的垄断，进而也变相提高了城镇化服务的效率与质量。目前，在国际金融市场上，我国基建债券的发行规模相对较小，而且从世界银行及其他金融机构也没有获得足够的低息建设资金。未来通过国外获得城镇化发展的资金是中国金融支持城镇化发展的又一重要渠道。从国内范围来看，我国的民营企业是推动新型城镇化建设的中坚力量，不仅要在税收、人力资源与经营管理等方面予以支持，也要鼓励民营企业投资于改制的金融机构，进而推动城镇产业的聚集发展。同时，对于投资的项目，必须要保持清醒的头脑，避免因盲目投资所引发的产能过剩等问题。一些行业供给过多，而另一些行业却出现供不应求的情形。因此，针对投资项目，尤其是地方政府促进城镇化发展的投资项目，务必要在实施前进行多维度、多方面的合理性评估，确保资金真正用到实处。另外，投资项目时必须要承担起社会责任，银行、保险等金融企业应当向环保项目、低碳项目倾斜，将自身的发展与国家、社会及民生的发展紧密联系在一起。

3. 鼓励民间资本投资，提高资金运行效率

在国家发展城镇化建设时鼓励民间资本的注入不仅有利于弥补财政预算赤字的不足，也有利于提高民间资本的创造力，并进一步推动其高效管理。在美国等市场主导城镇化发展的国家，其城镇化建设得到的长期资金大约90%都来自私人部门。而韩国、日本等国家大多数国家的基建领域都能够实现民间资本的支持。例如，韩国的电力部门所提供的发电量中，约有一半都来自私营企业，同时这些私营企业对于市场具有更高的敏感度，且其注重资金运行的效率更高。目前我国引入民间资本的领域主要有公路、邮政行业。2014年，我国曾提出在石化、港口等基建行业提高私人部门的参与度。然而从整体上而言，中国的城镇化建设引入民间资本尚处于探索阶段，尤其在成立 PPP 管理中心、规范和整理 PPP 模式的各类形式及相关的发展问题上需要借鉴国外的经验。鼓励私人部门的投资最关键的环节在于要针对不同建设主体形成有效的利益分配机制，为参与的民间资本建设最低收入保障机制以维护其权益。另外，长期以来，我国的国有金融机构几乎垄断了金融行业，四大国有商业银行占据了金融体系的主导地位，从而导致了效率的低下。由于民间金融机构无法像国有金融机构一样在制定贷款利率、业务经营等方面享受同样的待遇，所以我国民间金融发展环境有待进一步改善，必须允许更多民间金融机构进入，才能提高新型城镇化发展的资金运行效率，才有利于营造公平自由的金融市场环境。

4. 有效利用资本市场和保险市场，拓宽融资途径

发达国家之所以能够获取大量的城镇化发展资金，主要原因之一就是充

分利用资本市场，采取了多元化的融资途径。在特定的城镇化发展时期，需要形成不同的融资模式并采取不同的融资途径。因此，多元化融资结构的形成要基于城镇化建设发展的短期或中长期需要。由于我国的资本市场目前不断趋于成熟，所以未来的城镇化建设中应当发挥资本市场的独特作用，为新型城镇化建设获取直接的融资来源。我国股票市场发展的态势远远好于债券市场，因此要学习发达国家抓住债券市场的优势。市政债券是世界上多数国家进行城镇化融资的一种成熟工具。尽管我国相关法律明确规定地方政府不得发行地方政府债券，但也可充分利用城投债这种接近于市政债券的融资方式。城投债的融资成本较低，且融资过程规范、债务信息透明，能够为地方政府融资提供良好的平台。随着银行贷款、政信合作等融资方式受到限制，城投债的发展应当受到重视，其作用凸显，必须不断推动其应用于城镇基础设施建设。此外，可通过发行市政债券、公司债券等形式为地方城镇化建设拓宽渠道；也可以联合信托基金、私募基金等其他手段，丰富城镇化的融资方式。同时，中国的保险市场发展较快，保险费用的规模和数额均在大幅度增加。由于新增人口会加大对于教育、医疗、社保等方面的需求，所以无论是在城市还是农村，保险市场都具有发展前景。因此，可根据基础设施建设的需要，利用保险市场获得周期较长的资金，从而使这些中长期的资金在城镇化发展过程中发挥保障作用。除此之外，开征新的税收或扩大征税范围也能够为地方政府提供城镇化发展的资金支持。

5. 建立健全相关法律法规，不断强化投融资监管

明确具体的法规、过程规范的改革为发达国家城镇化建设获得资金支持提供了制度保障。美国证券交易委员会曾于 1989 年修订《证券法》，其目标旨在提高市政债券信息的披露程度，并增强信息披露的实行，同时强化了对市政债券的监管。在农业投资上，各国政府取得成功的关键在于提前为农业投资的发展奠定了良好的法制基础。如日本在规范农业投资的发展问题时，先后颁布了包括《日本政策投资银行法》在内的一系列法律法规。其目的在于，当处于弱势地位的农业投资面临发展难题时，完善的法律法规能够发挥其作用，增强农业投资发展的可持续性。当务之急，我国也应当尽快建立健全金融支持城镇化发展的相关法律法规，明确与细化法律条款，修改现存的法规中限制国家城镇化融资的部分。同时，必须切实保护投资者的合法权益，制定与完善投资相关的法律，进而规范各类投融资主体的行为，监

管其产生的管理与行为活动。与此同时，在设计顶层制度的这一过程中，必须要保证政策制度的连贯性，这样才能保证法律法规与政策制度的效力。在监管层面，监管者应当注意控制总量维持在一个合理的区间范围内，对于地方政府税收和项目融资数额划分清楚，审慎监管，使整体风险尽可能降到最低。同时，监管者也应当提供期间报告，如月度、年度报告以维护投资者对有关项目形势的知情权，使投资者的合法权益得到保护。

6. 注重地区发展的差异性，因地制宜制定金融支持政策

根据地区发展水平的不同制定金融支持政策是发达国家推动城镇化发展的重要特色。为化解美国中央政府和地方政府间的矛盾，美国联盟储备系统通过集中与分散的方式来制定金融制度。针对贫困地区和融资难的区域，美联储会具有一定的倾向性，向这些地区给予更多的支持与帮助。德国、日本、韩国等国家也在农村等落后的地区实施差异化的货币政策。从我国城镇化发展的现实情况来看，东部、中部与西部之间的发展差距巨大，从而对我国顺利推进新型城镇化建设产生了阻碍。因此，必须注重区域间的协调发展，因地制宜制定金融支持政策。例如，在我国的东部地区，由于其经济发展程度高、股票债券等市场相对比较发达，上市公司数量多、规模大，因而可以考虑创新该地区的金融产品的种类。具体可率先在该地区发行市政债券进行试点，待积累足够的经验后再推广至全国。在中部地区，可以考虑发展短期的信贷业务来使金融支持结构得到不断的优化，也可以通过吸引东部地区或外资金融机构来为本地区金融市场的发展注入活力，从而促进本地区新型城镇化的发展。对于发展更为落后的中部地区来说，国家土地财政的作用应当得到有效的发挥，政府应当继续加强对落后地区的扶持力度。同时，西部地区地方的金融机构应当实现重组与改造，尤其是银行积聚的存款必须用在有价值的地方，使其资本功能真正发挥到实处。

综上所述，在我国新型城镇化建设背景下，获得足够的金融支持有利于加快我国新型城镇化发展的步伐。如何正确利用和发挥金融优势，同时提高政府的宏观控制能力是我国新型城镇化建设亟待解决的问题。我国必须借鉴国际城镇化发展的先进理念与经验，结合当前中国的时代背景，在把握好顶层设计方向的基础上，充分激活和发挥市场的活力，运用金融创新解决新型城镇化的资金问题，助力新型城镇化的可持续发展。

第 11 章

财政分权体制下中国新型城镇化
建设的金融支持体系构建

我国当前实行的财政体制为财政分权体制，按照一定的划分依据，中央政府把一部分的税收权力给予地方政府，同时留给地方政府一定的财政支出责任，地方政府可以根据本地区发展规划和当地居民的偏好自主安排其预算支出的规模和结构，合理运用财政以促进地方经济发展，同时为本地区居民提供社会服务。在这种财政分权体制下，大部分财权都集中在中央政府的手中，地方政府财源和税源相对不足，造成了地方政府财权和事权的不相匹配。据相关数据测算，中央政府收入占全国财政总收入的一半左右，而中央财政支出却仅占总支出的 1/6 左右，而剩下的 5/6 的财政支出责任都落在地方政府的头上，[①] 这就导致当前地方政府陷入了财力少而任务多的困境。收支缺口长期存在，地方政府存在严重财政压力，为了履行政府职能提高个人政绩地方政府不得不更多地依赖中央转移支付来减小收支压力，同时自谋生路，依靠土地经营活动来获取预算外收入。

中国城镇化的资金支持体系是在政府的主导下展开的，突出表现在地方政府为大部分城镇化项目的建设提供了庞大的建设资金，是城镇化建设最初的资金来源。但是财政分权体制下地方政府财政收入少，且在城镇化建设期间地方政府通过大量的税收优惠鼓励企业发展导致政府从企业获得的税收收入也是有限的，因此能够为新型城镇化建设提供的资金规模有限。但是地方政府在快速拉动地区经济增长的动力的驱使下，通常会超前安排城镇化基础

---

① 李雪. 新型城镇化下我国政府间事权与支出责任划分研究 [D]. 济南：山东大学, 2018：22.

设施建设的投资规模，由此导致城镇化投资增长速度远远高于政府财政收入的不平衡局面，这种情况必定加剧财政收支缺口。为了拉动 GDP 增长，地方政府在投资中盲目追求规模和速度，除了带来财政收支账面价值的不平衡之外，这种超前投资模式也具有潜在的财务隐患。由于城建基础设施建设具有初始投资大、投资周期长的特点，投资此类项目成为地方政府拉动经济增长的有效手段，但是不可忽视的是城镇化基础设施建设投资回收期长，且城镇内的设施项目运营还不稳定，特别是纯公益性质的城镇化建设项目，资金投入和回收期限问题更不匹配，存在潜在的财务风险。

立足我国财政分权的基本背景，借鉴国外的投融资模式，应对新型城镇化建设的投融资问题可以从以下几个方面努力构建适应新型城镇化发展的金融支持体系。一是发挥政府主导作用，营造良好的政策环境，规范政府职能，统筹规划财政资金，确定政府资金投入的来源和重点；二是可以积极发挥市场优势，将城镇化建设融入城市经营理念之中，构建和城市经营理念相适应的融资方式；三是建立多元化的投融资机制，创新新型城镇化投融资渠道。

11.1 政府主导的多元融资模式

传统的城镇化建设在我国历经多年实践，取得了丰富成果，政府在其中充当主导者和推动者的角色，从城镇化规划发展到具体项目的投资建设都由政府控制。政府既能直接支配财政，又能影响和引导金融机构的行为，对城镇化资金的支持发挥重要的作用。在新型城镇化建设中，依然要发挥政府的主导作用，同时要做好职能转变，优化职能，加强监管，建设责任型政府，继续为新型城镇化建设发挥领头人的重要作用。

11.1.1 加强财政与政策性融资的作用

财政支持和政策性金融仍然在新型城镇化建设中发挥不可替代的作用，在长期的城镇化建设中这两种支持方式是城镇化建设的重要资金来源。在新型城镇化建设的背景下，财政支持和政策性金融也应该与时俱进，改进资金支持的模式。首先，合理分配资金，提高资金使用效率。基础设施的投资建设不能停止，但是要改变以往粗放的投入方式，提高资金使用效率，注重项目建设的实用性和质量。同时加大对公益事业和福利事业的投入，为人口城镇化积累条件。其次，制定相关政策规范和引导商业银行与民间资本加强对新型城镇化建设的资金支持。传统城镇化融资方式单一，银行信贷是其主要方式，信贷融资金额规模较小且期限较短，与城镇化建设的资金需求存在较大的不匹配性，为了提高城镇化的融资规模需要发挥市场资源配置作用，必须发挥资本市场的直接融资作用，运用政策红利鼓励商业金融机构加大对新型城镇化的建设支持，特别是对于为新型城镇化建设提供中长期贷款的金融机构要给予税收减免和低利率等优惠，提高资金供给与需求间规模和期限的匹配度。再其次，明确政策性银行的功能定位，加强对政策性银行的资本支持，同时明确政策性银行的公益性特点和为农服务的经营宗旨，加强政策性银行支持新型城镇化建设的能力和责任。最后，加强监管，规范资金使用。一方面要发挥银监局、中国人民银行等上级机构对商业金融机构的监管和引导作用，利用信贷政策等引导金融机构的投融资行为，如通过政策鼓励各类金融机构加大对农业现代化及新转移人口生活城镇化等相关方面的信贷支持力度；另一方面加强政府、银行和企业的沟通交流，通过搭建融资服务平台促进政府、银行和企业的合作，加强三方交流，监督约束贷款协议的制定和落实。

11.1.2 找准政府金融支持重点

在城镇化早期，基础设施建设是最直接和快速带动地区经济发展的投资项目，因此地方政府花费了大量的资金开展基础设施建设活动，在推动城镇化发展的同时也带来了重复建设和资源浪费问题。但是在新型城镇化下，除了关注空间城镇化之外，人口城镇化更是成为核心，因此政府资金支持需要调整支持对象重新定位重点，提高资金使用效率。首先，继续完善基础设施建设，加大公共服务投资。基础设施包括公路、铁路、通信、水电、煤气等公共设施，这类项目关乎居民的基本生活需求，对于此类项目的支持要争取提高投资效率，避免盲目扩建。公共服务涉及对人口城镇化的要求，包括医疗、教育、养老及就业等社会保障服务，这类资金需求规模大期限长，是新型城镇化中后期的重要投资项目。其次，重视对新转移人口的生活城镇化的资金支持。新型城镇化最终要实现的是居民的生活城镇化，因此对于新转入城镇的人口适应并融入城市生活至关重要。农民市民化中个人生活消费和未来生活保障的需求仍然需要大量的资金投入，住房、教育、就业、医疗等公共服务和社会保障需要资金的持续投入，政府资金支持需要提前为社会保障积累可用资金，建立长期可持续的资金供给方式，加速市民化的进程并完善民生服务。再其次，增加对工业化和农业现代化的资金支持。产业是城镇化经济发展的根基，推动产业的升级发展是未来新型城镇化可持续发展的保障。对于工业而言要加快促进产业结构转型升级，促进产业结构合理布局和产业升级，加大对创新型和服务型产业的金融支持。对于农业而言现代化是农业发展的必然趋势，能够释放农村剩余劳动力，提高农业经营水平，但是目前农业发展障碍重重，构建农业产业链和加强农业保险等都需要大量的资金支持，需要构建服务型的资金支持体系为农业发展助力。

11.1.3　完善政策制度软环境

新型城镇化建设经历了多年的实践，相应的金融支持体系也经过了多年的探索和完善，但是在新型城镇化建设下金融支持体系仍然存在诸多问题，其中很重要的一点即是缺乏相应的政策制度的规范和引导，政策制度的不完善导致城镇化金融支持体系陷入混乱的状态。从体制方面来看，各类型的金融机构都存在各自的经营困境，商业性金融机构审批流程复杂、风险控制系统严格，并不完全符合城镇化期间缺少担保和信用体系不完善的项目的融资需求，起到的作用比较有限；政策性金融机构资金总量有限且功能定位不清晰，无法满足城镇化建设的大规模资金需求；农信社和邮储银行为了得到更好的发展，大规模减少对农业、农民的贷款，追求低风险和高利润的商业性贷款，对新型城镇化的资金投入大规模缩减。从制度方面来看，金融服务城镇化建设缺少激励机制的引导，对商业银行支持城镇化的政策优惠很少，在利润难以得到弥补的情况下，商业银行不愿意将资金投入城镇化建设当中，而偏向于将资金投资于更高利润的领域；政府官员受到指标政绩考核制度的影响，存在城镇化建设投资效率低下和重点不突出的问题；资金流通受到严格的法律法规制约，银行信贷资金审批手续繁杂，债券发资金量较少，民间资本难以进入城镇化的资金支持系统。对于以上存在的体制和制度问题可以从以下几个方面进行改革。第一，探索适合城镇化建设的金融机制。政府应积极发挥财政的引导和鼓励作用，鼓励政策性银行和商业银行创新金融产品和服务主动将资金投入城市基础设施建设、工业化和农业现代化等建设领域。同时鉴于我国地区城镇化进程的差异性，出台地区差异化的区域信贷政策，促进大城市与中小城市及小城镇、城市与农村的均衡协调发展。第二，改革现有的政绩考核指标体系。现有的政绩考核过于看重 GDP 而忽视了对人口、环境等方面的考核，诱使地方政府做出不恰当的投资决策，不利于城镇化的全面发展，应该健全地方政府考核体系，引导政府既重视地区经济的发展，还要关注地区环境优化和民生改善。第三，加强政府、企业和银行间的沟通和合作。政府部门要发挥主导作用，加强与银行以及企业的信息沟通，关注银行和企业的需求，协调三方利益，及时制定和发布相关政策与法规信息，支持和引导金融机构及相关企业在城镇化建设项目方面的建设与运营。

11.2 善用经营城市理念的融资路径

经营城市理念最早是西方学者为了解决城市发展中建设资金不足的问题提出的，西方学者创新性提出一种将城市建设融资融合于城市发展规划和城市经济发展规律的一种融资模式，在该模式下城市资源被作为资本，按照市场运作方式加以管理和经营。更加通俗的理解是，基于市场经济价值规律，遵循城市管理理念，运用市场化机制开发利用城市资源，包括土地资源、人文资源、自然资源和其他经济要素等，促进城市资源的整合配置，从而缓解城市资金难题，促进城市健康发展。目前我国城镇化发展同样面临资金供需矛盾，我国学者不断探求创新性的融资方式，经营城市理念恰好满足了我国新型城镇化建设的融资要求，对我国城镇化建设具有启发作用。城镇化建设中投资形成的基础设施等存量资产的拥有者和管理者是地方政府，这些资产可以通过转让经营权、收益权和股权等方式盘活，提高资产利用率，增加资产收益，从中获取城镇化建设的后续资金，为人口城镇化、生态环境城镇化投资。下面将从经营城市理念的角度对空间城镇化、人口城镇化、产业城镇化、资源环境城镇化分别进行融资模式的探讨。

11.2.1 空间城镇化的融资路径

空间城镇化是我国传统城镇化追求的目标，在多年的建设中空间城镇化的发展速度远远超过了人口城镇化的发展速度。在新型城镇化建设下，未来空间城镇化发展不应再过多追求城镇规模空间扩展，而应该调整空间城镇化的发展重点，注重土地集约和城镇结构的调整。相应地，空间城镇化的金融支持也要适应新型城镇化的发展目标，从金融机构、规模和效率三个方面调整对空间城镇化的支持重点。第一，优化金融支持结构，调整资金投放重点。银行是当前空间城镇化发展资金的主要来源，但是银行的资金分配结构更多受到自身经营目标和政府控制的影响，资金投放存在低效率和低收益的问题，难以满足新型城镇化提高发展质量的要求，为此要适当引入民间资本发挥市场配置资源的作用，允许资质条件好的民间资本参与城镇基础设施项目建设，利用市场直接融资，如发行有价证券等方式为空间城镇化的集约发展目标筹集资金。第二，优化政府的绩效考核机制，引导政府树立正确的政绩观，正确对待空间城镇化，切忌盲目扩张把空间城镇化作为拉动当地经济发展的手段，做好财政资金预算，合理安排财政资金支出结构，杜绝当前基础设施重复建设的问题，提高金融支持的效率。第三，充分利用金融支持减小城市发展差距，促进大中小城市协调发展。地区协调发展是新型城镇化可持续发展的题中之义，金融体系在支持城镇化时要注意对大中小城市发展一体化的支持程度。一方面，发挥金融对大城市和城市群发展的促进作用，大城市的发展能够辐射周边区域，带动周边城市的发展，利用金融为发挥大城市的带动作用创造条件，如加大城市群之间交通设施建设的金融支持力度，实现金融资源在城镇间共享；另一方面，加大金融对中小城市及城镇发展的金融支持力度，完善基础设施建设、加强社会福利保障、美化城市环境等，提高其空间承载力和城市吸引力。

11.2.2　人口城镇化的融资路径

人口城镇化是新型城镇化的本质特征，主要包括新转移人口的公共服务和社会保障等需求，其中紧急的需求就包括日常消费、住房和就业。目前的金融支持体系忽视人口的消费需求，在需求方面资金供给不足，需要增加相关金融设备建设和加大资金投入规模。首先，人口的增加必然带来对金融服务需求的增长，相应的金融服务设施应该进一步完善提高吸纳能力，可以根据新转移人口的数量和地区分布情况，合理布局金融网点和服务机构，比如增加 ATM 和银行卡受理设备等，增加支付渠道建设。同时许多农民还没有使用电子支付的习惯，应该提高银行卡在农民工中的普及率，推广网上支付、移动支付等支付创新业务，改变农民工的生活方式，享受城镇化的金融便利。其次，增大资金投入满足新转移人口大量的住房需求。可以通过降低住房信贷门槛和差别化住房信贷政策等措施为中等及以上收入群体的住房需求提供支持，同时对于中低收入群体可以给予其低利率购房贷款等优惠政策、加大对保障性住房的金融支持力度等措施，满足其住房需求。最后，发展经济增加就业岗位，且对新转移人口的就业创业给予资金支持和技术支持。通过扶持城镇产业的发展，为农民工提供更多就业岗位，特别是中小微企业和服务业有许多工作岗位与新转移人口的工作能力相适应，可以提供较多的就业就会，对于此类企业要支持其发展，并且对其吸收农民工就业的行为给予一定的税收优惠等。同时通过提供小额贷款、扶贫贴息、技术帮助等方式鼓励和扶持新转移人口通过创业实现就业。

11.2.3　产业城镇化的融资路径

产业发展对于新型城镇化建设而言至关重要，但是就目前产业发展情况来看并不乐观，融资约束问题阻碍着许多企业的进一步发展，因此有必要深化金融体系改革，鼓励企业创新，为促进产业转型升级创造条件。首先，优化金融体系结构，创新金融产品。一方面，积极发展中小型金融机构，鼓励金融机构创新金融产品和服务，开发针对中小企业的融资需求特点的金融产品和服务，充分利用互联网金融平台，规范平台运营，为中小企业融资搭建融资平台寻找和中小企业资金需求匹配的金融产品；另一方面，发挥市场的直接融资作用，完善各层次资本市场，为中小企业融资扩展更多融资渠道。其次，加强对中小企业创新的支持力度，引导中小金融机构贷款发放向技术含量高、附加值高和创新程度高的项目或企业倾斜，提高企业开展创新活动的积极性。最后，注意金融支持在区域间的差异性，不同区域经济发展条件不一致，产业发展面临各式各样的问题，要制定差异化的地区金融政策，分析不同区域间产业发展的差异和金融支持的差距，据此制定相应的金融政策促进地区产业协调发展。

11.2.4　资源环境城镇化的融资路径

生态环境建设关系到人民的生活质量，关系到社会的可持续发展，在传统城镇化模式下，社会经济得到发展但是城镇环境也遭到破坏。新型城镇化应该是资源节约、环境优美、经济发展的城镇，为此金融机构要顺应绿色城镇化的发展理念，充分开发金融服务功能，助力城镇化的资源环境建设。首先，出台相关政策降低资源环境城镇化建设的成本，吸引金融机构参与资源环境城镇化建设。一方面，利用税收优惠调节资源环境城镇化建设的成本，对于从事资源节约和环境保护的企业可以降低相关项目的所得税税率或者实行税额减免等，提高市场主体参与资源环境城镇化建设的积极性；另一方面，设立资源环境引导基金，降低市场投资的风险，对商业银行从事的与资源节约和环境优化的有关项目的信贷业务给予贷款贴息，提高其支持资源环境城镇化的动力。其次，加快金融业改革，引导金融业树立正确的经营理念。在资本逐利的市场上金融机构偏爱将资金投向高收益的项目，而对与资源环境相关的回报不确定的项目并不重视，因此要转变金融机构的经营理念，通过创新金融产品，满足资源环境城镇化建设的多样化资金需求，提高金融服务的水平和质量。特别是要发挥商业银行支持循环经济发展的主力军作用，树立保护资源环境的经营理念，建立有利于资源环境城镇化融资的政策机制，引导资金投放于有利于保护环境的项目，比如节能设备的购买、清洁能源的研发等，同时为资源节约型的中小科技企业的发展提供贷款优惠利率、简化贷款审批程序等。此外，非银行类的金融机构也可以发挥对环境建设的支持作用，如小额贷款公司和风险投资公司等可以为中小科技型企业解决初创期的融资难题。

11.3　创新新型城镇化投融资的路径

新型城镇化建设的资金需求是多样化的，相应的资金供给方式也应该是多元的，针对不同的建设项目、城镇化建设的不同时期需要不同的融资方式。为了满足新型城镇化建设的融资需求，促进其健康持续发展，要构建良好的投融资创新环境，鼓励社会各主体积极参与新型城镇化建设，以政府为主导，联合社会各方力量扩宽城镇化的投融资渠道，创新城镇化建设的投融资模式。具体来说，可以从以下三个方面来创新投融资机制。

11.3.1 构建完善公私合营的 PPP 模式

PPP 模式也被称为公司合营制，是指政府和企业合作为一项具体的公共产品或服务提供融资的一种资金筹集方式。该方式下政府和企业是相互合作的关系，共担项目风险，也共享项目收益，在一定程度上调动社会资本，减轻政府负担，适用于收益比较稳定的项目。具体来看，该模式下政府需要做好城镇化项目规划设计，并在前期投入启动资金，而项目中长期的运作则交由市场操作，由社会资本垫资完成。例如，采用特许经营的模式允许社会资本在一定期限内负责水、电、气等基础设施项目的运作，为项目提供持续的资金支持。该模式发展时间较短，需要构建良好的制度环境为该模式的有效运行创造条件，为此至少需要加强政府、制度和项目三个层面的建设。

1. PPP 模式的政府建设

首先，转变政府职能，建立服务型和责任型政府。PPP 模式的特点在于政府和市场的合作，因此明确政府和市场的边界至关重要。传统的模式下，政府主导项目融资的进程，但在 PPP 模式下私人部门代替政府垫付资本，承担起项目的设计、建设、运营和维护等工作，对该部分项目承担风险和责任。因此政府不能再利用职权控制项目的运作，要严守契约精神，从管理者转变为服务者，从主导者调整为参与者和监督者，在合同规定的范围内干预私人部门的活动。在该模式下政府的主要任务是做好顶层设计，整体规划项目，组织招标活动选取合适的私人部门开展合作；建立政策调整机制，积极对市场反应作出反馈；有效监督私人部门的行为，建立风险共担和收益共享机制，保护社会公众的利益。其次，建立公平交易的契约环境。PPP 的合作模式必然带来社会资本垫资意愿的问题，在短期模式下，政府和企业可以进行项目的完整合作，但是拉长项目周期后就存在政府领导换届问题。而且该模式下政府既是公共服务的购买者也是公共服务的制造者，政府的契约行为和支付履约信用缺乏制约，如果该模式规则不清晰，社会资本的利益得不到保障，则影响社会资本参与积极性。制定合理的风险分配机制是建立公平交易的契约机制的关键。政府可以采取相应的手段提高对私人资本的补偿增加私人资本的进入意愿，如灵活的特许期、提供担保、给予税收优惠政策等，以此来保证政府和企业共同承担风险和分享收益的效果。最后，加强监管，防范风险。PPP 模式下项目的建设存在投资回报不确定、价格监管难、服务质量缺乏保障等问题，需要通过强化政府监督、规范合同、接受社会监督等以加强项目治理，防范项目风险。第一，构造合理的产权结构。政府的社会公益目标和企业的资本逐利目标本身是相悖的，在合作中必然存在不同目标导向下的行为矛盾，因此适应 PPP 模式的分散化和社会化的产权体系能够给决策主体一定的自由权利，在合同允许的范围内自由运用财产，针对不同性质的项目采用不同的 PPP 模式和产权结构及融资结构，使其在成熟规范的产权框架下运行。第二，构建项目的运行机制，包括价格规制、成本约束、风险分配等。规定私人部门要主动披露项目的进程、成本与质量等真实信息，政府要及时对公众意见作出反馈调整价格。第三，完善 PPP 信用体系，联合各个部门共享相关信用信息，提高信用体系可靠性，利用征信体系实时跟踪评价合作企业的信用情况，识别合作伙伴等。

2. PPP 模式的制度建设

首先，健全的 PPP 模式的法律体系能为 PPP 项目的顺利实施保驾护航。我国目前并没有一部系统的针对 PPP 模式的法律，与之相关的法律保障都是散落在其他多部法律之中，如《预算法》《政府采购法》《招标投标法》《合同法》等，对于 PPP 模式在实践中遇到的诸多问题仍然难以提供具有法律依据的解决办法，而且即使有些问题能够找到法律依据，但是不同法律对同一流程的规定各不相同，PPP 模式在实际操作中无所适从。除此之外，由于缺乏法律法规的保护，私人部门在参与项目建设时不能准确预期政府的行为，参与项目建设的积极性大大降低。因此，目前亟须通过立法完善 PPP 模式相关的法律法规规范政府和私人部门各自的权利和责任，使得双方能够在合理的框架内预期对方的行为，降低项目的不确定性，保障双方权益。具体来说，由全国人民代表大会对 PPP 模式中的责任和权益、风险分配和承担、合作对象选择等作出全局性的基本性要求，之后再由各部委制定 PPP 项目上的具体规章，同时在制定中根据各个项目的不同情况做出灵活调整。其次，完善外部制约和监督体系。除了法律法规为 PPP 项目的顺利实施提供法律保障之外，需要相关配套措施合力为 PPP 模式的推广创造良好的政策环境，配套措施的跟进包括财政、土地、价格、融资等方面相关法律法规政策的完善，以及在政府各部门的协力合作，使 PPP 项目在运行的各个环节都有配套措施的保障。为了避免政府自我监督的问题需要引入独立的第三方对 PPP 项目的质量、安全性、运行绩效、项目风险、合约履行状况等实行有效的监督，第三方独立力量可以来自社会，如专业性强的审计和评估机构、行业协会、社会团体等。除了确定监督主体之外，还要厘清监督客体，监督的对象涵盖项目的全过程，根据项目管理的不同阶段采取不同的监督管理措施，把对项目质量、安全性等监督贯穿于项目的整个过程。最后，建立健全公开透明的信息披露制度。PPP 项目的信息不对称表现在两个方面。一是项目规划初期政府对项目的收益和风险有比较全面的信息，而私人部门只能从政府处获得基本信息，而获得信息量的多少和优劣会影响私人部门参与建设项目的决策。二是在项目建设中期，私人部门和政府与社会公众间的信息不对称。当政府把项目的特许经营权交给私人部门后，私人部门对项目建设负有权利和责任，对项目建设的成本、质量、风险等私人部门更加清楚，而政府和社会公众则处于信息劣势。因此，为了保障政府和公众的监督权和利益，需要私人部门严格公开项目的建设信息，包括财务情况、项目进度、项目标准等，增加透明度，降低项目的风险，保障广大民众的利益。

3. PPP 模式的项目建设

首先，设立专业的 PPP 管理机构。目前我国还没有设立明确的部门来推进 PPP 模式的应用，大多是在遇到某一特定 PPP 项目时再针对该项目进行临时商议，这种一事一议的方式显然不利于该模式的推行。虽然 PPP 模式兴起的时间并不长，但是各国在实践探索中逐渐找到合适的管理模式，最为广泛采用的是设立一个全国性的专业 PPP 模式管理机构。该机构的组成人员不仅应该熟悉公共部门业务还要了解私人部门业务，一般由会计师、律师、工程师等各领域的专家组成，由其协商制定 PPP 模式相关的政策建议、构建和维持 PPP 模式的运行模式、提供其他相关信息等。根据我国的实际情况可以借鉴英国 PPP 模式的管理经验，在财政部门增设一个机构专门负责 PPP 项目的相关工作，并且配套相关经济咨询机构为总机构服务，同时加强与政府下属的技术部门的合作，为不同项目设计相适应的 PPP 模式。其次，制定标准选择合适的合作伙伴。在 PPP 模式下，政府的部分权力授权私人部门执行，对于私人部门的选择至关重要，可靠的合作伙伴是项目成功的重要保障。我国颁布了一系列法律法规用以规范政府对合作伙伴的选择，这些法律法规在实践中起到了一定的作用，但是仍有许多问题亟待解决，如腐败、违规违纪等行为在项目运行中仍然存在，为了进一步加强对社会公共利益的保护，要对 PPP 项目合作伙伴的资质作出严格规定。一是采用公开透明的招投标方式，保持竞争中性，鼓励国有企业和非国有企业以相同的身份待遇参与投标，消除对国企的特别待遇；二是提高企业评估的透明度，公开评估细则和各家企业的评估结果，接受公众的监督；三是建立违规惩罚机制，明确政府部门和私人部门的权力和责任，对于违法违规行为给予严厉处罚；四是建立私人部门的诚信档案，记录私人部门经营中的诚信行为，以此作为政府选择合作伙伴的一个参考条件。再其次，建立合理的风险分担机制。PPP 项目历时长，项目具有阶段性，合作双方只有遵循风险分担的基本原则切实承担各自的责任才能保证项目的成功。在风险分担中要坚持的原则包括，根据双方能力为双方风险承担的上限制定标准；根据风险的不同特征将其划分给最有能力承担的一方；切实保证收益和风险相挂钩，承担的风险程度越高获得的收益也就越多。按照这三个原则，私人部门承担的风险包括建设、经营风险，而政府对法律政策、利率等负有责任，实际运行中意外事故带来的风险由双方通过协商分配责任。同时，要动态跟踪调整风险，根据项目运行的阶段和外部环境的变化调整风险分担。最后，完善定价机制。合理的价格既是对社会公共利益的保障，也是激发私人部门参与意愿的手段。参照英国和澳大利亚的定价模式，采用价格上限监管法，在该方法下项目的价格由两部分组成，成本和预期收益确定的基本价格与通货膨胀和生产效率等外部因素确定的调价公式，这种定价方式的优点在于将企业利润和企业生产效率挂钩，企业为了应对政府部门的管制保证企业利润，只能不断降低成本、提高生产效率，由此提高公共产品和服务的供给效益。

11.3.2　推进地方政府融资平台转型

地方融资平台是地方政府开展融资活动的重要依托。我国《预算法》规定地方政府通过发行地方政府债券的方式举债，但是实际中发行地方政府债券所能获得的资金数额有限并不能完全解决地方政府的债务问题，因此地方融资平台对于地方政府融资具有不可替代的作用。长期以来，地方政府在筹集和使用资金的过程中存在着诸多问题，不利于平台公司的发展。在中央要求深化改革投融资体制和规范地方政府债务的形势下，地方政府融资平台的资金来源大幅度缩减，有一些部分平台公司甚至陷入资金断流、濒临破产的困境，地方融资平台越发艰难。因此需要加快促进融资平台功能转型，规范地方融资平台运营，提高融资平台为新型城镇化建设筹集资金的能力。为此可以从政府、金融、企业三个层面促进地方融资平台转型发展。

1. 分清企业和政府边界，完善责任和业绩考核制度

明确政府和企业的边界，落实政企分开是平台公司延续发展的关键。地方政府融资平台在设立的初衷是代替政府出面进行债务融资为地方经济发展筹集资金，地方政府在进行融资活动时会受到诸多法律条件的限制，如《预算法》规定发行地方债券是地方政府举债的唯一方式，因此地方融资平台外在表现形式是地方政府为了绕开法律障碍实现融资目的而设立的载体。在这种背景下设立的平台公司与政府具有天然的紧密联系，地方政府拥有平台公司的股权和人事权，为平台公司的成立提供了初始资金，平台的人员、物资都属于地方政府，甚至有些融资平台的一把手都是从政府部门轮岗调动过来的（卢兴杰，2012），成立之后由地方国资委根据平台公司的融资情况授予平台相应的行政级别。平台公司内部政府和企业职能难以划分导致的一个严重后果即是平台管理混乱、融资效率低下、企业效益差。要明确划分和界定政府与企业的界限并不容易，可以从"政企分开、资管分开、政资监督"三个方面来做。政企分开就是规范政府的行为，减少政府对企业行为的干预，推进融资平台的市场化运作，而政府在其中的主要作用则是监督调控平台的运营，促进平台的融资方案、经营方向和政府的宏观调控目标、城市规划紧密结合，做好领导和统筹工作，把公司管理的职能下放给平台，让平台有更多自主权，运营更加符合市场规律。资管分开就是促进平台公司资产所有权和经营管理权的分开，平台公司的资产交由国资委部门统一核查管理，负责保障国有资本的保值增值，而资产的具体使用和管理则交由平台公司自己负责运作，对于平台的人事招聘则可以以公开招聘的方式吸收社会上的优秀人才。政府监督主要是由政府相关部门和国资委部门监督考核平台运作的规范性和收益性，从政府角度而言平台公司要保持资本的保值增值，从公司角度而言平台要实现盈利，因此需要协调两者的目标，实现平台公司的规范经营。与此同时，健全责任追究制度和业绩考核制度，国内地方政府融资平台的投融资工作基本上是以政府为主导，所以要以市级或省级为单位建立平台的业绩考核制度，提高资源的利用效率，促进当地经济的健康发展。

2. 分类界定平台类型，明确平台转型方向

地方政府融资平台转型不能"一刀切"，要根据不同的业务类型以及地区经济状况对平台业务进行分类整合再确定平台转型方向。根据平台收益和成本的大小可以将我国地方政府融资平台分为三种模式。第一种为完全覆盖型，即平台的债务可以完全由平台的收益偿还，平台和普通公司一样拥有自主经营权，参与市场竞争，自负盈亏，可以负责高速公路、城市水电和房地产开发等经营性项目的投资建设。针对该类型的平台，政府可以通过逐步退出或引进民间资本的方式多元化其股权结构，使其转变为普通企业，从而降低平台管理的官僚主义，提高经营效率和竞争力。如果此类平台在经营中已经累积了大量债务，那么可以通过注入资本、重新组合等方式来解决；如果此类平台拥有足够的现金流能够负担起经营性项目的建设资金，那么可以在其转型后利用市场手段进行债务重组。第二种为半覆盖准公益型，该类平台公司参与的公益性项目所产生的收益无法弥补其成本，对于此类型的融资平台，可以借鉴西方国家的经验将其转型为项目实施机构，参照政府设立职能部门，但是其人事权交由公司自己控制，机构内部人员不属于公务员，可以自主经营机构。也可以转化为政府的职能机构，利用此类平台发行和管理地方债券的经验帮助地方政府进行地方债的处理。第三种为无覆盖纯公益型，该类平台公司主要负责的是城镇化建设的公益性项目的投融资，如城市道路、桥梁以及公共体育设施等的建设。经营此类平台几乎没有收益，平台难以依靠自身持续经营。从目前的形势来看，纯公益性的基础设施和公共服务项目未来的投资建设应该由政府主导，可以通过财政收入或者发行地方政府债券的方式投资运营。因此该类平台公司可以撤销，原平台公司的债务的处理根据债务规模的大小选择合适的处理方式，如果债务规模较小可以由政府运用财政资金予以偿还，如果债务较大则可以引入专业的资产管理公司，利用债务重组、破产以及不良资产处置等手段解决。

3. 创新银行管理模式，完善信息管理体制

在我国的城镇化金融支持体系中，银行扮演了主力角色，就地方政府融资平台筹集的资金的来源来看，银行是大多数融资平台的主要融资渠道，从银行获取的资金占全部融资资金的 80% 左右。但是银行服务和产品的同质化导致产业端正常的融资需求无法得到相应的支持。在供给侧结构性改革的

背景下，要助力银行积极抓住机遇，创新金融产品和服务，提高为新型城镇化建设供给资金的能力。首先，支持银行开创新的融资模式，在传统的金融服务中，银行和融资平台都把业务局限于为平台公司提供贷款，除此之外，银行还可以为平台提供系统性的金融服务，如制定融资规划方案等，丰富银行融资方式。其次，建立银行间的信息沟通体制。通过大数据实现银行平台信息的共建共享，及时更新政府平台的信息，方便银行为平台提供贷款等融资服务。最后，完善我国的债券保险市场，降低银行投资风险，为地方政府平台融资创造良好的环境。借鉴国外的保险体制，设立专门的债券保险机构，为银行提供的贷款等融资服务提供保险，降低资金风险，提高银行为地方融资平台提供融资服务的积极性。

4. 健全风险预警机制，加强风险管理

首先，健全的风险预警体系对于地方融资平台的发展而言具有重要作用。地方融资平台与政府的天然关系为其发展提供了便捷，但也导致其在债务管理上的松懈，地方政府债务风险持续累积。建立完善的财务预警机制，激发平台公司风险管理的主动性，有利于强化地方融资平台的风险运营能力。平台公司在经营管理中要加强成本预算管理，结合各个平台当前的财务状况以及风险承受能力选择适当的风险管理工具，做好事前风险防控计划和风险善后处理计划等。同时有效利用大数据平台，建立完善的监管体系。第一，确保政府信息的公开透明。出台专门的政策法规规定政府融资平台的信息披露流程和信息公开制度，规定政府债务信息的披露，定期审核信息质量，提高信息透明度。第二，利用大数据加强监管。充分利用互联网大数据的优势，建立省级数据联动机制，促进融资平台数据网上登记注册信息填报，通过大数据建立全国债务信息共享平台，实现各部门间的信息联动，以便充分了解融资平台的资产状况、融资渠道、经营方式和资金使用情况等。

11.3.3 加快推进金融业改革和转型

中共十八届三中全会确定了市场在资源配置中的决定性作用，意味着我国金融改革进入新的阶段。随着金融改革的逐步深入和新型城镇化的建设发展，金融助力城镇化发展应该尽快建立一套与新型城镇化发展协同的专业化金融服务体系，形成对实体产业的多层次、多点支持。

1. 制定适应新型城镇化发展的金融政策体系

新型城镇化建设的资金需求规模庞大，形式多样，蕴藏着巨大的商机，但是从目前新型城镇化金融支持体系来看，金融发展和新型城镇化发展协同性比较差，金融产品和服务供给特点并不能很好地适应城镇化建设的资金需求，其突出表现在金融机构愿意为城镇化建设提供的金融服务是相对单一的，在资金支持中存在零星、散乱、自发和非系统等问题。导致这一问题的根源在于金融机构的市场定位和新型城镇化建设的战略存在矛盾。金融资本遵循市场化原则，市场风险最小和收益最大化是其在投融资活动的基本原则，而新型城镇化的发展则是注重社会效益，强调城乡一体化和区域协调发展，两者目标函数不同必然导致金融发展难以完全符合新型城镇化建设的要求，比如金融机构的资本逐利性导致大多数金融机构向大中型城市集中，资源配置向经济发达的地区集聚，而在农村和小城镇的金融机构数量少、规模小、经营产品单一。因此要发挥政府的激励和引导作用，促进金融发展和新型城镇化建设的协同性，从国家层面出台相应的产业、税收、金融等配套政策，同时重新定位金融机构的职能作用，引导金融机构制定与新型城镇化发展协同的经营战略，扶持特定目的的金融机构，利用政策红利提高金融机构参与新型城镇化建设的积极性。

2. 开展普惠金融，服务民生领域城镇化建设

城镇化的发展过程即是大量人口向城镇转移的过程，这些人口对资金的需求呈现出的特点是需求个体数量多、个体需求量小、个体分散、用途多样化，发展普惠金融能够很好地满足金融人口城镇化带来的民生领域的需求。根据目前新型城镇化资金需求的特点，可以从以下三个方面提高金融服务民生领域城镇化建设。第一，服务于弱势群体。城镇化发展的过程中农民工逐渐向城镇转移，失去了农村土地的经济来源保障，在城镇中面临就业难题、住房难题，成为城镇中最大的弱势群体，如果城镇的社会保险和公共服务覆盖不全面、保障不充分，农民工很可能失地又失业，失去在农村的生活条件又无法在城市立足。对此可以运用政策引导，加强财政贴息、税收减免等，积极开拓创业信贷、下岗职工就业信贷等金融产品和服务，保障市民的就业。第二，服务于新进城市居民的消费转变，大量农民工涌入城市带来消费需求的增长，农民市民化的过程中，生活方式逐渐向城市靠拢，追求更好的生活质量、期待完善的社会福利保障、寻求更多的权利，这些已经引发或者潜藏的需求都需要提前建立相应社会制度来加以满足。为此金融支持要加大在民生领域的投入，为人口市民化创造条件。第三，支持中西部城镇化加速发展。区域城镇化发展速度和程度不平衡是我国城镇化建设中的严重问题，而且金融支持力度在发达地区聚集的特点加剧了发达地区和落后地区的城镇化发展差距，为了推动金融对中西部新型城镇化建设的资金支持，要加大信贷投入力度，提高信贷资金的使用效率和收益，尤其是要加大中长期信贷资金投入基础设施建设，提高城市的空间城镇化，大力扶持地区产业的发展，为地区培育支柱型产业，在经济发展中逐步带动人口城镇化的发展。

3. 强化金融机构支持中小微企业融资

企业是城市经济发展的重要推动者，而中小微企业在一个城市的企业总数中占大多数，其创造的就业数量和产业产值是城镇经济中的重要组成部分，但是长期以来我国中小微企业发展受制于融资难题，资金匮乏导致企业发展缓慢。为了破解中小微企业的发展困境，金融机构可以从以下几个方面加强支持力度。第一，发挥中小金融机构的主融资渠道。我国大型商业银行的首要目标客户是大型优质企业，其高门槛的融资条件中小微企业往往难以满足，政府应支持大型商业银行通过创新金融产品和服务来满足中小微企业的多元化融资需求，在必要时还可以简化审批手续为中小微企业融资提供便利。除此之外，政府可以鼓励发展服务于个体私营经济的中小金融机构，推进当地中小银行的改革，在政策上放宽对中小金融机构的审批约束，鼓励乡镇银行、小额贷款公司以及担保、租赁公司的积极发展，同时让地方政府参与监管服务于特定区域的中小型金融机构。第二，借助互联网金融平台，丰富融资渠道，提高融资效率。互联网可以很好地解决中小企业融资中的信息不对称问题，利用大数据打造良好的数据生态，加强信用制度建设提高借款企业的资质信息的真实性，利用数据信息判断企业的偿债风险代替传统的抵押担保能够降低中小企业的融资门槛，符合中小企业的融资特点，而且金融机构也能够利用该信息精确定位客户，有选择性和针对性地开展信贷支持，提高资金的安全性。

4. 强化金融机构支持农村农业融资

投入产出比过低导致金融家机构对农村的资金支持缺乏动力，仅仅依靠市场机制农村地区无法吸引优质的金融资源，为此可以发挥国家宏观调控的功能，鼓励金融资源向农村倾斜，可以从以下几点来做。第一，可以制定相关优惠政策激励金融机构积极到农村地区开展业务，把支持农村城镇化建设作为银行信贷资金发放的重点领域，通过简化信贷资格审查手续、降低贷款利率等手段降低城镇化融资成本。此外，强化政策性金融银行的专业职能作用，明确政策性银行支农的功能定位，加大对政策性银行的投资和补贴，增强政策性金融机构的资金实力和支持农村的信心。第二，推进农业保险，促进农业产业化。农业作为我国经济的基础性产业，其现代化发展对于我国经济转型升级具有重要意义，农业现代化发展离不开农业保险的保障。我国农业保险处于初步发展阶段，且长久以来发展缓慢，而西方国家则具有相对完善的农业保险经验，可以从以下几个方面着手推进农业保险事业：重视顶层设计，制定相应的政策法规保障农业保险机构的发展，为金融机构发展农业保险业务提供制度支撑；制定相应的优惠政策激发政策性银行或商业银行开发农业保险业务的积极性，创新农业保险产品，提高农业保险覆盖率；由国家负责组建全国性农业保险的专门机构，加大中央财政和地方财政对农业保险保费的资金补助力度，利用农业再保险等降低机构经营风险；改变传统的农业粗放式经营模式，利用科技手段对农作物的灾害损失进行评估和测算，使得灾害损失可量化、可预测，为农业保险产业化提供条件。

第 12 章

完善财政体制，推进新型城镇化

12.1 构建财权事权相匹配的财政体制

在我国现行的分税制财政体制下，政府财权和事权、财力和支出不匹配，特别是对于地方政府而言，地方税收管理权限小，税源少财政收入有限，但是地方政府承担的城镇化建设责任沉重，所需财政支持规模大。在收入有限的情况下，地方政府为了推进新型城镇化建设不得不大量举债，累积了大量政府债务，对城镇化的持续发展造成消极影响。为了助力新型城镇化加速推进，必须完善财政体制，建立起财权和事权、收入和支出相匹配的财政收支体系。

12.1.1 合理界定中央和地方政府的责权范围

1. 合理划分各级政府收入，增强城镇化建设财政保障能力

我国政府间的收入划分模式具有鲜明的分税制特征，中央和地方分享税收收入，大部分税种都是共享税，只有个别税种由各自享有。在选择分享的税种和分享的比例上，中央政府拥有很大的决定权，虽然共享比例时常调整，但是总体而言中央占税收收入的大部分，特别是占财政收入大头的增值税、营业税、所得税基本都采取了共享的收入划分方式，中央拥有税收的大部分收入，如增值税中央分享75%，而地方分享25%，甚至房产税、耕地占用税、土地增值税等适合作为地方政府独立收入的税种在不少地方也被列为共享税。

在这种财政分配模式下，地方政府虽然具备了一定的财政能力，但是相比于地方政府承担的支出来说，不免陷入财政赤字。具体来说，地方政府的上级政府在新型城镇化建设中往往承担的是顶层设计、统筹协调、指导规划等职能，而建设中的具体方案则由地方政府负责实施，地方政府为了完成地方建设任务需要大量的资金支持。因此需要合理划分政府收入，提高地方政府的财政资金实力，增强为新型城镇化建设的能力。在税收收入划分上应该给予地方政府更多自主权，一些财产行为税，如耕地占用税、房产税等的收益具有属地性，而且由地方政府征收更加便利，因此这类税种更适合作为地方政府的独立收入。还有一些地方把城市建设维护税作为省级政府和市级政府的共享税，但是城市建设维护税顾名思义是为城市建设管理缴纳的税收，从财权和事权相匹配的角度来看更适合作为市级政府的收入。除了调整税收收入外，中央政府还应该给予地方政府一定的举债权力。地方税收收入并不能满足地方政府的支出需求，地方政府在特定时候还是会面临财政资金紧张的困境，举债成为地方政府增加财政收入的重要渠道。市政债券融资成本低、期限长、便于监管，是很多西方国家地方政府筹集资金的重要渠道。我国也可以创造条件允许地方政府为新型城镇化建设发行债券，并为此构建完善的法律法规，为地方政府发行市政债券提供法律法规参考和降低资金风险。

2. 合理划分各级政府事权，减轻地方政府支出责任

科学合理的政府财政关系，除了要明确各级政府的财政收入划分，还要规范各级政府的事务责任，科学划分不同层级政府应该承担的公共职能。在合理划分政府支出事权时应遵循受益原则与法治化原则。

（1）要根据公共产品的受益范围来确定各级政府的事权。各级政府的职责是一个极其复杂的问题，现实中要受政治体制结构、经济体制以及历史文化等多种因素的影响。本节选取一些典型国家的事权划分进行借鉴（见表 12 - 1）。

表 12 - 1　　　　　　　　　部分国家各级政府的事权范围

国家	联邦政府事权	州政府事权	地方政府事权
加拿大	外交、国防、货币政策、国际贸易、邮电、法律等	医疗保健、社会福利、高等教育、自然资源、高速公路等	警察、消防、中小学教育、公园等

国家	联邦政府事权	州政府事权	地方政府事权
澳大利亚	国防、贸易、邮政电信、外交、移民等	教育、卫生、执法、运输和农业等	城镇规划、公路、道路桥梁、污水排水系统的建设和维护、公共卫生、社区娱乐休闲等
美国	国防、国际事务、大型工程、社会福利和救济、社会安全等	教育卫生、公共福利、道路、机场、社会服务等	道路和交通、公用事业、治安、消防、教育等
德国	国防、外交、联邦铁路、社会保障、航天技术等	环境保护、卫生保健、法律事务与司法、教育事业等	地方公路、公共交通、教育事业、水电、城市发展规划、卫生、医疗保健等

资料来源：中国社会科学院财政与贸易经济研究所．走向"共赢"的中国多级财政［M］．北京：中国财政经济出版社，2005：75．

从各国的经验来看，在总体事权的划分上，涉及国家安全、外交、国防、地区财力分配等项目应由联邦财政负责。州和地方政府主要承担与本地区发展直接相关的公共物品与服务，州政府和地方政府负责各自区域范围内的公共产品供给。我国在具体事权的划分上，可以借鉴国际经验。涉及国家安全、国防、外交、宏观调控及全国性基础设施建设与环境保护等项目由中央财政承担；省级财政主要负责区域性的经济结构调整、中观目标的调控以及省直管事业的支出，承上启下增强行政活力与效能；市、县等基层政府负责各自管辖范围内的各项公共事业支出。这是能够明确受益范围的公共产品的支出职责划分，将一些涉及全体国民素质、国土资源和环境治理等作为中央、省和市、县政府的共同职责，应由中央统一规划、协调发展。而属于各级政府共同承担的混合型事权，应在合理划分各自管理范围的基础上由各级政府按比例分担，中央与地方事权的划分模式如表 12 – 2 所示。

表 12 – 2　　　　　　　　中央与地方政府支出事权划分模式

事权类别	事权归属	资金渠道
纯中央事权	中央政府	中央财政
纯地方事权	地方政府	地方财政
混合型事权	中央政府委托地方政府代理	中央政府转移支付＋各级政府按比例分担

（2）应以法律明确规定各级政府的职责权限。在具体事权的划分上，不仅要明确化、具体化，还应做到法治化。从世界各国的实践经验来看，各国均用国家宪法或相关法律明确划分了中央和地方政府各自的事权范围和支出责任，各级政府责任明晰，互不推诿。我国应通过完善《预算法》、建立《转移支付法》等相关法律，将政府间事权划分法治化。否则，财政支出管理中"上级挤下级，下级求上级"的问题不会得到解决。

新型城镇化核心任务是要促进农民工的市民化，这就意味着农民工生活方式向城市生活模式的转变，地方政府需要为农民工提供和户籍居民同等水平和待遇的公共服务，其中需要地方政府负责的事务就包括农民工就业、子女教育、医疗卫生、社会保障和住房等。这些事权要在政府间合理划分，构建激励相容的成本分摊机制，保证政府财权和事权相适应，同时有效发挥市场的作用，根据公共产品和服务的属性界定政府和市场的边界，利用市场机制使财政资金发挥出乘数效应。

3. 科学界定央地权责，实现收入与支出责任相匹配

中央和地方的权责划分是我国财税体制改革中的难点，近几年我国在医疗卫生领域、科技领域和交通领域等发布了央地权责改革方案，从这些改革方案上不难看出改革的主基调在于给基层政府减负，适度加强中央的财政集权，并强化中央的财政事权履行责任。虽然这些方案对各级政府所拥有的事权和支出责任在原则上做出了划分，但对于具体实施细则还未公布，在具体实践中碰到问题无法找到相应的法律支撑，缺乏规范的解决方案，在实践中分工不清晰、不合理问题依然严重。再加上在目前的财政体制下上级政府可以将相关事权下放给下级政府，增加下级政府的支出责任，加剧下级政府财权和事权的不匹配。要解决该问题，应该加强立法，除了制定中央和地方财权和事权划分的基本原则之外，还应该尽快出台详细的方案，对各级政府拥有的事权和支出责任进行详细界定，为实践中遇到的具体问题规范解决方案。一般来说在财权和事权的划分上要遵循受益原则，全国性的公共事务应该由中央政府负责，而地区受益大的公共事务则由地方政府承担，对于跨区域的公共事务，则要根据不同地区的收益程度确定各地政府的职责。同时还可以充分发挥财政转移支付的作用，合理调配政府间的收入，提高政府间财政关系的协调性和财政资金的利用率，增强政府支持新型城镇化建设的能力和意愿。

12.1.2 深化税制改革，完善地方税收体系

税收是我国财政收入的主要来源，是地方政府调控经济的有效手段。通过深化税制改革，完善税制结构，优化税收法律体系，赋予地方政府适当的税收立法权，培育地方税种，提高地方政府利用税收调控经济的能力，增强地方政府支持新型城镇化建设的实力。

1. 优化税制结构，提高税收在财政收入中的比重

在长期的发展改革中我国的税制结构已经逐渐规范，但是税制结构中还存在非税收入多、间接税比重高、税收优惠不规范等问题，这些问题严重侵蚀了我国税源，打击了纳税人的纳税积极性。进一步优化税制结构可以从以下几个方面展开。首先，规范税收收入，清理地方费用。我国税收收入缺乏规范性给地方政府随意增加地方费用留下了机会，税外收入规模庞大、结构混乱，大大加重了地方企业的负担，而且费用挤占税收、侵蚀税基，影响税收收入筹措及税制结构的进一步优化。规范费用收入要提高政府的服务意识，促进政府职能转型，废除以各种名目出现的费用，特别是对于多头收费、多环节收费等行为要清理整治，同时规范税收，加快推进资源税和环境税的改革，提高税收规范性，压缩政府随意收费的操作空间。其次，提高直接税占税收收入的比重。长期以来我国间接税占税收收入的比重大于直接税，直接税在税收征管中由于征管信息不全面存在较大的税收流失，导致直接税税收收入减少，调节收入分配的功能也受到阻碍。因此提高涉税信息管理能力对于提高直接税税收收入具有重要作用，在全社会建立完善的涉税信息库，可以连通税务、工商、银行等部门的税收信息库，实现涉税信息的集中和共享，建立网络式的税收信息管理系统，为所得税的课征提供全面的信息保障，减少偷漏税行为，避免所得税流失。最后，规范税收优惠。在新型城镇化建设中为了吸引投资者促进地方经济发展，政府制定了一系列税收优惠政策，这些优惠政策在一定程度上减轻了地方产业的负担，但是在一些地区零散的碎片化的税收优惠政策泛滥，税基被严重侵蚀，地方税收名义税率高但是实际税收收入不足。对此要提高税收法治，尊重税收权威，提高各地对税收优惠政策制定的监管，保障税收政策合法合规。在鼓励政府利用税收优惠调控经济的同时要做好税收优惠政策设计，把促进产业结构转型升级作

为政策制定的目标，全面清理和规范税收优惠，给予区域内合理限度的税收优惠，维护市场的公平竞争；在税收优惠实践中要加强对税收优惠效果的评估和测算，在制定优惠政策时要做好税前预测、税中跟踪和税后反馈机制，提高税收优惠政策的实施效率。此外同时提高税收法治，尊重税收权威，不得擅自设立税收优惠政策，提高对各地税收优惠政策制定和实施的监管，切实保障税收优惠合法合规。

2. 完善地方税收体系，增加地方税收收入

"营改增"全面推广之后营业税被增值税完全取代，地方政府税收收入进一步缩减。营业税之前是地方税收收入的主要税种，而增值税则是共享税且由中央享有大部分收入，增值税替代营业税导致地方税收收入减少，加重地方政府支出负担。因此亟须完善地方税收体系，增加地方政府收入。完善地方税收体系需要尊重我国税收收入的客观规律，结合我国税源结构和税收征管能力的特点稳步推进。在短期内仍然应该由间接税承担主体税种，在考虑地方财力和支出责任的前提下，合理划分中央和地方的分成比例，在后期逐渐增加直接税的税收收入比重，形成间接税和直接税并重的地方税收收入，最终实现以直接税为主体税种的地方税收体系。在地方税税种的设置上要立足我国的现实背景，短期内可以打破传统的财政分权理论的束缚，一方面加大税收分成比例，特别是提高增值税中地方政府的收入比重；另一方面进一步改进税制设计，把对商品和服务在消费环节征收的税收作为地方政府收入，在生产环节的税收收入作为中央政府收入。而从长期来看则可以借鉴西方发达国家的经验培育地方主体税种——财产税，财产税是对财产拥有人的实际财产进行征税，税源充足稳定且具有调节社会财富分配不均、税负不易转嫁等优点，具有作为地方主体税种的条件。除此之外，可以将资源税、城市维护建设税、车船税和印花税等税种作为地方辅助性税种。

3. 优化税收优惠政策，提高税收调控能力

税收是世界各国政府调控经济的常用手段，能够矫正市场资源配置，手段灵活、操作简便。为了促进新型城镇化产业发展，政府制定了多种税收优惠措施减轻其经营负担，为了避免税收优惠政策滥用，要加强对税收优惠政策的设计。首先，政策设计要以产业化为导向，针对我国各产业发展的不同情况制定相对应的政策。对于第一产业，要加大扶持力度，推动农业现代化，

扩大农业相关的税收优惠政策范围，鼓励农村人民通过现代化技术改造农业。对于农机购买甚至更广泛农业的相关产业的相关业务给予税收优惠；对于在乡村企业从事农产品加工工作的工人的个人所得税予以减免，鼓励个人到农业现代化企业工作；对于从事农业现代化的企业可以给予企业所得税减免，为企业留存更多利润以加快发展步伐；对于投资农田水利等农村基本建设的企业，可以给予其相当于投资经营国家重点工程项目的税收优惠政策。对于第二产业，要坚持推动企业转型升级推动高新制造业的发展的大方向。通过税收政策引导激励企业加大对高新技术的研发投入，同时，利用优惠政策助推企业创新成果产业化，推动更多的科技成果能够迅速转化为可以创造经济价值的工业商品。对于第三产业要积极支持，创造条件促进其快速发展，对于创业初期的服务业，实行一定期限和一定金额的税收减免；对于从事公共服务的企业应当有专门税收政策提高其经营积极性，如通过减免所得，增加公共服务业的利润，吸引更多民间资本进入。其次，绿色发展早已成为新型城镇化建设的目标之一，因此税收政策要在环境保护方面发挥作用。早期的城镇化发展是在粗放式的过度消耗资源的基础上发展起来的，在新时期可以利用税收优惠政策引导城镇化发展中对能源的集约化利用。对于稀缺的自然资源的开采要加大限制并且提高资源税率，同时对于生产出的不符合绿色、低碳和环保要求的产品纳入征税范围，提高税率标准；而对于企业和个人在生产、研究中发生的各种有利于环境保护的行为提供相应的税收优惠，如购买使用环保设备、销售研发绿色产品等。最后，保障城镇人口的充分就业。解决转移人口的就业问题是保证城镇化健康发展的关键，可以为那些能够吸纳大量就业人口的中小企业和服务业提供更多税收优惠，如通过降低中小企业的所得税税率或企业的所得税等鼓励这类型企业吸纳更多人口就业，切实为中小企业减负。鼓励民间资本开展职业教育培训以提高劳动者的劳动能力，对于创办初期的民办教育培训机构可以给予适当的税收减免，对于用人单位组织员工参加的专业培训中符合条件的培训费用可以进行税前扣除。

12.2　完善转移支付制度，平衡地区间财力

在当前财政体制下，财政资源禀赋和财政支出能力的不匹配导致地区间公共服务供给不均衡，再加上地方政府不恰当的绩效考核方式，导致政府在

支持新型城镇化建设的过程中将财力向基础设施建设倾斜而忽略了对提高人民生活质量和保护资源环境方面的投入，不利于新型城镇化建设的长远发展。为了弥补财政体制上的不足，财政转移支付制度就成为调整地方政府财政收入的重要手段。财政转移支付是政府无偿支付给个人以增加其收入的一种收入再分配形式，一般是在考虑各级政府财政资源总量和为地区提供公共产品和服务的需求的情况下，政府间财政资金的无偿划拨和移交，是单方面的无偿让渡。我国财政转移支付制度建立在"分税制"的基础之上，经过多次改革，逐步形成了财政资金的转移与平衡体系。新型城镇化建设金融支持体系的构建对我国财政转移支付提出了新的改进要求，不断深化转移支付制度改革，提高财政转移制度的规范性和稳定性，建立健全科学、公正、稳定、规范的财政转移支付制度，是减轻地方政府财政支出压力、均衡各区域财力、平衡地区发展的有效手段。

12.2.1 我国转移支付的发展趋势

1994 年分税制改革以来，中央财政权力不断增大，而事权则不断下放给地方政府。在我国，财权财力逐渐向中央集中倾斜，其下放是审慎的、有限度的。原因主要有两个方面：一是中央政府宏观调控和保持经济社会协调稳定发展的职责日益繁重，要有坚实的财力作保障；二是为了地区间经济的协调发展，要有足够的财力进行再分配。而财权结构又与中央政府相对集中安排不同，我国的事权安排主要以地方为主，其主要原因在于地方政府比中央政府更有信息优势，比起中央政府更能有效率安排地方事务。因此，在这样财权与事权非对称的现实情况下，要保证地方公共产品的有效供给，必须要实施大规模的转移支付。一方面，可以通过政府间的转移支付来均衡和调控各级政府的支出需求与收入来源；另一方面，中央政府可以利用转移支付协调地区间的平衡发展。

粗略来说，我国自分税制以来形成了包括原体制补助、两税返还、专项转移支付、一般性转移支付、调整工资转移支付、农村税费改革转移支付等在内的 11 种中央对地方的转移支付，其种类多、变动频繁。本节根据方法的不同，将转移支付大致分为三种类型（马海涛，2014）。一是尊重既得利益的转移支付确定方法，主要包括税收返还与体制补助。税收返还是 1994 年分税制改革确定的转移支付方式，主要是为了保证现有地方既得利益，保证改革的顺利进行。体制补助是按照 1994 年分税制改革时，原体制中央对地方的补助继续按规定补助。二是以均等化地方政府公共服务能力为根本目标的转移支付确定方法，主要是财力性转移支付。财力性转移支付又称为一般性转移支付，主要参照各地标准财政收入和财政支出的差额以及可用于转移支付的资金数量等客观因素按照统一公式进行计算。三是专项转移支付。专项转移支付也称为专项补助，上级在设计转移支付制度时，限定了资金作用的目的和用途，实行专款专用。2008 ~ 2018 年，我国转移支付大体分为这三个部分，其中一般转移支付中包含均衡性转移支付、民族地区转移支付、体制结算补助、一般公共服务转移支付等。

我国转移支付结构并不稳定，自分税制改革以来一直处于变动之中，在 1994 年分税制改革时，税收返还是最重要的转移支付类型，比重达到 73.7%，到 2011 年，其仅占转移支付比重的 13.6%。与税收返还相反，专项转移支付的比重快速上升，从 1995 年 11.5% 上升至 2011 年 40%。而一般性转移支付的比重也逐步上升，在分税制改革初期，一般性转移支付的比重仅为 14.8%，到 2011 年，其比重上升至 46.4%，成为我国转移支付中的主要形式。[①]

2013 年以后，我国各项转移支付比例相对稳定状态，其变动趋势如图 12 - 1 所示，一般转移支付比例维持在 55% 左右，专项转移支付在 35% 左右，税收返比例约占 10%。由于专项转移支付项目的增多和重复设置，造成成本增加和监管困难，使得专项转移支付并未产生应有作用，2014 年国务院提出要增加一般性转移支付，减少和归并专项转移支付，由 2013 年的 363 项减少到 2017 年的 70 项。[②] 2019 年为进一步明确财政事权和支出责任，推进基本公共服务均等化，中央对转移支付作了重大调整，一般转移支付项目中新增"共同财政事权转移支付"，并将原"专项转移支付"中的 46 项划入该大类，以往单列的"税收返还"也被列入一般性转移支付。2020 年，为确保地方落实"六保"任务，中央新增"特殊转移支付"，与"一般性转移支付"以及"专项转移支付"并列。2020 年，按最新转移支付大类分，"一般性转移支付""专项转移支付""特殊转移支付"占比分

① 根据财政部历年"中央对地方税收返还和转移支付预算表"整理所得。
② 杨六妹，钟小敏，等. 分税制下财政转移支付制度：沿革、评价与未来方向 [J]. 财经论丛，2022 (2)：26 - 36.

别为 83.5%、9.3%、7.2%，税收返还及固定补助划入一般性转移支付后，其占一般性转移支付大类的 16.2%，占全部转移支付的 13.5%。①

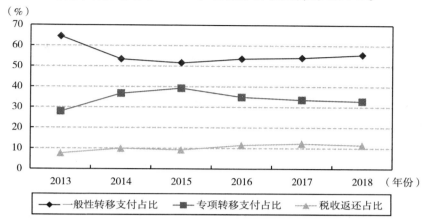

图 12 - 1 2013～2018 年各项转移支付变动趋势
资料来源：根据财政部历年"中央对地方税收返还和转移支付决算表"整理得出。

12.2.2 转移支付的目标与结构体系选择

转移支付的目标在于调节横向和纵向的财力不平衡问题，面对基层政府的财政困境（纵向不平衡）和地区间的财力差异（横向不平衡），只有设计一套行之有效的转移支付制度才能加以解决。但要解决好这个问题，首先要明确设计制度的目的，处理好短期目标和长期目标之间的关系。促进公共服务的均等化是我国转移支付制度的长期目标。在这一目标的设定下，选择何种结构的转移支付体系成为问题的关键。刘溶沧和焦国华（2002）认为，现行转移支付体系，尤其是体制补助、税收返还和专项补助没有发挥有效的区域财力均等化效应。尹恒和康琳琳等（2007）以 1993～2003 年的县域数据为基础进行分析，认为上级财政转移支付不但没有起到均等化县级财力的作用，反而拉大了财力差异，其中专项补助和税收返还的非均等性最强。解垩（2007）认为税收返还对公共品均等化具有负面的效应，财力性转移支付和专项转移支付的均等化效应也并不强。田发（2010）研究表明，从总体效应看，转移支付起到一定的横向财力均等化效果，从分项转移支付效果

---

① 财政部预算司. 2020 年中央对地方转移支付决算表 [EB/OL]. 财政部网站，2021 - 06 - 28.

来看，一般性转移支付的财力均等化效应最强，专项转移支付次之，但其均等化效应远低于一般性转移支付。因此，诸多学者认为我国的转移支付体系不合理，应对我国现行的转移支付进行规模调整和结构优化，强化一般转移支付，压缩转移支付，弱化税收返还和体制性补助，建立一般性转移支付为主，专项转移支付为辅的转移支付体系（王雍君，2006；王祖强和郑剑峰等，2009；朱青，2010；陈颂东，2011；李江涛，2011）。2014 年《国务院关于改革和完善中央对地方转移支付制度的意见》也提出加大对地方一般性转移支付力度，压减和整合专项转移支付项目。但笔者认为，基于我国特殊的政治经济环境及专项转移支付的特点，如果能够合理设置专项转移支付项目，加强对专项转移支付的监管，其在促进公共服务均等化上的作用不会比一般转移支付弱，在某些专项的公共服务供给上，其均等化效应会强于一般性转移支付。因此，在转移支付制度结构体系的选择上，以一般性转移支付为主，但同时应重视专项转移支付，合理设置专项转移支付并加强监管，发挥其在公共服务均等化上的应有作用。

12.2.3 优化财政转移支付制度的基本措施

在明晰我国转移支付变动趋势及建立目标后，笔者认为，基于中国的政治经济环境及专项转移支付的特点，在转移支付制度结构体系的选择上，以一般性转移支付为主，但同时应重视专项转移支付，合理设置专项转移支付并加强监管，发挥其在公共服务均等化上的应有作用。除此之外，推进新型城镇化建设过程还应从以下几个方面优化财政转移支付制度。

1. 财政转移支付要以市民化为导向

人口是城镇化建设的关键要素，城镇化建设和资金需求都是围绕人的需求展开的，相应的财政转移支付也应该坚持以促进人口城镇化为基本原则，特别是新型城镇化建设下，人口流动性强，对财政转移支付的分配提出了更多要求。在 2012 年之前，财政转移支付的资金分配的主要依据是地区户籍人口数量，但是在城镇化建设下人口流动更强，许多发达地区会有大量流入人口，实际容纳的人口数量远远大于户籍人口数量，地区原有的公共服务设施不能满足实际公共服务需求。鉴于这种情况，2012 年之后财政转移支付的分配标准初步考虑了人口流动，依据各地户籍人口和常住人口的关系调整转移支付，该调整一定程度上缓解了财政转移支付资金分配不均的问题，但是人口流入地和流出地之间分配不均的情况还有调整优化的空间。例如，在分配均衡性转移支付资金、保障基层政府基本财力时，可以先测算一定时期内流动人口的数量，预测该规模的流动人口对流入地和流出地的公共服务会产生的相应影响再有针对性地分配资金；对于流动人员的子女教育可以建立流动人员子女"钱随人走"的转移支付制度，切实落实对愿意接受流动人员的地方的教育经费的补助。综合而言就是要以人口市民化为导向，在测算各类转移支付资金时要充分考虑人口流动性，实现财政转移支付的针对性和有效性，以便更好地推动新型城镇化建设。

2. "因素法"完善财政转移支付的标准体系

转移支付资金的分配受多种因素的影响，宏观上来说，中央政府对地方政府实施转移支付时需要综合考虑政治和经济两个因素，致力于增加和均等化地方政府的财力以及按照财政收入和支出匹配度均等化地方公共服务。在具体分配实践中则要考虑不同地区资源禀赋的差异性，包括地区的自然条件、人口总量、地理位置和民族分布等，在制定转移支付政策时要以地区的禀赋差异和特征作为基础，先制定出相关标准并在实践过程中坚决依据标准执行。这些标准的制定需要一定的测算方法，目前对转移支付资金进行分配的方法主要有基数法和因素法。基数法是在以前年度基础上综合考虑当年的社会经济发展情况和财政可承受性确定下一个年度的转移支付额度，该方法的缺点是注重历史因素而忽略未来发展因素，不符合实际发展情况，缺乏灵活性。因此美国、日本等发达国家采用因素法并取得较好的效果，我国在1995 年制定的《过渡期财政转移支付办法》中开始使用因素法。该方法在综合考虑各地区收入和支出的基础上构建了一套测算上级政府对各地区转移支付额度的计算体系，这种定量分析的方法提高了我国转移支付标准的科学性和客观性，是我国财政转移支付体系的一次重大突破，但是该方法在我国的运用仍然很不成熟，因素的选取、权数的衡量、各类经费和支出标准的估算方法上仍然存在很多问题，在省以下一般转移支付制度中运用因素法时要注意以下几点。首先，扩大因素法使用范围，循序渐进逐步增加运用项目。目前因素法主要运用于一般性转移支付，而其他项目还是采用基数法。对于因素法的推广可以采用循序渐进的方式，在项目实施中采用两种方法结合的方式，在实施中加大因素法测算的资金规模和比重，逐渐扩大因素法的运用范围，从而慢慢替代基数法。对于一些针对特定地区和人群的一般性转移支付也可以试用因素法，这样的项目资金规模相对较小，涉及的地方和全体利益比较单一，在实践中易于操作。其次，明确转移支付的目标是各级地方政府财力的均等化和各个地区公共服务的均等化，在设计一般性转移制度的计算公式时要保证选取的因素能够全面、客观和真实地反映当地的财政收入水平和地区财政支出的需求。同时要运用发展的眼光来看待问题，考虑未来的发展趋势，如在测算地区医疗服务的财政支出时要考虑人口老龄化的影响；确定指标权重时，可以采用国际上成熟的计量分析方法对影响因子进行模拟分析测算各因子的权重。总之，运用因素法要注重各地区发展的差异性，对因素的选取要坚持客观、全面和科学的原则，充分发挥财政一般转移支付均等化效应。最后，地区发展差异性是运用因素法时必须考虑的问题。我国新型城镇化的建设发展具有明显的区域多样性，不同地区选取的影响因素和权重设置要符合所在地区的特点，因此在设置测算公式时应该根据地方情况灵活调整，确保转移支付能够满足各基层政府的财政需要，有效促进新型城镇化建设过程中各类公共服务提供水平的提高。

3. 优化财政转移支付的结构，完善专项转移支付制度

在财政分权体制下，中央转移支付是增加地方财政收入的重要途径。政府间的纵向转移支付可以分为三种：一是均衡性转移支付，是一般性转移支付的一种，顾名思义其目的主要在于调节不同地区间的财力失衡，促进地方公共服务均等化，这是转移支付制度的初衷所在，也是世界各国中央对地方转移支付的重要形式；二是专项补助，即上级政府对下级政府的指定用途、规定项目的拨款；三是税收返还，是一种特殊的转移支付形式，是中央政府对地方上划收入的一种财力补偿，具有再分配性质的财政补助，但是税收返还具有诸多弊端，近年来其在财政转移支付规模所占的比重大幅度下降。近年来，我国一般性转移支付的比例处于上升趋势，但是项目种类繁多、均等化效应不明显，而专项转移支付涉及多个领域，分配使用缺乏科学性，转移支付制度还存在诸多不足亟须优化。一般性转移支付与专项转移支付具有不同特点，要科学合理设计转移支付类型，发挥各自作用。在当前转移支付中，要以一般性转移支付为主，但同时应重视专项转移支付，合理设置专项转移支付并加强监管，并对一些与城镇化发展需求和公共财政改革方向不协调或者相矛盾的专项转移支付项目进行规范和清理。同时，加强中央的协调

能力，鼓励东部沿海发达地区在财政中支持中西部落后地区，合理配置财政资源，均衡各地区财政能力，促进区域间的协调发展。

12.3　强化政府预算制度，提高预算透明度

预算软约束是我国政府预算管理中的一个重要问题。预算软约束这一概念最早出现在 1980 年匈牙利经济学家科内尔的著作《短缺经济学》中，如果一个主体的支出大于其自身能够获取的收益，但可以从预算外得到资金帮助支撑其开支，使其免于破产清算时，就称该主体存在预算软约束。该理论从提出至今历经多次发展，含义不断深化扩展，现被广泛运用于政府预算领域。我国地方政府预算在执行前要先由人民代表大会审议通过，但在具体实行中地方政府常常无视规定，实际收支超过预算限定，面对这种行为中央政府为了保障地方经济的稳定和安全则会给予其经济援助以使其继续存续，这就使预算约束名不副实，对此现象称为地方政府预算软约束。在我国现行财政体制下，地方政府在预算内获取的资金不足以满足其推动新型城镇化发展所需的支出。为了提高政府对城镇化发展质量的控制，可以从加强政府预算管理开始，提高政府财政资金使用效率和效果，预防政府的过度投资行为。我国预算软约束的原因深刻且复杂，包括预决算的编制不科学、预算监管不力、透明度低等，加强预算管理可以从预算编制、监督和绩效评价三个方面展开。

12.3.1　深化预算编制和执行方式改革

加强预算编制和执行可以从以下几个方面展开。首先，完善相关的预算管理法律体系，完善的法律制度是公平和高效使用预算资金的前提保证。目前我国预算法治化程度较低，关于预算的相关规定大部分是行政部门发布的，通常是一些决定、意见、通知等，不具有法律的权威性，而且大部分属于统领性的规定，在具体实践中碰到具体问题没有规范的处理方法，亟须建立一套完善的预算管理法律体系，包括预算编制、收入征管、资金分配、国库管理、政府采购、财政监督、绩效评价、责任追责等方面的制度建设。其次，制定统一的预算编制流程，要求各预算部门严格按照流程编制，保证各

预算的一致性。部门预算涉及的预算单位非常多，如果各单位采用自己的管理模式根据本单位的标准来编制预算，这就会导致编制出来的预算十分随意，缺乏统一性，难以汇总。预算编制的过程涉及人民代表大会、财政部门等，安排协调好各部门的工作能够提高预算编制的规范性，具体来说可以从以下几点来做。第一，明确职责分工，落实预算编制责任制。财政部门负责组织各部门展开预算编制工作，根据政策目标调整预算编制的总体方向；预算单位要在财政部门的组织下按规定完成预算编制并对其承担第一责任；人大负责审查同级政府部门和财政部门的预算编制的合法合规性。第二，在预算编制中贯彻协商机制。财政部门要和预算单位协调，在遵循当前政策的前提下酌情考虑各预算单位的需求对单位的预算进行审核；同时各预算部门之间要形成良好的沟通与协调机制，充分沟通预算相关信息，使全员参与预算编制和实施。第三，动态解决预算编制过程中的问题。预算本身是对未来财政支出情况的一种预测，未来支出情况是复杂多变的，政府的预算目标也可能发生变化，因此其目标应该根据需要进行动态调整，并且根据政府的预算目标不同适时调整。第四，完善相关法律法规，用法律手段保障部门预算编制流程的合法性。财政部门要按照规定对预算单位的预算草案进行初步审查，再将预算内容上报给人大及其常委会进行审议，在人大的审查过程中应该鼓励社会公众参与监督，提高预算编制的透明度。最后，强化预算执行管理。预算只有得到有效的执行，预算编制才有意义。预算执行同样需要在法律的框架内展开并且接受社会公众的监督，及时向社会公众公布预算收支和决算收支，保障公民的知情权，约束政府严格按照预算分配收支；规范预算执行流程，完善国库支付系统相关运行机制，要求各单位统一使用该支付系统，减少预算执行不规范的现象，使预算资金的使用更加透明可监督，同时完善国库统一核算的财务制度，建立内部控制机制，不相容岗位相分离，如财政资金的收付岗位应该由不同的人管理，保证财政资金的使用是规范透明的；制定对预算执行进度的动态评估系统，动态监管预算执行，采取每月汇报、监督落后单位、核实预警疑点等方式及时调整预算执行过程。

12.3.2 完善预算监督机制，提高预算透明度

预算的有效实行离不开内部、外部的有效监督，建立健全预算监督机制，加强相关主体对预算编制、审批、执行、决算等方面的监督有利于增加

预算的可操作性和透明度。首先，强化人大的监督职能。人大的预算监督权具有《宪法》和《预算法》的保障，其预算监督范围不仅包括部门预算批复，而且包含重大投资项目、转移支付资金、社会保障预算等。当前的重点是要加强人大履行监督职能的能力和条件，在法律保障其权力之外，需要相应的专业素质来完成监督工作。人大代表往往来自各行各业，对政府预算等专业知识了解有限，对预算监督的知识也不一定熟悉，在实际的监督工作中难以有效发挥监督作用，因此为了增强人大履职能力，可以完善人大机构设置，设立专门的预算审批监督机构，机构人员由具有履行监督能力的专职工作人员组成。其次，强化内部监督职能。加强内部控制制度的建设，有效发挥内部监察的职责，将预算监督贯穿预算的全过程，保证预算监督的连贯性，并及时反馈预算编制和执行中出现的问题，还可以建立绩效评估，提高各部门预算执行的积极性。最后，强化社会公众监督。完善相关法律法规保障公众的监督权，严格落实制度。一方面，利用网络媒体等现代化手段丰富预算公开的方式，建立各类公众号以及电视、广播等平台，在相关平台及时发布财政信息、公开数据预决算，让人民群众可以及时接收到预算信息；另一方面，利用各大平台方便人民群众实行监督权力，完善反馈举报投诉等渠道，对于群众的留言信息要及时核查并予以反馈，建立相关的奖励机制，鼓励人民群众关注预算，参与预算监督。

12.3.3　完善预算绩效评价体系

实行预算绩效管理，构建全过程的预算绩效机制，将预算绩效管理工作常态化，能够有效提高政府对预算执行的关注，强化政府的绩效理念和支出责任，提高财政资金的使用效益。做好预算管理工作，应从以下几点努力。首先，强化政府预算绩效管理的意识，将绩效管理的思想融入预算管理之中，增强各预算单位的责任，提高各部门对预算的重视。其次，在预算管理中引入绩效管理的前提条件是绩效管理可以制度化，要建立相应的绩效管理机制，使其成为部门工作绩效考评的一部分，结合部门实际情况制定适合本部门的绩效评价方法，例如在具体实行中针对我国政府在预算管理中时常出现的短视行为——政府官员为了自身利益而忽视社会效益，可以采用定量分析法和定性分析法相结合的方式，既对其财政支出的经济效益进行定量评价，又对财政支出的影响和持续性进行定性评价，使预算的执行能够对政府财政支出发挥出监督和引导作用，引导政府把财政支出的学科合规作为绩效目标之一，综合评价一定时期内政府是否按照要求达成财政支出目标。再其次，要健全绩效评价指标体系。指标设置要坚持体现本级政府部门预算编制的总体要求和部门事业发展规划的基本方向，在具体选择指标时要坚持全面、客观、可衡量等基本原则，将指标细化到各个具体项目中。例如，在财政支出要体现新型城镇化建设的要求，合理分配财政资金，加大对人口市民化的支持力度，避免过度投资，杜绝资源重复浪费等，所以指标在设置中除了涉及基础设施建设数量、质量的指标之外还要增加环境效益、社会效益类指标。此外，指标设置可以通过采用内部评审、专家评审等形式来保证其科学性和合理性，对于本部门及下属单位申报的项目绩效指标要进行专家论证，不断完善绩效指标。同时在指标设置时要避免"一刀切"，每个地方的经济实力不同，城镇化发展程度不同，要因地制宜，尊重区域差异性，增强指标的客观性和可操作性。最后，建立相应监督机制，严格实施审计，监察控制预算绩效管理的实施。预算绩效的评价结果可以在审计报告中体现以便及时让预算单位知道评价结果，及时整改其中出现的相关问题。人民群众是政府工作监督的重要主体，关于绩效目标、指标设计和评价结果等相关信息可以通过问卷、调研等调查方式广泛征求民意，进一步保证预算绩效评价的客观和公正。

12.4　改进政府绩效的考核和激励机制

地方政府承担着地方经济、民生事务、发展治理的责任，政府履行责任需要财政的持续性支持，财政支出是政府解决地方事务的重要经济来源。而地方治理的效果是衡量政府政绩的重要指标，因此如何分配有限的财政资金以促进地区社会的发展成为地方政府官员面临的难题。地方政府的财政支出受政府绩效考核目标的影响，也受激励机制的驱动。改进传统的绩效考核标准和激励机制，对于优化城镇化支出结构，提高城镇化发展质量有着重要意义。

12.4.1　增强以公民福利为导向的政绩考核机制

改进政府绩效考核和激励机制首先要确定考核的目标导向，传统的以经济发展程度为主要导向的考核目标导致了"唯 GDP 论"，为了引导政府树立正确的城镇化理念和激发政府投资公共福利的动力，必须改进政府政绩考核评价机制，把公民福利作为政绩考核机制的导向，把坚持以人为本、改善民生的政绩目标作为政府工作的出发点。新型城镇化建设，既需要不断地促进经济发展推进空间城镇化和产业城镇化，也需要兼顾群众需求提高人口城镇化和资源环境城镇化水平。为此需要重新设置政绩考核指标，具体来说，要弱化 GDP 因素在政绩考核和激励过程中的重要地位，在政绩考核中增加包括政府负债、地方福利保障、自然环境等方面的综合评价因素，增强对政府发展公共事业的激励，优化政府政策资源分配，在确保公共基础设施建设得到最大的财力保障的同时充分发展社会公益性事业。在政绩考核指标设置上要更加全面完整，从单一指标向立体化指标转变，摒弃传统的只注重经济发展的考核方式，将社会、文化、生态等方面的全方位发展列入考核范围，并设置相应的权重，同时延长政绩考核的期限，以更加灵活的方式评价政府政绩，切忌过于强调偏向短期效应而忽略长期效应，鼓励政府长远规划，保持城镇化的持续性发展。

12.4.2　建立由第三方参与的考核评价机制

当前的政府绩效评估和考核体系仍属于内部评价，缺乏第三方的监督和建议，具有一定的封闭性，公众参与和监督评价的渠道缺乏，社会公众的作用没有得到显现。这种绩效考核和激励机制难免产生激励偏差，导致政府官员行为偏离社会公众的长远利益，而实际上政府的最终服务对象是人民群众，人民群众的感受应该成为政府工作的推动力量。政府绩效评价应该扩大政府的开放程度，强化目标责任机制，在内部评价考核之外引入第三方参与考核，创造公众或专家学者共同参与政府绩效评估和官员考核的制度条件。公众评议机制是一种第三方参与方式，该方式有助于增强政府与公众的沟通交流，减轻政府和公众之间的信息不对称，从而提高政府和公众的良性沟通和互动（倪星，2013）。在人大和政协等机构对官员和政府机关绩效的专业评价之下综合听取群众的意见，把人民评议作为绩效评价的重要组成部分，能够使绩效评价更加全面、接地气，提高政府部门的服务态度和办事效率，优化政府工作的实施方向，真正成为为人民办事的服务型政府。对此可以借鉴南京和珠海等地的"万人评议政府"的实践活动，促进政府工作作风转变，优化和完善政府绩效评估的方法。

12.4.3　设置目标多元化的考核评价指标体系

长期以来，我国政府官员的考核评价指标体系存在着严重的"泛经济化"的倾向，尽管中央文件中指出各项指标居于平等的地位，具有相同的重要性，但在实际操作中，经济增长指标被反复强调，而其他不易量化的公共服务指标则被忽视，在这种考核指标的压力之下，政府官员不免出现短视行为和投机行为。针对以上问题，中央也曾发布文件为政府政绩考核提出改进目标。首先，政绩考核指标体系的设置在总体上要把握一个大方向，即要坚持科学发展观和正确政绩观，以改善民生、提高人民生活质量为政府工作的基本出发点。其次，注意指标设置的灵活性，坚持因地制宜的差异化指标，针对不同区域、不同层次、不同类型的政府工作制定差别化的考核方式，充分发挥考核内容对政府的激励性和约束性。再其次，在指标的选择中要坚持全面、客观、科学和可持续性的原则，指标的选择应该既能考核经济发展速度，也能体现注重经济发展方式和发展质量，还能反映地区社会保障和民生福利以及资源环境保护；既承认当前的显绩，又关注长远的潜绩。最后，要保证绩效评价体系的可操作性，使评价结果可量化、可比较。优先采用可量化的方式，运用专家评估或者数据分析等方法对选择的指标进行赋值，运用公式计算出政府最终绩效，而对于确实难以量化的指标可以采用定性分析方法。总之要做好明确具体的规定，保证考核体系具有可操作性，使其在实践中能够真正得到落实。

参 考 文 献

[1] A. B. 阿金特森、J. E. 斯蒂格里茨. 公共经济学 [M]. 蔡江南, 译. 上海：上海人民出版社, 1994.

[2] 安东尼·B. 阿特金森, 约瑟夫·E. 斯蒂格利茨. 公共经济学 [M]. 蔡江南, 等, 译. 上海：上海三联书店, 1992：619 - 625.

[3] 奥茨. 财政联邦主义 [M]. 陆符嘉, 译. 南京：译林出版社, 2012.

[4] 奥尔森. 集体行动的逻辑 [M]. 陈郁, 等, 译. 上海：生活·读书·新知三联书店, 上海人民出版社, 1995.

[5] 巴曙松, 杨现领. 城镇化大转型的金融视角 [M]. 厦门：厦门大学出版社, 2012：231 - 233.

[6] 白彦锋. 房产税未来能成为我国地方财政收入的可靠来源吗?[J]. 经济理论与经济管理, 2012 (5)：57 - 64.

[7] 保罗·萨缪尔森, 威廉·诺德豪斯. 经济学 [M]. 萧琛, 等, 译. 北京：华夏出版社, 1999.

[8] 鲍德威. 公共部门经济学（第二版）[M]. 邓力平, 译. 北京：中国人民大学出版社, 2002：352.

[9] 财政部预算司. 中国省以下财政体制（2006）[M]. 北京：中国财政经济出版社, 2006.

[10] 蔡红英. 中国地方政府间财政关系研究 [M]. 北京：中国财政经济出版社, 2007.

[11] 曹飞. 中国省域新型城镇化质量动态测度 [J]. 北京理工大学学报（社会科学版）, 2017, 19 (3)：108 - 115.

[12] 曹宗平, 吴思思. 我国产业结构变迁与城市化水平提升间互动关系研究 [J]. 城市观察, 2014 (6)：67 - 76.

[13] 陈明星, 陆大道, 张华. 中国城市化水平的综合测度及其动力因

子分析 [J]．地理学报，2009，64（4）：387-398．

[14] 陈明星，隋昱文，郭莎莎．中国新型城镇化在"十九大"后发展的新态势 [J]．地理研究，2019，38（1）：181-192．

[15] 陈颂东．促进地区基本公共服务均等化的转移支付制度研究 [J]．地方财政研究，2011（7）：41-45+66．

[16] 陈湘满，陈瑶．地方公共财政支出结构对新型城镇化的影响——基于空间杜宾模型的分析 [J]．当代财经，2021（4）：39-52．

[17] 陈征，李建平，郭铁民主编．面向新世纪的中国经济 [M]．北京：经济科学出版社，2001．

[18] 陈征．《资本论》解说（修订本）[M]．福州：福建人民出版社出版，1997．

[19] 城市中国计划．国家新型城镇化指标体系及若干问题研究 [M]．北京：人民日报出版社，2015．

[20] 丛海彬．中国产城融合发展研究 [M]．北京：中国财政经济出版社，2020．

[21] 崔联会．中国财政制度研究 [M]．北京：经济科学出版社，2004．

[22] 大卫·休谟．人性论 [M]．楼棋，译．北京：中国社会出版社，1999．

[23] 大卫·休谟．人性论 [M]．关文运，译．北京：商务印书馆，2016．

[24] 丹尼斯·缪勒．公共选择理论 [M]．杨春学，等，译．北京：中国社会科学出版社，1999．

[25]《当代中国》丛书编辑部．当代中国的经济管理 [M]．北京：中国社会科学出版社，1985．

[26]《当代中国》丛书编辑部．当代中国财政 [M]．北京：中国社会科学出版社，1988．

[27]《当代中国财政》丛书编辑部．中国社会主义财政史参考资料（1945—1985）[M]．北京：中国财政经济出版社，1990．

[28] 道格拉斯·C．诺斯．经济史中的结构与变迁 [M]．陈郁，罗华平，译．北京：人民出版社，2002．

[29] 道格拉斯·C．诺斯．制度、制度变迁与经济绩效 [M]．杭行，

译.上海：格致出版社，2016.

［30］邓金钱，张娜.中国财政体制改革的历史方位、逻辑主线与"十四五"取向［J］.经济体制改革，2021（3）：128－134.

［31］邓松.财政分权对地方财政基本公共服务支出的影响研究［D］.中国财政科学研究院，2019.

［32］邓小平文选（1－3卷）［M］.北京：人民出版社，1993.

［33］丁江辉.中日城市化质量比较研究［D］.昆明：云南大学，2018.

［34］丁菊红.转型经济中的我国财政分权研究：方法、目标及其特征与展望［J］.中国浦东干部学院学报，2014，8（1）：116－122.

［35］董利民.城市经济学［M］.北京：清华大学出版社，2011.

［36］杜海峰，顾东东，等.农业转移人口市民化成本与测算［M］.北京：社会科学文献出版社，2020.

［37］杜莉.城市财政学［M］.上海：复旦大学出版社，2006.

［38］段龙龙.国家治理现代化视野下的中国财政分权［M］.北京：社会科学文献出版社，2019.

［39］范双涛.中国新型城镇化发展路径研究［D］.沈阳：辽宁大学，2015.

［40］方创琳，王德利.中国城市化发展质量的综合测度与提升路径［J］.地理研究，2011，30（11）：1931－1946.

［41］费雪.州和地方财政学［M］.吴俊培，译.北京：中国人民大学出版社，2000.

［42］封北麟.城镇化、地方政府融资与财政可持续性［M］.北京：经济科学出版社，2017.

［43］付焕.新型城镇化投融资机制创新及路径优化研究［D］.咸阳：西北农林科技大学，2018.

［44］傅勇，张晏.中国式分权与财政支出结构偏向：为增长而竞争的代价［J］.管理世界，2007（3）：4－12＋22.

［45］傅勇.财政分权、政府治理与非经济性公共物品供给［J］.经济研究，2010，45（8）：4－15＋65.

［46］傅勇.中国式分权与地方政府行为：探索转变发展模式的制度性框架［M］.上海：复旦大学出版社，2010.

［47］高鹤.财政分权、经济结构与地方政府行为：一个中国经济转型

的理论框架 [J]. 世界经济, 2006 (10): 59-68.

[48] 耿海清, 陈帆, 詹存卫, 仇昕昕, 刘磊. 基于全局主成分分析的我国省级行政区城市化水平综合评价 [J]. 人文地理, 2009, 24 (5): 47-51.

[49] 龚浩, 任致伟. 新中国70年财政体制改革的基本历程、逻辑主线与核心问题 [J]. 改革, 2019 (5): 19-28.

[50] 辜胜阻, 刘江日, 李洪斌. 中国城镇化的转型方向和配套改革 [J]. 中国人口科学, 2013 (3): 2-9+126.

[51] 顾朝林. 中国新型城镇化之路 [M]. 北京: 科学出版社, 2019.

[52] 郭鸿懋, 江曼琦, 陆军, 等. 城市空间经济学 [M]. 北京: 经济科学出版社, 2002.

[53] 郭庆旺, 贾俊雪. 财政分权、政府组织结构与地方政府支出规模 [J]. 经济研究, 2010, 45 (11): 59-72+87.

[54] 郭庆旺, 吕冰洋. 地方税系建设论纲: 兼论零售税的开征 [J]. 税务研究, 2013 (11): 9-14.

[55] 郭铁民, 林善浪. 中国合作经济发展史 (上下册) [M]. 北京: 当代中国出版社, 1998.

[56] 郭月梅. "营改增" 背景下完善地方税体系的探讨 [J]. 财政研究, 2013 (6): 35-37.

[57] 国家城调总队福建省城调队课题组. 建立中国城市化质量评价体系及应用研究 [J]. 统计研究, 2005 (7): 15-19.

[58] 国务院发展研究中心. 中国新型城镇化道路、模式和政策 [M]. 北京: 中国发展出版社, 2014.

[59] 韩本毅. 城市化与地方政府土地财政关系分析 [J]. 城市发展研究, 2010, 17 (5): 12-17.

[60] 郝华勇. 基于主成分法的湖北省市域城镇化质量评价与对策 [J]. 湖北省社会主义学院学报, 2012 (1): 67-71.

[61] 侯学英. 可持续城市化及其评价指标体系研究 [J]. 商业研究, 2005 (4): 36-38.

[62] 胡洪曙. 构建以财产税为主体的地方税体系研究 [J]. 当代财经, 2011 (2): 27-35.

[63] 胡书东. 经济发展中的中央与地方关系——中国财政制度变迁研

究［M］．北京：人民出版社，2001．

［64］黄佩华，王桂娟．费改税：中国预算外资金和政府间财政关系的改革［J］．经济社会体制比较，2000（6）：14－21．

［65］黄燕．地方公共财政发展研究［M］．北京：中国社会科学出版社，2007．

［66］吉富星，鲍曙光．中国式财政分权、转移支付体系与基本公共服务均等化［J］．中国软科学，2019（12）：170－177．

［67］贾康，白景明．中国地方财政体制安排的基本思路［J］．财政研究，2003（8）：2－5．

［68］贾康，刘薇．以"一元化"公共财政支持"市民化"为核心的我国新型城镇化［J］．经济研究参考，2014（1）：88－93．

［69］姜松，夏艳．中国经济金融化与城镇化协调发展［M］．北京：经济管理出版社，2019．

［70］科林·克拉克．经济进步的条件［M］．张旭昆，夏晴，等，译．北京：中国人民大学出版社，2020．

［71］寇铁军．我国财政体制改革的目标模式［J］．财经问题研究，1995（12）：21－26．

［72］库兹涅茨．现代经济增长 速度、结构与扩展［M］．戴睿，易诚，译．北京：北京经济学院出版社，1989．

［73］蓝庆新，刘昭洁，彭一然．中国新型城镇化质量评价指标体系构建及评价方法——基于2003—2014年31个省市的空间差异研究［J］．南方经济，2017（1）：111－126．

［74］李冬梅．以应对金融危机的视角看我国城市化进程中地方财政困境的化解［J］．城市发展研究，2010，17（4）：144－146．

［75］李栋林．财政支持新型城镇化建设绩效评价研究［D］．北京：北京交通大学，2016．

［76］李国成，肖庆宪．基于粗糙集的城镇化质量评价研究——以安徽省为例［J］．科技与管理，2014，16（2）：115－119．

［77］李红燕，邓水兰．新型城镇化评价指标体系的建立与测度——以中部六省省会城市为例［J］．企业经济，2017，36（2）：187－192．

［78］李吉鹏．以人为本视角下中国新型城镇化问题研究［D］．曲阜：曲阜师范大学，2017．

［79］李江涛. 中国转移支付制度改革面临的困境及改革措施研究 ［J］. 经济研究参考，2011（11）：6－9＋15.

［80］李金来. 我国城市化应走优先发展中等城市的道路 ［J］. 城市问题，1990（2）：32－35.

［81］李文，庄亚明. 中国西部新型城镇化建设综合测度及金融支持研究 ［J］. 经济问题探索，2017（1）：72－81.

［82］李小强. 城市竞争力评价的结构方程模型研究 ［M］. 成都：西南财经出版社，2006.

［83］李晓慧，龙泽鸿，郑丽云. 浅析 PPP 模式的国际运用经验及中国化推广策略 ［J］. 中国商论，2018（16）：77－78.

［84］李晓燕. 中原经济区新型城镇化协调度评价及地区差异分析 ［J］. 区域经济评论，2013（6）：154－160.

［85］李新恒. 地方税体系中的主体税种选择——几种方案的比较分析 ［J］. 地方财政研究，2019（4）：52－57.

［86］李鑫，李兴校，欧名豪. 江苏省城镇化发展协调度评价与地区差异分析 ［J］. 人文地理，2012，27（3）：50－54.

［87］李雪涛，吴清扬. 新型城镇化测度及其协调发展的空间差异分析 ［J］. 统计与决策，2020，36（8）：67－71.

［88］李燕娜. 湖南省新型城镇化质量指标体系构建及评价研究 ［J］. 中国农业资源与区划，2020，41（2）：172－177.

［89］李一花，骆永民. 财政分权、地方基础设施建设与经济增长 ［J］. 当代经济科学，2009，31（5）：66－71＋126.

［90］李永乐，吴群. 中国式分权与城市扩张：基于公地悲剧的解释 ［J］. 南京农业大学学报（社会科学版），2013，13（1）：73－79.

［91］理查德·A. 马斯格雷夫，佩吉·B. 马斯格雷夫. 财政理论与实践 ［M］. 邓子基，邓力平，译校. 北京：中国财政经济出版社，2003.

［92］厉有为，周天勇. 城市发展战略 研究与制定 ［M］. 北京：高等教育出版社，2005.

［93］林达尔. 货币和资本理论的研究 ［M］. 陈福生，陈振骅，译. 北京：商务印书馆，2017.

［94］刘传江. 中国城市化的制度安排与创新 ［M］. 武汉：武汉大学出版社，1996.

[95] 刘鸽，刘复友，储金龙，夏永久. 安徽省新型城镇化发展水平测度 [J]. 池州学院学报，2014，28 (2)：65 - 68.

[96] 刘建徽，周志波. 完善我国地方税体系研究 [J]. 财经问题研究，2016 (2)：54 - 61.

[97] 刘金涛. 财政分权与中国经济增长关系研究 [M]. 北京：科学出版社，2010.

[98] 刘进辉，王殿安. 我国新型城镇化的科学内涵及其发展道路 [J]. 农业经济，2014 (1)：64 - 66.

[99] 刘溶沧，焦国华. 地区间财政能力差异与转移支付制度创新 [J]. 财贸经济，2002 (6)：5 - 12.

[100] 刘尚希. 城镇化对财政体制的挑战及对策思考 [J]. 中国财政，2012 (3)：44 - 46.

[101] 刘少华，夏悦瑶. 新型城镇化背景下低碳经济的发展之路 [J]. 湖南师范大学社会科学学报，2012，41 (3)：84 - 87.

[102] 刘树鑫，杨森平，刘佳纯. 地方财政自给能否提升公共产品供给效率？[J]. 财贸研究，2021，32 (3)：52 - 68.

[103] 刘小勇. 经济增长视野下的中国财政分权实证研究 [M]. 北京：经济科学出版社，2009.

[104] 刘云龙. 民主机制与民主财政——政府间财政分工及分工方式 [M]. 北京：中国城市出版社，2001.

[105] 柳明花，董竹，尚继权. 金融支持城镇化建设的韩国与德国经验借鉴 [J]. 长春金融高等专科学校学报，2016 (4)：11 - 16.

[106] 卢兴杰. 我国地方政府融资平台问题研究 [D]. 成都：西南财经大学，2012.

[107] 陆铭，陈钊. 城市化、城市倾向的经济政策与城乡收入差距 [J]. 经济研究，2004 (6)：50 - 58.

[108] 吕丹，叶萌，杨琼. 新型城镇化质量评价指标体系综述与重构 [J]. 财经问题研究，2014 (9)：72 - 78.

[109] 吕振儒，闫琳. 循环经济视角下的我国城市化水平综合评价 [J]. 晋中学院学报，2012，29 (1)：43 - 48.

[110] 吕振宇. 公共产品供给与竞争嵌入 [M]. 北京：经济科学出版社，2010.

［111］罗东秋．城市准公共产品外部效应、受益居民税赋补偿及地方财政转型路径研究［D］．重庆：重庆大学，2010．

［112］罗玲玲，马德勇．新型城镇化技术体系建构探究：基于价值评价标准［J］．现代经济探讨，2018（6）：79－84．

［113］罗瑞雪，蔡雪雄．福建省城市化水平综合评价动态研究——基于全局主成分分析［J］．福建论坛（人文社会科学版），2013（12）：135－139．

［114］骆永民．财政分权对地方政府效率影响的空间面板数据分析［J］．商业经济与管理，2008（10）：75－80．

［115］马长发，贾鼎，李嘉，朱文浩．以人为核心的"城市能力"论——中国新型城镇化研究新思维［J］．城市发展研究，2020，27（12）：7－11＋88．

［116］马光荣，杨恩艳．中国式分权、城市倾向的经济政策与城乡收入差距［J］．制度经济学研究，2010（8）：10－24．

［117］马海涛．财政转移支付制度［M］．北京：中国财政经济出版社，2004．

［118］马骏，刘亚平．中国地方政府财政风险研究："逆向软预算约束"理论的视角［J］．学术研究，2005（11）：77－84＋148．

［119］马凯．转变城镇化发展方式 提高城镇化发展质量 走出一条中国特色城镇化道路［J］．国家行政学院学报，2012（5）：4－12．

［120］马克思恩格斯全集（9、11、12、15、17、19、23、24、25、26卷）［M］．北京．人民出版社，1995．

［121］马拴友．财政政策与经济增长［M］北京：经济科学出版社，2003．

［122］毛泽东著作选读：上、下［M］．北京：人民出版社，1986．

［123］梅建明．推进农业转移人口市民化的制度困局及其优化策略研究［M］北京：经济科学出版社，2019．

［124］孟莹莹．基于地方主体税种重构的消费税改革展望［J］．经济纵横，2016（8）：105－109．

［125］穆勒．政治经济学原理及其在社会哲学上的若干应用：上［M］．赵荣潜，等，译．北京：商务印书馆，1991．

［126］倪星．地方政府绩效评估创新研究［M］．北京：人民出版社，

2013.

[127] 倪泽晟，沈雨裳，申晨. 我国新型城镇化发展水平的综合测度及指标体系构建——基于 2005—2016 年 30 个省市自治区的空间差异研究 [J]. 经营与管理，2019（5）：64–71.

[128] 潘家华，魏后凯. 中国城市发展报告——聚焦民生 [M]. 北京：社会科学出版社，2011.

[129] 彭旭辉，彭代彦. 中国城镇化发展的变结构协整分析：财政分权视角 [J]. 武汉大学学报（哲学社会科学版），2017，70（1）：50–61.

[130] 平新乔. 财政原理与比较财政制度 [M]. 上海：上海人民出版社，1996.

[131] 乔宝云，范剑勇，冯兴元. 中国的财政分权与小学义务教育 [J]. 中国社会科学，2005（6）：37–46+206.

[132] 仇保兴. 国外模式与中国城镇化道路选择 [J]. 人民论坛，2005（6）：42–44.

[133] 仇保兴. 如何转型 中国新型城镇化的核心问题 [J]. 时代建筑，2013（6）：10–17.

[134] 饶会林. 试论城市规模效益 [J]. 中国社会科学，1989（4）：3–18.

[135] 饶会林等. 现代城市经济学概论 [M]. 上海：上海交通大学出版社，2008.

[136] 任跃文，蒋国洲，许夏冰童. 城市化水平综合测度与空间格局分析 [J]. 商业时代，2014（9）：48–49.

[137] 萨缪尔森. 公共支出的纯理论 [M] // 曹荣湘. 蒂布特模型. 北京：社会科学文献出版社，2004.

[138] 沈超. 新型城镇化发展的科学内涵及推进途径——基于城乡一体化发展的视角 [J]. 南方论刊，2014（4）：9–12.

[139] 沈蕾，张蓉. 财政金融协同支持新型城镇化发展效率研究——基于四阶段 DEA–Malmquist 方法 [J]. 武汉理工大学学报（社会科学版），2021，34（1）：76–85.

[140] 沈洋. 新型城镇化进程中基本公共服务研究——以河南省为例 [D]. 大连：东北财经大学，2018.

[141] 沈子美. 财政分权、政府竞争与公共物品供给研究 [D]. 厦门：

厦门大学, 2018.

　　[142] 石忆邵. 中国新型城镇化与小城镇发展 [J]. 经济地理, 2013, 33 (7): 47 - 52.

　　[143] 舒成. 中国地方财政分权体制对地级公共品供给影响的实证分析 [J]. 统计与决策, 2010 (11): 132 - 134.

　　[144] 宋俊岭. 城市的定义和本质 [J]. 北京社会科学, 1994: 2.

　　[145] 宋林飞. 中国特色新型城镇化道路与实现路径 [J]. 甘肃社会科学, 2014 (1): 1 - 5.

　　[146] 宋书伟. 新型中等城市中心论——科技文明时代新型的社会结构 [J]. 城市问题, 1990 (1): 5 - 11 + 19.

　　[147] 苏明. 我国地方税税权划分的理论分析及改革取向 [J]. 地方财政研究, 2004 (2): 6 - 10.

　　[148] 孙超. 新型城镇化发展的科学内涵及推进途径——基于城乡一体化发展的视角 [J]. 南方论刊, 2014 (4): 9 - 12.

　　[149] 孙德超, 周冰玉. 促进城镇化发展的城市财政支出改革研究 [J]. 城市发展研究, 2014, 21 (2): 5 - 7.

　　[150] 孙健夫. 推进新型城镇化发展的财政意义与财政对策 [J]. 财政研究, 2013 (4): 61 - 64.

　　[151] 孙开等. 公共产品供给与公共支出研究 [M]. 大连: 东北财经大学出版社, 2006.

　　[152] 邰英角, 许铭, 张小平. 安徽省城市化水平综合分析评价 [J]. 国土与自然资源研究, 2005 (2): 18 - 20.

　　[153] 谭志雄, 张阳阳. 财政分权与环境污染关系实证研究 [J]. 中国人口·资源与环境, 2015, 25 (4): 110 - 117.

　　[154] 唐磊著. 我国新型城镇化融资体制改革研究 [M]. 北京: 中国金融出版社, 2018.

　　[155] 滕海燕. "以人为本" 理念下甘肃省新型城镇化建设研究 [D]. 兰州: 西北民族大学, 2011.

　　[156] 田发. 财政转移支付的横向财力均等化效应分析 [J]. 财贸研究, 2010, 21 (2): 70 - 75.

　　[157] 田志刚. 地方政府间财政支出责任划分研究 [M]. 北京: 中国财政经济出版社, 2010.

[158] 万大平. 论中等城市在我国现代社会中的地位与发展 [J]. 中南财经大学学报, 1990 (5): 82 - 85 + 117.

[159] 王安栋. 中国地方公共财政与城市发展 [M]. 北京: 中国经济出版社, 2005.

[160] 王芳芳, 董骁. 地方政府的"土地财政"及其弊端 [J]. 城市问题, 2010 (2): 69 - 73.

[161] 王建康, 汤小华. 海西经济区城市化水平综合测度研究 [J]. 山西师范大学学报 (自然科学版), 2013, 27 (2): 90 - 97.

[162] 王建英. 新型城镇化发展中的金融支持效应研究 [M]. 北京: 中国经济出版社, 2019.

[163] 王礼刚. 贵州省各地市州城市化水平综合评价——基于主成分、聚类和 GIS 分析方法 [J]. 西北民族大学学报 (哲学社会科学版), 2011 (2): 96 - 103.

[164] 王玲杰. 新型城镇化的综合测度与协调推进 [M]. 北京: 经济管理出版社, 2014.

[165] 王敏, 曹润林. 分税制改革、城镇化进程与地方税体系完善研究 [J]. 财政研究, 2015 (8): 78 - 83.

[166] 王巧兵. 新型城镇化发展的财政政策设计 [D]. 广州: 暨南大学, 2014.

[167] 王贤彬, 徐现祥. 地方官员晋升竞争与经济增长 [J]. 经济科学, 2010 (6): 42 - 58.

[168] 王小刚, 王建平. 走新型城镇化道路——我党社会主义建设理论的重大创新和发展 [J]. 社会科学研究, 2011 (5): 40 - 42.

[169] 王小鲁, 夏小林. 优化城市规模 推动经济增长 [J]. 经济研究, 1999 (9): 22 - 29.

[170] 王晓欢, 王晓峰, 张晖, 常俊杰. 基于灰色关联投影的陕南县域城镇化水平评价及对策研究 [J]. 宁夏师范学院学报, 2010, 31 (6): 62 - 68.

[171] 王新燕. 以人为核心的中国新型城镇化研究: 以马克思关于人的发展思想为视角 [M]. 北京: 人民出版社, 2019.

[172] 王艳军, 王利, 王红燕. 辽宁省城镇化发展水平测度及其差异研究 [J]. 安徽农业科学, 2013, 41 (12): 5580 - 5583.

［173］王雍君．中国的财政均等化与转移支付体制改革［J］．中央财经大学学报，2006（9）：1－5．

［174］王宇．财税改革过程中地方主体税种的选择［J］．税务研究，2015（4）：91－96．

［175］王志扬，张平竺．地方税体系建设：理论基础和主体框架分析［J］．税务研究，2016（8）：13－17．

［176］王祖强，郑剑锋，包浩斌．转移支付制度的公共服务均等化绩效研究——基于1997—2008年中国内地的实证分析［J］．重庆工商大学学报（西部论坛），2009，19（6）：65－72．

［177］吴超，钟辉．金融支持我国城镇化建设的重点在哪里［J］．财经科学，2013（2）：1－10．

［178］吴敬琏．中国：政府在市场经济转型中的作用［J］．河北学刊，2004（4）：39－46．

［179］武力．中华人民共和国经济史：上、下册［M］．北京：中国经济出版社，1999．

［180］西蒙·库兹涅次．现代经济增长［M］．戴睿，易诚，译．北京：北京经济学院出版社，1989．

［181］习近平．决胜全面建成小康社会夺取新时代中国特色社会主义伟大胜利——在中国共产党第十九次全国代表大会上的报告［M］．北京：人民出版社，2017．

［182］肖万春．美国城镇化发展启示录［J］．城乡建设，2003（5）：56－57．

［183］谢冬水．中国的人口城市化为什么滞后于空间城市化——基于中国式分权的视角［J］．广东财经大学学报，2016，31（6）：91－101．

［184］解垩．转移支付与公共品均等化分析［J］．统计研究，2007（6）：63－66．

［185］谢文蕙，邓卫．城市经济学［M］．北京：清华大学出版社，1996．

［186］辛冲冲，陈志勇．财政分权、政府竞争与地方政府财政汲取能力——基于动态空间面板模型的实证分析［J］．山西财经大学学报，2019，41（8）：1－16．

［187］新玉言．以人为本的城镇化问题分析：《国家新型城镇化规划（2014—2020年）》解读［M］．北京：新华出版社，2015．

［188］徐延明．新型城镇化中的财政支持效果评价与优化对策研究［D］．大连：东北财经大学，2017．

［189］徐琰超．财政分权、转移支付和地方政府行为［M］．北京：社会科学文献出版社，2017．

［190］许善达．金税工程：一项政治体制改革的实践［J］．中国税务，2003（4）：4－10．

［191］许树华．中国财政分权改革的经济学分析［D］．昆明：云南大学，2015．

［192］许学强，周一星，宁越敏．城市地理学［M］．北京：高等教育出版社，1997．

［193］亚当·斯密．国富论［M］．郭大力，等，译．北京：商务印书馆，2014．

［194］亚当·斯密．国富论［M］．胡长明，译．重庆：重庆出版社，2015．

［195］阎坤．转移支付制度与县乡财政体制构建［J］．财贸经济，2004（8）：20－25＋95．

［196］晏朝飞．高质量城镇化的公共投资支持：基于马克思主义城市观［M］．北京：经济管理出版社，2020．

［197］杨飞虎．我国城镇化进程中公共投资问题研究［M］．北京：经济管理出版社，2019．

［198］杨国栋．公共财政视角下的地方服务型政府建设与制度选择［J］．福建论坛（社科教育版），2007（8）：22－27．

［199］杨继麒．财政分权、城镇化与民生性财政支出［J］．中国人口·资源与环境，2015，25（S1）：383－388．

［200］杨之刚．深化税制改革 适应经济社会发展［J］．财贸经济，1999（12）：14－19．

［201］杨之刚．中国分税财政体制：问题成因和改革建议［J］．财贸经济，2004（10）：60－65＋97．

［202］杨志安，邱国庆．地方财政分权与新型城镇化：线性抑或倒"U"［J］．云南财经大学学报，2019，35（2）：3－11．

［203］杨志辉，李卉．财政分权是否促进了新型城镇化［J］．经济问题，2021（3）：32－40．

［204］姚明明．中国农业转移人口市民化及其成本分担机制研究［M］．北京：首都经济贸易大学出版社，2019．

［205］姚洋，杨雷．制度供给失衡和中国财政分权的后果［J］．战略与管理，2003（3）：27－33．

［206］叶裕民．中国城市化质量研究［J］．中国软科学，2001（7）：28－32．

［207］殷德生．最优财政分权与经济增长［J］．世界经济，2004（11）：62－71．

［208］殷江滨，李郇．中国人口流动与城镇化进程的回顾与展望［J］．城市问题，2012（12）：23－29．

［209］殷强．财政分权下的地方政府投资绩效问题研究［M］．北京：中国财政经济出版社，2019．

［210］尹恒，康琳琳，王丽娟．政府间转移支付的财力均等化效应——基于中国县级数据的研究［J］．管理世界，2007（1）：48－55．

［211］余昇．城镇化进程中相关因素与城市化率的关系研究［M］．北京：中国财政经济出版社，2019．

［212］余淑均．人的全面发展视阈下的中国新型城镇化建设思考［J］．湖北社会科学，2018（12）：42－48．

［213］约翰·穆勒．政治经济学原理［M］．金镝，等，译．北京：华夏出版社，2013．

［214］约翰·希克斯．经济史理论［M］．厉以平，译．北京：商务印书馆，1998．

［215］约翰·希克斯．经济史理论［M］．厉以平，译．北京：商务印书馆，2010．

［216］岳军．公共投资与公共产品有效供给研究［M］．上海：上海三联书店，2009．

［217］曾繁荣，李玲蔚，贺正楚，王志锴．基本公共服务水平与新型城镇化动态关系研究［J］．中国软科学，2019（12）：150－160．

［218］詹姆斯·M. 布坎南．公共物品的需求与供给［M］．马珺，译．上海：上海人民出版社，2009．

［219］詹姆斯·M. 布坎南．自由市场和国家［M］．吴良健，等，译．北京：中国经济学院出版社，1988．

[220] 詹运洲，陈琳．关于推进新型城镇化健康发展的思考 [J]．科学发展，2014（3）：37-44．

[221] 张本效．城镇化的模式创新与风险管控 [M]．北京：社会科学文献出版社，2018．

[222] 张贡生，罗登义．城市化质量评价指标体系：框架设计 [J]．青岛科技大学学报（社会科学版），2013，29（4）：32-36．

[223] 张恒龙，陈宪．财政竞争对地方公共支出结构的影响——以中国的招商引资竞争为例 [J]．经济社会体制比较，2006（6）：57-64．

[224] 张恒龙，陈宪．政府间转移支付对地方财政努力与财政均等的影响 [J]．经济科学，2007（1）：15-23．

[225] 张恒龙，康艺凡．财政分权与地方政府行为异化 [J]．中南财经政法大学学报，2007（6）：80-84+143-144．

[226] 张虎，赵炜涛．财政支出、城市化与经济增长的空间特征研究——基于空间相关性和空间异质性的实证分析 [J]．经济问题探索，2017（4）：66-75．

[227] 张军，高远，傅勇，张弘．中国为什么拥有了良好的基础设施？[J]．经济研究，2007（3）：4-19．

[228] 张琦．城市经济学 [M]．北京：经济日报出版社，2007．

[229] 张荣天，焦华富，张小林．1990年以来江苏省县域城镇化测度及空间格局演化 [J]．池州学院学报，2013，27（3）：63-67．

[230] 张瑞晶，贾鸿．财政分权、地方政府财政竞争与公共教育效率——基于受限 Tobit 面板模型的实证分析 [J]．兰州财经大学学报，2019，35（1）：82-92．

[231] 张淑杰，石亚男，余加丽．基于多元时空数据的新型城镇化动态监测指标体系研究 [J]．地理信息世界，2020，27（2）：9-14．

[232] 张彤璞．城镇化进程中的农民转型影响因素研究——基于1995—2014年度的数据分析 [J]．西安财经学院学报，2017，30（4）：109-115．

[233] 张向东．财政分权与垂直控制的困境及其超越——建构服务型地方政府的思考 [J]．河南大学学报（社会科学版），2007（4）：108-113．

[234] 张新．论农村公共产品供给与地方财政改革的路径依赖——一个

基于地方公共物品理论的分析框架 ［J］. 财经问题研究，2006（8）：76－81.

［235］张馨. 当代财政与财政学主流 ［M］. 大连：东北财政大学出版社，2000.

［236］张馨. 论我国财政与政府行为的具体关系 ［J］. 管理世界，1996（3）：53－58.

［237］张亚琴. 财政与金融联动支持新型城镇化的建设研究——以湖北省为例 ［D］. 武汉：武汉理工大学，2014.

［238］张晏，龚六堂. 分税制改革、财政分权与中国经济增长 ［J］. 经济学（季刊），2005（4）：75－108.

［239］张艺，何宜庆，陈林心. 华东地区财政金融支持新型城镇化的SD 仿真预测 ［J］. 江西社会科学，2019，39（6）：63－71.

［240］张引，杨庆媛，李闯，杨孟禹. 重庆市新型城镇化发展质量评价与比较分析 ［J］. 经济地理，2015，35（7）：79－86.

［241］张占斌. 新型城镇化的战略意义和改革难题 ［J］. 国家行政学院学报，2013（1）：48－54.

［242］张占仓，孟繁华，杨迅周，李明. 河南省新型城镇化实践与对策研究综述 ［J］. 管理学刊，2012，25（4）：102－106.

［243］张占仓. 河南省新型城镇化战略研究 ［J］. 经济地理，2010，30（9）：1462－1467.

［244］张正河，谭向勇. 小城镇难当城市化主角 ［J］. 中国软科学，1998（8）：14－19.

［245］张自然，张平，刘霞辉. 中国城市化模式、演进机制和可持续发展研究 ［J］. 经济学动态，2014（2）：58－73.

［246］赵宝廷. 中央和地方间共享税比例的财政体制博弈模型 ［J］. 宏观经济研究，2010（6）：44－49＋74.

［247］赵建强. 我国新型城镇化的金融支持 ［D］. 天津：天津财经大学，2015.

［248］赵隽逸. 国外小城镇发展路径对中国县域城镇化的借鉴与启示 ［J］. 企业改革与管理，2015（10）：215.

［249］赵威. 公共财政支出对中国城镇化的影响研究 ［D］. 重庆：重庆大学，2016.

［250］赵云旗. 中国分税制财政体制研究 ［M］. 北京：经济科学出版

社，2005.

［251］郑玫，傅强．重庆市固定资产投资与城镇化率相关性的实证分析［J］．发展研究，2008（7）：69-72.

［252］政府间财政关系课题组．政府间财政关系比较研究［M］．北京：中国财政经济出版社，2004.

［253］中国财政科学研究院．城镇化、债务融资与风险防控［M］．北京：中国财政经济出版社，2016.

［254］中国经济增长前沿课题组，张平，刘霞辉．城市化、财政扩张与经济增长［J］．经济研究，2011，46（11）：4-20.

［255］中华人民共和国国家发展和改革委员会规划司．关于印发《2020 年新型城镇化建设和城乡融合发展重点任务》的通知［EB/OL］．https：//www.ndrc.gov.cn/xwdt/tzgg/202004/t20200409_1235945.html?code=&state=123. 2020.4.9.

［256］周波．政府间财力与事权匹配问题研究［M］．沈阳：东北财经大学出版社，2009.

［257］周健，邓晶晶．推进以人为核心的新型城镇化的评价指标体系、实现机制和对策研究［J］．社科纵横，2020，35（12）：35-42.

［258］周黎安．中国地方官员的晋升锦标赛模式研究［J］．经济研究，2007（7）：36-50.

［259］周天勇．城市发展战略：研究与制定［M］．北京：高等教育出版社，2005.

［260］周小川，杨之刚．对我国财税改革思路的若干评价［J］．财经问题研究，1992（7）：6-12.

［261］朱鸿伟．公共产品含义新探［J］．中国行政管理，2011（8）：37.

［262］朱青．从国际比较视角看我国的分税制改革［J］．财贸经济，2010（3）：34-38+136-137.

［263］朱秋霞．论中国财政体制改革的目标选择——新税制实行以来中央和地方财政关系的分析［J］．财经研究，1998（4）：3-8+64.

［264］朱秋霞．行政区划与地方财政体制：几个相关的理论问题［J］．经济社会体制比较，2005（1）：35-39.

［265］朱晓静．基于综合指标评价的汉中市新型城镇化水平研究［D］．

西安：长安大学，2014.

［266］朱晓龙. 新型城镇化进程中的城市财政体制问题研究［J］. 经济研究参考，2016（70）：29－34.

［267］朱子明，郁鸿胜. 我国东南沿海经济发达地区城市化质量评价——以长三角为例［J］. 兰州学刊，2013（11）：81－84.

［268］卓德雄，曾献君. 福建省新型城镇化质量评价及测度——基于 Topsis 改进的因子分析模型［J］. 中国农业资源与区划，2018，39（2）：221－229.

［269］Akai N，Sakata M. Fiscal decentralization contributes to economic growth：evidence from state－level cross－section data for the United States［J］. Journal of Urban Economics，2002，52（1）：93－108.

［270］Bardhan P，Mookherjee D. Capture and governance at local and national levels［J］. American Economic Review，2000，90（2）：135－139.

［271］Bird R M，Smart M. Intergovernmental fiscal transfer：international lessons for developing countries［J］. World Development，2002：899－912.

［272］Blanchard O，Shleifer A. Federalism with and without political centralization：China versus Russia［J］. IMF staff papers，2001，48（Suppl 1）：171－179.

［273］Brennan G，Buchanan J. The Power to Tax：Analytical Foundations of a Fiscal Constitution［M］. Cambridge：Cambridge University Press，1980.

［274］Breton A A. Theory of Government Grants［J］. Canadian Journal of Economics and Political Science，1965，31：175－187.

［275］Buchanan J M. An economic theory of clubs［J］. Economica，1965（32）：1－14.

［276］Clark C. Urban Population Densities［J］. Journal of Royal Statistics Society，Series A，1951，114：490－494.

［277］Davis J C，Henderson J V. Evidence on the political economy of the urbanization process［J］. Journal of Urban Economics，2003，53（1）：98－125.

［278］Davoodi H，Zou H. Fiscal decentralization and economic growth：a cross－country study［J］. Journal of Urban Economics，1998（43）：224－257.

[279] Dewatripont M, Maskin E. Credit and efficiency in centralized and de-centralized economies [J]. Review of Economic Studies, 1995, 62 (4): 541 – 555.

[280] Epple D, Zelenitz A. The implications of competition among jurisdictions: does Tiebout need politics? [J]. Journal of Political Economy, 1981, 89 (6): 1197 – 1217.

[281] Ferejohn J A. The new federalism: can the states be trusted? [M]. Hoover Press, 1997.

[282] Hayek F A. The use of knowledge in society [M] //Knowledge management and organizational design. Routledge, 2009: 7 – 15.

[283] Hayek F A. The use of knowledge in society [J]. American Economic Review, 1945.

[284] Holtz – Eakin D, Newey W, Rosen H S. Estimating vector autoregressions with panel data [J]. Econometrica: Journal of the Econometric Society, 1988: 1371 – 1395.

[285] Holtz-Eakin D, Newey W, Rosen H S. Estimating Vector Autoregres-sions with Panel Data [J]. Econometrica, 1988, 56 (6).

[286] Iimi A. Decentralization and economic growth revisited: an empirical note [J]. Journal of Urban Economics, 2005, 57 (3): 449 – 461.

[287] Keen M, Marchand M. Fiscal competition and the pattern of public spending [J]. Journal of Public Economics, 1997, 66 (1): 33 – 53.

[288] Leeper E M. Monetary science, fiscal alchemy [R]. National Bureau of Economic Research, 2010 (10): 16510.

[289] Leeper E M. Monetary Science, Fiscal Alchemy [J]. Regional Science and Urban Economics, 2010.

[290] Lewis W A. Economic development with unlimited supplies of labour [D]. The Manchester School, 1954 (22): 139 – 191.

[291] Lin J Y, Liu Z. Fiscal decentralization and economic growth in China [J]. Economic Development and Cultural Change, 2000, 49 (1): 1 – 21.

[292] Lucas Robert. On the Mechanics of Economic Development [J]. Journal of Monetary Economics, 1988, 22: 3 – 42.

[293] Ma J. Intergovernmental Relations and Economic Management in Chi-

na [M]. New York: St. Martin's Press, 1997.

[294] Maskin E. Nash Equilibrium and Welfare Optimality [J]. Review of Economic Studies, 1999 (66): 23 – 38.

[295] McGuire M. Private good clubs and public good clubs: economic models of group formation [J]. The Swedish Journal of Economics, 1972: 84 – 99.

[296] Mckinnon R I, Nechyba T. Tax competition in federal systems: political accountability and financial constraints. In: Ferejohn J, Weingast B. The New Federalism: Can the States be Trusted [M]. Hoover Institution Press, 1997.

[297] Musgrave R A. Public Finance in Theory and Practice: A Study in Public Economy [M]. New York, NY, USA: McGraw – Hill, 1959.

[298] Musgrave R A. Schumpeter's crisis of the tax state: An essay in fiscal sociology [J]. Journal of Evolutionary Economics, 1992 (2): 89 – 113.

[299] Northam. New Approaches to Crop Yield Insurance in Developing Countries [J]. International Food Research Institute, 1979 (2): 22 – 25.

[300] Oates W E. Fiscal federalism [J]. Books, 1972 (68): 249 – 256.

[301] Oates W E. On local finance and the Tiebout model [J]. The American Economic Review, 1981, 71 (2): 93 – 98.

[302] Oates W E. Searching for Leviathan: An empirical study [J]. The American Economic Review, 1985, 75 (4): 748 – 757.

[303] Oates W. E. Fiscal Federalism [M]. New York: Harcourt brace Jovanovich, 1972.

[304] Phillips K L, Woller G. Does fiscal decentralization lead to economic growth [J]. Department of Economics, Brigham Young University, 1997 (34): 139 – 148.

[305] Qian Y Y, Weingeast B R. Federalism as a commitment to preserving market incentives [J]. Journal of Economic Perspective, 1997, 11 (4): 83 – 92.

[306] Qian Y Y, Weingast B R. China's transition to markets: market – preserving federalism, Chinese style [J]. Journal of Policy Reform, 1996, 1 (2): 149 – 185.

[307] Qian Y, Roland G. Federalism and the Soft Budget Constrain [J]. American Economic Review, 1998 (88): 1143 – 1162.

[308] Ranis G, Fei J C H. A theory of economic development [J]. The American Economic Review, 1961 (51): 533 – 565.

[309] Richard Smart. Intergovernmental Fiscal Transfers: International Lessons for Developing Countries [J]. World Development, 2002, 30 (6): 899 – 912.

[310] Samuelson P A. The Pure Theory of Public Expenditure [J]. The Review of Economics and Statistics, 1954 (4): 387 – 389.

[311] Schumpeter J A. The crisis of the tax state [M]. Reproduced in: Swedberg R, 1918.

[312] Schurmann. Ideology and Organization in Communist China [M]. University of California Press, 1966.

[313] Stigler G J. The tenable range of functions of local government [J]. International Library of Critical Writings in Economics, 1998, 88: 3 – 9.

[314] Thiessen U. Fiscal Decentralization and Economic Growth in High-Income OECD Countries [J]. Economics Working Papers, 2003, 24 (3).

[315] Tiebout C M. A pure theory of local expenditures [J]. Journal of Political Economy, 1956, 64 (5): 416 – 424.

[316] Todaro M P. A model of labor migration and urban unemployment in less developed countries [J]. The American Economic Review, 1969, 59 (1): 138 – 148.

[317] Trigger B Q. Determinants of Urban Growth in Pre – industrial Societies [M] // Man, Settlement, and Urbanism. Cambridge: Schenkman, 1972: 575 – 599.

[318] Tthiessen U. Fiscal Decentralisation and Economic Growth in High-Income OECD Countries [J]. Fiscal Studies, 2003 (24): 237 – 274.

[319] United Nations Human Habitat. The Habitat of the World's Cities Report [R]. United Nations Human Habitat, 2001.

[320] Weingast B R. The economic role of political institutions: Market – preserving federalism and economic development [J]. The Journal of Law, Economics, and Organization, 1995, 11 (1): 1 – 31.

[321] Wildasin D E. Nash equilibria in models of fiscal competition [J].

Journal of Public Economics, 1988, 35 (2): 229 – 240.

[322] Zhang T, Zou H. Fiscal decentralization, public spending, and economic growth in China [J]. Journal of Public Economics, 1998, 67 (2): 221 – 240.

[323] Zhuravskaya E V. Incentives to provide local public goods: fiscal federalism, Russian style [J]. Journal of Public Economics, 2000, 76 (3): 337 – 368.

后　　记

　　浮云一别后，流水十年间，回首二〇一三年博士毕业至今，恍然近十年。书稿源于当年的博士毕业论文，但又不仅于此。框架的完善与修订，内容的扩充与修改，数据模型的更新与验证，从决心编写到如今完稿，如赴一场漫漫之约。

　　然完稿之路，实非坦途。十年间数次几欲完稿，却因种种缘故没能成功，只能不断修改完善，如此循环。静思往事，如在目底，更有喜悲交集，感慨万端。十月怀胎让我将重心更多地向生活倾斜，父亲病故让我很长一段时间的思绪被悲切占据。可生活片刻不停，在感受到时间流逝之迅速后，我还是重拾勇气选择面对，承载着爱的庇佑与肩上的重任朝前走。

　　幸此行非孑然，有良师、至亲相伴左右。

　　学贵得师，亦贵得友。由衷感谢我的博士生导师陈少晖教授这一路的倾力相助。先生为人端方，清正立身；治学勤慎，务本求真；静水流深，不萦于怀。润物而细无声，教我知不足而奋进，望远山而力行，使我青衿之志得以履践不息。先生教诲谆谆，毕生难忘。诚愿先生桃李四方，阖家康健，百事从欢。

　　寸草春晖，难报其恩。感谢我的父亲母亲这一路的无私关爱。我的今天背后承载着父母不知多少的劳碌含辛与茹苦无眠，我对父母心存无尽感恩亦心存无数歉意，体会过子欲养而亲不待的苦痛，只悔自己无法陪伴更多。都说总有人间一两风，填我十万八千梦，父母之恩，恰如此风。若父亲在天有灵，望为我安心；愿母亲身体康泰，诸事无忧，见证我此后人生的更多。

　　感谢爱人的支持与鼓励，感谢孩子们的陪伴，愿漫漫余生，相伴相依，共同成长！

　　行年至此复焉求。从过去到今天，我始终是一个寻觅者，我深知功学惟志，业广惟勤之理，终韶华作渡，青云成书。只今后追风赶月莫停留，平芜尽处是春山。

二〇二二年　秋

图书在版编目（CIP）数据

财政分权体制下中国新型城镇化的推进与实现／李丽琴著. -- 北京：经济科学出版社，2023.4

（福建省社会科学研究基地财务与会计研究中心系列丛书）

ISBN 978 - 7 - 5218 - 4606 - 5

Ⅰ. ①财…　Ⅱ. ①李…　Ⅲ. ①财政管理体制 - 关系 - 城市化 - 研究 - 中国　Ⅳ. ①F299. 21

中国国家版本馆 CIP 数据核字（2023）第 041292 号

责任编辑：赵　蕾　尹雪晶
责任校对：齐　杰
责任印制：范　艳

财政分权体制下中国新型城镇化的推进与实现
李丽琴　著
经济科学出版社出版、发行　新华书店经销
社址：北京市海淀区阜成路甲 28 号　邮编：100142
总编部电话：010 - 88191217　发行部电话：010 - 88191540
网址：www. esp. com. cn
电子邮箱：esp@ esp. com. cn
天猫网店：经济科学出版社旗舰店
网址：http://jjkxcbs. tmall. com
北京季蜂印刷有限公司印装
710 × 1000　16 开　16 印张　262000 字
2023 年 4 月第 1 版　2023 年 4 月第 1 次印刷
ISBN 978 - 7 - 5218 - 4606 - 5　定价：76. 00 元
（图书出现印装问题，本社负责调换。电话：010 - 88191545）
（版权所有　翻印必究　举报电话：010 - 88191586
电子邮箱：dbts@ esp. com. cn）